भारतीय परिप्रेक्ष्य

भारतीय परिप्रेक्ष्य

भारतीयता बोध के प्रमुख बुद्धिजीवियों के वैचारिक व्याख्यानों का संकलन

प्रस्तुति

संकल्प फाउंडेशन

संपादक

अनिल जोशी • राजेंद्र आर्य

प्रकाशक

प्रभात पेपरबैक्स

प्रभात प्रकाशन प्रा. लि. का उपक्रम

4/19 आसफ अली रोड, नई दिल्ली–110002

फोन : 23289777 • हेल्पलाइन नं. : 7827007777

इ–मेल : prabhatbooks@gmail.com ❖ वेब ठिकाना : www.prabhatbooks.com

संस्करण

प्रथम, 2022

आवरण चित्र

अशोक कुशवाहा

मूल्य

तीन सौ रुपए

मुद्रक

आर–टेक ऑफसेट प्रिंटर्स, दिल्ली

———— ★ ————

BHARATIYA PARIPREKSHYA

Ed. Shri Anil Joshi • Shri Rajendra Arya

Published by **PRABHAT PAPERBACKS**

An imprint of Prabhat Prakashan Pvt. Ltd.

4/19 Asaf Ali Road, New Delhi-110002

ISBN 978-93-5521-330-3

₹ 300.00

॥ ॐ ॥

राष्ट्रीय स्वयंसेवक संघ

प्रधान कार्यालय : डॉ. हेडगेवार भवन, महाल, नागपुर–440032

दूरभाष : (0712) 2723003, 2720150

ज्येष्ठ कृ. 12, युगाब्द 5124 25.06.2022

नागपुर

संदेश

भारत में विद्यमान प्रशासनिक सेवाओं की व्यवस्थाओं का सूत्रपात अंग्रेजों ने भारत पर अपनी अधिसत्ता कायम करने के पश्चात् व्यवस्थित ढंग से किया। परंतु यह व्यवस्था भारत की प्रजा को शासित कर प्रजा से नियमित रूप से धन उगाही हो सके तथा भारत के प्राकृतिक संसाधनों का बेरोकटोक उपयोग इंग्लैंड कर सके, इसलिए बनाई गई थी। इस उद्देश्य को सफल करने के लिए जितना आवश्यक था, उतना ही कानून–व्यवस्था तथा प्रजा के उत्कर्ष की चिंता का प्रावधान इस व्यवस्था में था। अब भारत के स्वतंत्र होने के पश्चात् उस बनी–बनाई व्यवस्था को यद्यपि हम भी उपयोग में ला रहे हैं; परंतु उसको रूपांतरित कर प्रजापालक व्यवस्था बनाने की स्वाभाविक आवश्यकता है। व्यवस्थागत ढाँचा बदलने के साथ–साथ प्रशासनिक व्यवस्था में सहभागी व्यक्तियों की मानसिकता भी उस व्यवस्था में अपने लोगों की सेवा करने की मानसिकता बने, यह भी देखना होगा।

'संकल्प' प्रशासकीय व्यवस्थाओं में इच्छुक परीक्षार्थियों को सिद्धता करा देने वाला संस्थान है, इसलिए भारतीय परिप्रेक्ष्य व भारतीयता के विभिन्न पहलुओं पर अनुभवी व सक्रिय विद्वानों की व्याख्यानमालाओं का उपक्रम अत्यंत औचित्यपूर्ण व उपयोगी है। उनमें से कुछ विशिष्ट व्याख्यानों का संग्रह 'भारतीय परिप्रेक्ष्य' इस शीर्षक से प्रथम ज्ञान–पुष्प के रूप में प्रकाशित हो रहा है, यह हर्ष का विषय है। प्रतियोगिता परीक्षा सहभागियों के साथ ही समाज के पढ़ने, सोचनेवाले युवा–वर्ग के लिए यह विचारोत्तेजक व्याख्यान संग्रह बहुत प्रेरणादायी रहेगा।

इस पुस्तक के व्यापक प्रचार–प्रसार की शुभकामनाओं के साथ पुस्तक के संपादक श्री अनिल जोशी एवं श्री राजेंद्र आर्य तथा 'संकल्प' का हार्दिक अभिनंदन।

(मोहन भागवत)

सही संकल्प

'भारतीय परिप्रेक्ष्य' समय की आवश्यकताओं को पूरा करने का एक सुंदर प्रयास है। आज हम एक ऐसे वातावरण में जी रहे हैं, जहाँ तरह-तरह के मीडिया व अंतरराष्ट्रीय ताकतों द्वारा ऐसे नैरेटिव गढ़े जा रहे हैं और एक तरह का उत्पात मचा रहे हैं। भारत के चहुँमुखी विकास व प्रगति को वे पचा नहीं पा रहे हैं। उसकी बढ़ती ताकत उनके लिए ईर्ष्या का विषय बनी हुई है। भारत का युवा, उसकी मातृशक्ति, अब तक हाशिए पर रहा उसका वंचित वर्ग, इन सबका विकास, इन कतिपय ताकतों के लिए चिंता का विषय बने हुए हैं। वैसे उनकी चिंता व्यर्थ है, आधारहीन है। भारत अगर आगे बढ़ रहा है तो वह अपना परम वैभव पुनः प्राप्त करने के लिए आगे बढ़ रहा है तथा पूर्व में की गई गलतियों को सुधारने के लिए प्रयासरत है। हजारों वर्षों का गौरवशाली इतिहास इस बात का गवाह है कि हमने कभी अपने विस्तार के लिए किसी पर आक्रमण नहीं किया। अब भी अपना ऐसा कोई इरादा नहीं है।

लेकिन वर्तमान पीढ़ी और आगे आनेवाली पीढ़ियाँ किसी हीन भावना से ग्रस्त न रहें, अपने देश के सही इतिहास का उन्हें बोध हो, वे विदेशी विचारों या उनसे प्रेरित आख्यानों के जाल में ही न उलझे रहें, उस मानसिकता से बाहर निकलें, यह काम 'संकल्प फाउंडेशन' बखूबी निभा रहा है। प्रस्तुत संकलन उसी क्रम में एक सार्थक प्रयास है। देश के प्रसिद्ध चिंतकों, विचारकों, प्रशासकों के भाषणों का संकलन कर उन्हें एक पुस्तक के रूप में प्रस्तुत करना सराहनीय प्रयास है। हमारे प्रशासकों को भारत के इतिहास का सही बोध होना बहुत जरूरी है। उसके लिए प्रामाणिक साहित्य की महती आवश्यकता होती है। 'संकल्प' का यह संकल्प बरसों से इस दिशा में नए प्रतिमान गढ़ रहा है।

'भारतीय परिप्रेक्ष्य' इस आवश्यकता को पूरा करने की दिशा में एक महत्त्वपूर्ण कदम है। नामचीन महानुभावों द्वारा ज्वलंत विषयों का प्रतिपादन करके

अपने भारतीय नैरेटिव तय करने और उन्हें प्रतिस्थापित करने में महत्त्वपूर्ण भूमिका निभाएगा, ऐसा मेरा विश्वास है। ये आख्यान हमारी आनेवाली पीढ़ियों को देश, काल, परिस्थिति का आकलन उचित परिप्रेक्ष्य में करने में सहायक होंगे, ऐसी मेरी कामना है। ऐसे आख्यानों को आत्मसात् कर हम दुनिया के सामने अपनी बात को प्रखरता के साथ रख सकेंगे, ऐसा भरोसा है।

'संकल्प फाउंडेशन' के साथ-साथ मैं इस पुस्तक के संपादकों को भी साधुवाद देना चाहता हूँ, जिन्होंने इस महत्त्वपूर्ण संकलन को हमारे सम्मुख प्रस्तुत किया है।

हार्दिक शुभकामनाओं के साथ

—मदनदास देवी
पूर्व सह-सरकार्यवाह,
राष्ट्रीय स्वयंसेवक संघ

दो शब्द

हमारे देश का सौभाग्य है कि इस 'देवभूमि', 'ऋषिभूमि' और 'तपोभूमि' की ज्ञान परंपरा पूरे विश्व में सबसे प्राचीन, किंतु समयोचित परिभाषाओं के साथ पीढ़ी-दर-पीढ़ी हस्तांतरित हो आगे बढ़ती चली गई। हर कालखंड में कुछ ऋषितुल्य ज्ञानभूषित महापुरुष आगे आते रहे हैं और समाज को नई प्रेरणा प्रदान करते रहे हैं।

'संकल्प संस्थान' इस ज्ञान-परंपरा को जाग्रत रखने में और इस देश की नई पीढ़ी को इस ज्ञान-परंपरा से जोड़ने के लिए प्रारंभ से ही प्रतिबद्ध रहा है।

अत: संकल्प संस्थान चिह्नित करके इस श्रेणी के अद्वितीय मार्गदर्शकों, जिनका अध्ययन, चिंतन एवं स्वयं का जीवन प्रेरणास्रोत हो, उन अतिविशिष्ट मनीषियों के संकल्प से जुड़े गुरुजन, प्रशासकों और विद्यार्थियों के मध्य व्याख्यानों, चिंतन-गोष्ठियों आदि के माध्यम से लाभान्वित करता रहा है।

हमारे मार्गदर्शक माननीय डॉ. कृष्ण गोपालजी की प्रेरणा से इनमें से कुछ विशिष्ट व्याख्यानों को लिपिबद्ध करने का प्रयास हमने प्रारंभ किया है।

इसी क्रम में प्रथम ज्ञान-पुष्प के रूप में इस पुस्तक को प्रकाशित किया जा रहा है। यह प्रयास निरंतर जारी रहेगा।

ईश्वर से प्रार्थना है कि नई पीढ़ी इस विषय की गहराई और विश्व कल्याण के लिए अनिवार्यता को समझ सके तथा इससे प्रेरणा प्राप्त करके अपना योगदान इस दिशा में प्रतिबद्धता से करे।

इसी अपेक्षा के साथ,

(संतोष तनेजा)

अध्यक्ष : संकल्प फाउंडेशन

भूमिका

'संकल्प' संस्था सिविल सेवा के विद्यार्थियों में सामाजिक प्रतिबद्धता और समाज-परिवर्तन का दृष्टिकोण और भाव जाग्रत कर रही है। यह उसकी तीन दशक से ज्यादा की साधना है। इसके सूत्रधार श्री संतोष तनेजा हैं। यह तथ्य प्राय: ज्ञात है, परंतु साथ ही संकल्प संस्था वैचारिक यज्ञ भी कर रही है। इसी कड़ी में वर्ष 2015 से 'संकल्प व्याख्यानमाला' प्रारंभ हुई। इसका उद्देश्य सांस्कृतिक बोध के लेखकों, चिंतकों और विचारकों के माध्यम से देश के प्रबुद्ध समाज में विचारशील लोगों तक एक विमर्श (डिस्कोर्स) और आख्यान (नैरेटिव) को स्थापित करना था।

इन व्याख्यानों का संकलन कर प्रकाशित किया जाए, यह विचार और सुझाव आदरणीय डॉ. कृष्ण गोपालजी का था। व्याख्यानमाला के इन कार्यक्रमों के आयोजन और इन महत्त्वपूर्ण विचारों की प्रस्तुति तथा प्रकाशन के प्रयत्नों को दिशा श्री संतोष तनेजा द्वारा दी गई। इसके लिए पहल एवं सतत प्रयत्न श्री राजेंद्र आर्य ने किया। यह पुस्तक वास्तव में उनके अथक प्रयासों का फल है। उनके साथ मिलकर मैंने इन प्रयत्नों को संपादकीय दृष्टि से तर्कसंगत परिणति तक पहुँचाने का विनम्र प्रयास किया।

एक आख्यान (नैरेटिव) देना आसान काम नहीं था। हमने देखा कि वामपंथ, इलीट समाज, सत्ता तंत्र तथा मीडिया ने पिछले कई दशकों में एक आख्यान स्थापित किया। ये प्रचारित नैरेटिव तथाकथित सत्य थे। यह हमारे समाज, राष्ट्रीयता, राम जन्मभूमि, कश्मीर में धारा-370 की अपरिहार्यता और अनिवार्यता, सामाजिक समरसता, देश के रोल मॉडल, विकास के पश्चिमी मॉडल, अंग्रेजी की अनिवार्यता आदि के बारे में थे। ये पारिवारिक मूल्यों में विश्वास और आस्था के संबंध में थे। यह हमारे इतिहास और गौरवशाली ज्ञान-परंपरा की अवहेलना करते हुए अपने इतिहास और अतीत के प्रति एक हीन भाव लेकर जीने का भाव था।

इस व्याख्यानमाला में उन विषयों पर चर्चा हुई, उनका विश्लेषण हुआ, तर्कों और तथ्यों की प्रस्तुति हुई। सबसे महत्त्वपूर्ण बात यह थी कि इनके माध्यम से एक भारतीय जीवन-दृष्टि प्रस्तुत की गई।

डॉ. कृष्ण गोपालजी का व्याख्यान—'श्रीराम जन्मभूमि और राष्ट्रीय परिप्रेक्ष्य' ऐसी व्याख्या प्रस्तुत करता है, जो सांस्कृतिक विचारों पर असहिष्णुता का लेबल लगानेवालों को प्रसंगों, घटनाओं, तथ्यों के साथ यह सिद्ध करता है कि राम तो सहिष्णुता के सर्वोच्च प्रतीक हैं। ये राम तो दलितों, वंचितों के सखा हैं, पक्षधर हैं, साथी हैं। वे जीवन के संबंधों में लाख कष्ट सहकर भी आदर्श स्थापित करते हैं। सत्य, सहिष्णुता, क्षमा, विश्वास, टीम भाव, संवेदनशीलता आदि राम के पोर-पोर में हैं। ये राजा राम घोर अँधेरे और कठिन समय में भी भारतीय समाज की अजयशीलता के प्रतीक हैं। राम जन्मभूमि मंदिर ऐसे राम का स्मृतिचिह्न है। यह लेख श्रद्धा को विश्वास और विचार का आधार देता है।

श्री अमित शाहजी का व्याख्यान—'राष्ट्रीय सुरक्षा : वर्तमान परिप्रेक्ष्य जम्मू-कश्मीर और धारा 370' कश्मीर के इतिहास को नए परिप्रेक्ष्य में प्रस्तुत करता है। यह सांस्कृतिक-बोध विचार के इस परिवर्तन के प्रति सात दशकों से अधिक प्रतिबद्धता प्रस्तुत करता है। यह कश्मीर में खोए हुए अवसरों का रोना नहीं रोता, बल्कि नए इतिहास और नई दिशा के संकल्प को प्रस्तुत करता है। इतिहास की धारा मोड़ने वाले व्यक्ति से स्वयं यह बातें सुनना एक अंतर्दृष्टि और उत्साह प्रदान करता है।

स्वर्गीय श्री अनिल माधव दवेजी का व्याख्यान—'अद्वितीय प्रशासक थे छत्रपति शिवाजी महाराज' भारतीय समाज के एक अत्यंत महत्त्वपूर्ण रोल मॉडल शिवाजी के व्यक्तित्व का सांगोपांग विश्लेषण करता है। इस लेख की विशेषता प्रचलित किंवदंतियों और प्रमाणित तथ्यों में अंतर करना है। वे शिवाजी के महिलाओं के प्रति दृष्टिकोण को नवाब की पत्नी को माँ कहने जैसी प्रचलित किंवदंती को अस्वीकार करते हैं, परंतु कर्नाटक में महिलाओं के प्रति कुदृष्टि होने पर शिवाजी द्वारा संबंधित अधिकारी को कठोर दंड देने की सिद्ध प्रामाणिकता के आधार पर उनके जीवनवृत्त को समझने का प्रयास करते हैं। यह लेख शिवाजी की मिलिटरी रणनीति की भी स्पष्ट और पठनीय व्याख्या है। अब श्री अनिल दवे हमारे बीच में नहीं हैं। हम उनकी विद्वत्ता और विश्लेषण-योग्यता को नमन करते हैं।

स्वर्गीय श्रीमती सुषमा स्वराज का लेख—'भारतीय संस्कृति और वर्तमान चुनौतियाँ' हमारे सामने इस विषय का वैश्विक परिप्रेक्ष्य प्रस्तुत करता है। धरती

को माँ समझने की और प्रकृति से एकरूप होने की हमारी संस्कृति की उनकी व्याख्या से बुल्गारिया के राष्ट्रपति भावुक हो जाते हैं। उनके देश में भी यही दृष्टिकोण है। प्रकृति और जलवायु परिवर्तन पर यह दृष्टिकोण विश्व को प्रेरित करने की क्षमता रखता है। उसी प्रकार नानक का समतावादी दृष्टिकोण, आयुर्वेद जैसा हमारा योगदान, आतंकवाद तथा मानसिक अवसाद के संबंध में भारत का संस्कृतिपरक समाधान विश्व को रास्ता दिखाएगा। उनके तथ्य, दृष्टिकोण और अभिव्यक्ति अद्‍भुत है।

सभी लोगों की दिलचस्पी यह जानने में है कि राष्ट्रीय स्वयंसेवक संघ का अल्पसंख्यकों के प्रति क्या दृष्टिकोण है ? डॉ. रमेश पतंगे का व्याख्यान—'राष्ट्रीय स्वयंसेवक संघ का अल्पसंख्यकों के प्रति दृष्टिकोण' प्रचारित विचारों की तुलना में प्रामाणिक स्थिति प्रस्तुत करता है, अपने विचारों के आधार की मीमांसा करता है तथा विभिन्न विकल्पों, आयामों, संभावनाओं और तत्संबंधी इतिहास का अवलोकन करता है एवं इन पर विमर्श करता है।

महात्मा गांधी कहा करते थे कि अध्यात्म के बिना राजनीति का कोई अर्थ नहीं है। अपने व्याख्यान—'संस्कृति, अध्यात्म और प्रशासन' में योगी आदित्यनाथजी का भी मानना है कि अध्यात्म के बिना सिविल सेवा और प्रशासन का कोई अर्थ नहीं है। वे शंकराचार्य का एक उदाहरण देते हैं और बताते हैं कि जहाँ उदासीनता, लापरवाही और संवेदनहीनता है, वहाँ शंकर भिक्षा भी नहीं लेते हैं। उनकी दृष्टि में अध्यात्म प्रशासन का मूल है।

भक्ति आंदोलन हमारे मध्ययुगीन इतिहास की सर्वाधिक महत्त्वपूर्ण घटनाओं में से है। डॉ. कृष्ण गोपालजी का व्याख्यान उसके तथ्यों को ही नहीं, बल्कि उसकी दृष्टि की भी बात करता है। उस काल के संदर्भों, परिवेश की भयावहता के परिप्रेक्ष्य में समानता, निर्भयता और संवेदना को प्रस्तुत करता है। भक्ति आंदोलन एक तरफ अध्यात्म की धारा थी, तो दूसरी तरफ सामाजिक सरोकार और समानता की धारा थी। यह देश की सांस्कृतिक एकता का भी विहंगम चित्र था। कुल मिलाकर यह अभियान भारतीय समाज को झकझोरने वाला, आत्मसम्मान देनेवाला, निर्भय करनेवाला तथा आस्था को सशक्त करनेवाला था। यह समझना जरूरी है कि कल के मध्ययुग का भक्ति आंदोलन हमारे आज की रीढ़ है।

श्री संतोष तनेजा को भारतीय भाषाओं को व्यावसायिक पाठ्‍यक्रमों में लाने के संकल्प को प्रधानमंत्रीजी का आशीर्वाद मिला। भारतीय भाषाओं को लेकर हम धारा के विपरीत तैर रहे हैं। श्री संतोष तनेजा अंग्रेजी के उपयोग को समझते

हैं, प्रोत्साहित करते हैं। अपने व्याख्यान—'व्यावसायिक शिक्षा का माध्यम बनें भारतीय भाषाएँ' में भारतीय समाज में अंग्रेजी की अनिवार्यता, औपनिवेशिक सोच के चलते करोड़ों प्रतिभाओं की मौलिकता नष्ट होने और नए आत्मनिर्भर भारत के स्वप्न को आघात पहुँचने की पीड़ा को बाँटते हैं। वे अंतरराष्ट्रीय परिप्रेक्ष्य को जानते हैं, आँखें खोलने वाले आँकड़े प्रस्तुत करते हैं। इस जानकारी से भारतीय भाषाओं के प्रति उनका आग्रह बढ़ जाता है।

श्री अनिल सहस्रबुद्धे अपने व्याख्यान—'हमने भारतीय भाषाओं को व्यावसायिक पाठ्यक्रम में लाने की पहल कर दी है' में इस संबंध में की गई पहल और तकनीकी उपलब्धियों का ब्योरा देते हुए आगे के लिए मार्ग और दिशा बताते हैं। भारतीय भाषाओं के पक्ष में वातावरण बनाने के पीछे उनकी महती भूमिका है। मैंने इस समस्या के विविध आयामों और किए जा रहे प्रयत्नों व चुनौतियों की चर्चा की है।

प्रतिष्ठित राजनयिक डॉ. विष्णु प्रकाश ने अपने संक्षिप्त वक्तव्य—'विदेश नीति : भारत और उसके पड़ोसी देश' में पाकिस्तान, चीन आदि देशों की नीतियों का जो विश्लेषण प्रस्तुत किया है, वह वस्तुनिष्ठ है और उनके ज्ञान व वास्तविक अनुभवों पर आधारित है। वे स्थितियों का सरलीकरण नहीं करते, बल्कि संदर्भों की जटिलता को समझते हुए समग्र व संश्लिष्ट चित्र प्रस्तुत करते हैं।

हमारा विकास किसी पश्चिमी मॉडल पर नहीं हो सकता, उसे भारत की स्थापित व्यवस्थाओं, जीवन-मूल्यों तथा जीवन-दृष्टि से समन्वय करना होगा। यदि ऐसा नहीं करता है तो यह मॉडल गहरा अँधेरा भी सिद्ध हो सकता है। डॉ. मुरली मनोहर जोशी का व्याख्यान—'विकास के इस तथाकथित मॉडल पर प्रश्नचिह्न हैं' विकास के पश्चिमी मॉडल को आँख मूँदकर स्वीकार करने के खतरे को बताता है व आँकड़ों और संख्याओं की चकाचौंध से अलग व्यक्ति और जीवन पर पड़नेवाले प्रभाव को विश्लेषित करने एवं सतत व स्थायी समाधान के लिए अपनी परंपराओं और जीवन-मूल्यों को केंद्र में रखने की बात करता है।

श्री ओमप्रकाश कोहली के व्याख्यान—'नई शिक्षा नीति' से यह स्पष्ट है कि युवा परिवर्तन का अगुआ होता है। देश के विकास और भावी दिशा में उसका महत्त्वपूर्ण स्थान है। वही परिवर्तन का ब्लू प्रिंट है। वर्ष 2020 की शिक्षा नीति भारतीय भाषाओं के विकास को महत्त्व देती है और किसी स्थापित नियमों व व्यवस्थाओं को नहीं, बल्कि युवाओं की मौलिक प्रतिभा एवं उनकी अदम्य ऊर्जा को केंद्र में रखती है।

इन व्याख्यानमालाओं में सांस्कृतिक बोध के विचारक और यशस्वी कर्मठ विद्वानों का योगदान रहा है। मैं समस्त विद्वानों, विचारकों, चिंतकों का आभार प्रकट करता हूँ, जिन्होंने 'संकल्प' के मंच से अपनी मूल्यवान सोच और दृष्टि साझा की।

आज सांस्कृतिक बोध के इस विचार को खुले मन से जानने, समझने और सकारात्मक भाव रखनेवालों की संख्या बहुत बड़ी है। सवाल है कि अपनी समग्रता और शक्ति के साथ यह जीवन-दृष्टि, इतिहास-बोध तथा वैचारिक परिप्रेक्ष्य उन तक पहुँचे। यह पुस्तक उसी दिशा में सद्प्रयास है।

इस प्रयास का विचार-बिंदु डॉ. कृष्ण गोपाल ने दिया। इस दिशा में मार्गदर्शन श्री संतोषजी ने किया। यह आयोजन उनका स्वप्न और संकल्प था, जिसे उन्होंने प्रतिबद्धता के साथ निभाया। इसकी नींव हमारे साथी श्री राजेंद्र आर्य ने तैयार की, जिन्होंने इन व्याख्यानों को लिखवाया, प्रूफ शोधन के साथ इसकी पहली प्रति तैयार करवाई और संपादन में यथासंभव सहयोग दिया। वास्तव में इस पुस्तक के प्रकाशन में उनकी पहल, कर्मठता और समर्पण का महत्त्वपूर्ण योगदान है। उनके इन प्रयासों में ए.वी.एस. राव, मंगलेश कुमार, अरुण कुमार जैमिनि, सचिन राठौर और नरेश शांडिल्य का भी अत्यंत महत्त्वपूर्ण योगदान रहा। हम उनका भी धन्यवाद करते हैं। इन सारे प्रयासों को एक सूत्र में पिरोने हेतु आवश्यक संसाधनों की मदद के लिए युवा उद्योगपति एवं समाजसेवी श्री विक्रम अग्रवालजी का आभार एवं धन्यवाद। हम इस अवसर पर 'संकल्प फाउंडेशन' और डिजाइनर मणिशंकर कुमार का भी आभार व्यक्त करते हैं। हमारी क्षमताओं और सीमाओं के साथ यह पुस्तक आपके समक्ष प्रस्तुत है। हम श्री अशोक सिंहल फाउंडेशन के महेश भागचन्दका के भी आभारी हैं, जिन्होंने पुस्तक के प्रकाशन और प्रचार में योगदान दिया।

(अनिल जोशी)
इ-मेल : anilhindi@gmail.com
फोन : 9899552099

अनुक्रम

आशीर्वचन *5–7*

मोहन भागवत

मदनदास देवी

दो शब्द *9*

संतोष तनेजा

भूमिका *11*

अनिल जोशी

- श्रीराम जन्मभूमि और व्यापक राष्ट्रीय परिप्रेक्ष्य 20
  डॉ. कृष्ण गोपाल
- राष्ट्रीय सुरक्षा : वर्तमान परिप्रेक्ष्य जम्मू–कश्मीर और धारा 370 38
  अमित शाह
- अद्वितीय प्रशासक थे छत्रपति शिवाजी महाराज 52
  स्व. अनिल माधव दवे
- भारतीय संस्कृति के माध्यम से विश्व की चुनौतियों का समाधान 76
  स्व. सुषमा स्वराज
- राष्ट्रीय स्वयंसेवक संघ का अल्पसंख्यकों के प्रति दृष्टिकोण 92
  रमेश पतंगे

- संस्कृति, अध्यात्म और प्रशासन 104
  आदित्यनाथ योगी

- सामाजिक समरसता एवं भारत की संत परंपरा 112
  डॉ. कृष्ण गोपाल

- व्यावसायिक शिक्षा का माध्यम बनें भारतीय भाषाएँ 134
  संतोष तनेजा

- हमने भारतीय भाषाओं को व्यावसायिक पाठ्यक्रम में लाने की पहल कर दी है 146
  डॉ. अनिल सहस्रबुद्धे

- भारतीय भाषाओं के संबंध में चुनौतियाँ 152
  अनिल जोशी

- विदेश नीति : भारत एवं पड़ोसी देश 158
  विष्णु प्रकाश

- विकास के इस तथाकथित मॉडल पर प्रश्नचिह्न हैं 168
  डॉ. मुरली मनोहर जोशी

- नई शिक्षा नीति 184
  डॉ. ओमप्रकाश कोहली

संकल्प : एक परिचय 192

श्रीराम जन्मभूमि आंदोलन के प्रेरणास्रोत

श्रद्धेय अशोक सिंहल जी

अशोक सिंहल फाउण्डेशन

श्रद्धेय अशोक सिंहल जी के ब्रह्मलीन होने के उपरांत उनके ध्येय व संकल्पों को आगे बढ़ाने के लिए उनके परम आत्मीय श्री महेश भागचन्दका जी द्वारा वर्ष 2015 में अशोक सिंहल फाउण्डेशन का गठन किया गया। उन्होंने श्रद्धेय अशोक सिंहल जी के जीवन पर आधारित ग्रन्थ ''**हिंदुत्व के पुरोधा**'' की रचना भी करी है।

फाउण्डेशन मुख्य रूप से श्रद्धेय अशोक सिंहल जी के द्वारा दर्शाये गए ध्येय व संकल्पों को पूरा करने का कार्य कर रहा है :

- **श्री राम जन्मभूमि पर भव्य मंदिर निर्माण**
- **पावन गंगा नदी की अविरलता व निर्मलता**
- **संस्कृत भाषा का प्रचार - प्रसार**
- **गौमाता का संरक्षण - संवर्धन**
- **निर्धनों - गरीबों एवं आदिवासियों का सर्वविधि कल्याण**
- **भगवद गीता तथा वेदों का प्रचार - प्रसार सम्पूर्ण विश्व में पहुँचाना**

अशोक सिंहल फाउण्डेशन एवं M2K फाउण्डेशन द्वारा किये गए सामाजिक कार्यः

- गुरुग्राम तथा दिल्ली में लॉकडाउन के समय **3,00,000** से अधिक लोगों को भोजन व रोजमर्रा की जरूरी सामग्री और राशन इत्यादि जरूरतमंद परिवारों को वितरित किया।
- विश्व स्तरीय 6 दिन का **"चतुर्वेद स्वाहाकार महायज्ञ"** का आयोजन बिरला मंदिर, दिल्ली में अक्टूबर 2019 में संपन्न हुआ।
- प्रयागराज, उत्तर प्रदेश में संपन्न हुए कुम्भ 2019 में **"भावराव देवरस सेवा न्यास"** द्वारा संचालित नेत्र कुम्भ शिविर में लाखों जरूरतमंद लोगों को निःशुल्क चश्मे वितरित किये गए।
- **"विश्वशांति महायज्ञम"** का भव्य आयोजन 29 मार्च से 3 अप्रैल 2021 तक दिल्ली में किया गया।
- **श्रद्धेय अशोक सिंहल जी की 95वीं जन्मजयंती** के शुभ अवसर पर 27 सितम्बर से 1 अक्टूबर 2021 तक कारसेवक पुरम, अयोध्या में **"निःशुल्क कृत्रिम अंग प्रत्यारोपण एवं सहायता उपकरण वितरण शिविर"** **का भव्य आयोजन किया गया जिसमें लगभग 400 दिव्यांगों को कृत्रिम अंग तथा अन्य सहायता उपकरण प्रदान किये गए।**

भव्य श्रीराम जन्मभूमि मन्दिर, अयोध्या

- वेदों के प्रचार प्रसार हेतु **उज्जैन, गोवा, हैदराबाद, जम्मू तथा राजकोट में 5 वेद विद्यालयों** को सहायता प्रदान की जा रही है।

- गरीब बच्चों की शिक्षा हेतु दिल्ली, गुरुग्राम एवं धारूहेड़ा में संस्था ने **पुनर्जागरण समिति** द्वारा संचालित **4 बाल संस्कार केंद्रों** के लगभग **300 बच्चों** को गोद लिया हुआ है, जिसमें पाकिस्तान द्वारा विस्थापित हिन्दू परिवारों के बच्चों का एक केंद्र भी सम्मिलित हैं, जिन्हें निःशुल्क शिक्षा, स्कूल बैग, यूनिफार्म, किताबें तथा आर्थिक सहायता दी जा रही है।

- **"अशोक सिंहल वैदिक न्यास"** के अंतर्गत गुरुग्राम, हरियाणा में **"अशोक सिंहल वेद विज्ञान एवं प्रौद्योगिकी विश्वविद्यालय"** का निर्माण हो रहा है, जहाँ पर **मॉडर्न तथा वैदिक विज्ञान** दोनों प्रकार की शिक्षा प्राप्त की जा सकेगी इसकी अनुमानित लागत लगभग 500 करोड़ रूपये होगी।

- **"अशोक सिंहल चिकित्सा सेवा न्यास"** के अंतर्गत गरीब एवं जरूरतमंदों हेतु अस्पताल का निर्माण लगभग 300 करोड़ रूपये की लागत से हो रहा है जहाँ पर अंगों का प्रत्यारोपण किया जा सकेगा। इस उपक्रम के माध्यम से 600 से ज्यादा जीवन बचाये जा चुके हैं।

- **सूरजगढ़, राजस्थान** में एक विशाल भवन का निर्माण किया गया है जिसका सदुपयोग आम जनमानस की सहायता करने के लिए हो रहा है तथा यहाँ पर एक गौ–शाला को गोद लिया है, जहाँ प्रतिदिन **सैकड़ों गौमाताओं की सेवा** की जा रही है।

- प्रत्येक नवरात्री **झंडेवाला देवी मंदिर, दिल्ली** परिसर में स्वच्छता अभियान चलाया जाता है।

- **संकल्प फाउण्डेशन** के जरूरतमंद **IAS आकांक्षी विधार्थियों** की हर संभव सहायता की जा रही है।

- **"अशोक सिंहल सभागार"** का निर्माण श्री माधव जनसेवा न्यास, सेवा सदन केंद्र, समालखा, हरियाणा तथा केशव कुंज, झंडेवालान, दिल्ली उपरोक्त दोनों स्थानों पर हो रहा है।

- अशोक सिंहल फाउण्डेशन के **न्यासी श्री महेश भागचन्दका जी को 3 से 5 अगस्त 2020 में हुए श्रीराम जन्मभूमि मंदिर निर्माण भूमिपूजन कार्यक्रम** के **मुख्य यजमान** बनकर पूजन करने का विशेष सौभाग्य प्राप्त हुआ और मंदिर निर्माण का **ऐतिहासिक संकल्प उनके हाथों से लिया गया।**

डॉ. कृष्ण गोपाल

सह–सरकार्यवाह, राष्ट्रीय स्वयंसेवक संघ

डॉ. कृष्ण गोपाल राष्ट्रीय स्वयंसेवक संघ के सह–सरकार्यवाह हैं। डॉ. कृष्ण गोपाल ने आगरा विश्वविद्यालय से वनस्पति विज्ञान में स्नातकोत्तर किया और वैज्ञानिक व औद्योगिक अनुसंधान परिषद् से डॉक्टरेट की उपाधि प्राप्त की है। वे मूल रूप से मथुरा (उत्तर प्रदेश) के निवासी हैं। उत्तर प्रदेश के विभिन्न स्थानों में उन्होंने संघ कार्य किए और बाद में उन्होंने संघ कार्य हेतु पूर्वोत्तर राज्यों में निवास किया। उन्होंने नौ वर्ष तक पूर्वोत्तर राज्यों में क्षेत्रीय प्रचारक के रूप में कार्य किया। तदुपरांत वर्ष 2012 में उनको राष्ट्रीय स्वयंसेवक संघ का सह–सरकार्यवाह नियुक्त किया गया। वर्ष 2015 से वर्ष 2021 तक उन्होंने राष्ट्रीय स्वयंसेवक संघ की ओर से राजनीतिक क्षेत्र का भी समन्वय किया। एक गंभीर अध्येता, चिंतक और विचारक के रूप में उन्होंने देश में पहचान बनाई है।

श्रीराम जन्मभूमि और व्यापक राष्ट्रीय परिप्रेक्ष्य

एक हजार वर्षों की पराधीनता और संघर्ष का जो समय रहा, उसने हमारे देश के प्रबुध वर्ग के मस्तिष्क को बड़ी मात्रा में 'कॉलोनाइज' (उपनिवेश) किया है। जितनी हानि मुस्लिम आक्रांताओं ने हमारे साहित्य क्षेत्र में की थी, उससे भी हजार गुना अधिक हानि अंग्रेजी शासनकाल में हुई। मुस्लिम आक्रांताओं ने अधिकतर हमारे साहित्य को नष्ट किया, जलाया, पर अंग्रेजों ने चतुराई के साथ हमारे साहित्य से छेड़छाड़ की और अपने साहित्य का निर्माण किया। प्रारंभ में यह कार्य ब्रिटिश और कंपनी के लोगों ने फादर्स लोगों से करवाया, पर बाद में चर्च की तर्ज पर भारतीय साहित्य इतिहास संदर्भों में दिए गए कथित तथ्यों का अध्ययन करते-करते भारत के लोगों ने ही भारत के बारे में उल्टा-पुल्टा लिखने में महारथ हासिल कर ली। अब फिर से अपने पुरातन साहित्य और संस्कृति को स्थापित करने के लिए लोगों के मन-मस्तिष्क को स्वच्छ करने की आवश्यकता है।

इस समय हमारे देश में यह सबसे बड़ी चुनौती है। राम जन्मभूमि एक ऐसा विषय है, जो बहुत सारी परतों को हटाता है, अँधेरे को हटाता है। कुछ लोग समझते हैं कि मंदिर का जो आंदोलन है, वह राम जन्मभूमि या अन्य मंदिरों की पुनर्स्थापना के लिए है। यह पूर्ण सत्य नहीं है। हिंदुओं के लिए मंदिरों की कोई कमी नहीं है। हिंदुओं के पास बहुत मंदिर हैं। उसमें एक और मंदिर जुड़ जाएगा तो बहुत बड़ा लाभ उससे होनेवाला नहीं है, लेकिन प्रश्न मंदिर का है ही नहीं! प्रश्न तो यह है कि जो उल्टा हुआ है, उसे सीधा किया जाए। 5 अगस्त, 2020 को अयोध्या में भूमिपूजन हुआ, निर्माण के कार्य को गति मिली, लेकिन इतनी आसानी से यह सब नहीं हुआ। ये जो उपनिवेश भरे मस्तिष्क हैं, उन्होंने इसे आसानी से होने नहीं दिया, देश में

* संकल्प व्याख्यानमाला 27-28 नवंबर 2021, NDMC ऑडिटोरियम, दिल्ली

आंदोलन-पर-आंदोलन चले और इस मंदिर का विरोध करनेवाले वही उपनिवेशवादी मानसिकता वाले थे, जिन्हें अंग्रेज तैयार करके गए थे। हमारे हिंदू लोग भी राम के होने का प्रमाण माँगते हैं, जबकि सारे देश में, सारी दुनिया में जो हिंदू समाज फैला है, उसकी आस्था है, श्रद्धा है। उनको सब मालूम है। हजारों संदर्भ हैं। 'आईन-ए-अकबरी' या 'बाबरनामा' में किसी बात का उल्लेख नहीं है तो क्या वह बात अमान्य हो जाएगी! हजारों बातों का उल्लेख उसमें नहीं है तो क्या वे सभी बातें निरर्थक हो जाएँगी! क्या आईन-ए-अकबरी था! बाबरनामा ये सिद्ध करेंगे कि भारत कैसा था, इसकी संस्कृति कैसी थी, राम थे या नहीं! इस मंदिर के लिए जो बड़े-बड़े आंदोलन चलाने पड़े, वे आस्था ही नहीं, प्रमाणों से भरे थे। आसानी से मंदिर की अनुमति नहीं मिल गई। हजारों-लाखों लोग हर साल चल देते थे, आंदोलन करते थे, दुनिया ने इतना बड़ा शांतिपूर्ण जन-आंदोलन कभी नहीं देखा था। आंदोलन की व्यापकता बहुत गहरी थी। लाखों गाँव के लोगों ने शिलाएँ लाकर, पूजा करके अयोध्या में रख दी थीं कि जब मंदिर बनेगा, तब ये काम आएँगी। परंतु लोगों को लगता नहीं था कि उनके जीवन में मंदिर-निर्माण का कार्य प्रारंभ होगा। इस आंदोलन ने देश के सामाजिक, सांस्कृतिक, आध्यात्मिक और राजनीतिक समीकरण बदल दिए। दुनिया भर के लोगों की सोच भी बदल दी। लोगों को लगने लगा कि शायद अब मंदिर का निर्माण होगा। वी.एस. नायपॉल अपनी पुस्तक 'ए वाउंडेड सिविलाइजेशन' (A Wounded Civilization) में लिखते हैं कि दुनिया में ऐसी भी जाति है, जो 500 वर्षों पुराने अपने अपमान का प्रक्षालन करने के लिए लाखों की संख्या में लाखों गाँव से चल देते हैं। इसमें युवक हैं, इसमें महिलाएँ हैं, बुजुर्ग हैं और उनमें एक उत्साह है, बदला नहीं, बलिदान की भावना है। वी.एस. नायपॉल आगे लिखते हैं—"इस जाति के अंदर इतना उत्साह है, इतनी उमंग है, इतनी प्रतिबद्धता है कि ये दुनिया में कुछ भी कर सकते हैं।" लेकिन उनके ऐसा लिखने से मंदिर नहीं बना। मुकदमे चले, दशकों तक मुकदमे चलते रहे, फाइलों-पर-फाइलें बनती रहीं, बहस-पर-बहस होती रही और अंतत: सर्वोच्च न्यायालय का निर्णय आया तथा मंदिर-निर्माण प्रारंभ हुआ। हिंदुओं का उद्देश्य कोई ईंट-पत्थर से मंदिर बना देना भर नहीं है, प्रश्न अपनी संस्कृति और आस्था का है, जिन्हें खंडित किया गया।

आज का विषय है—'श्रीराम जन्मभूमि और व्यापक राष्ट्रीय परिप्रेक्ष्य।' यह विषय व्यापक है। श्रीराम जन्मभूमि पर मंदिर-निर्माण हिंदू आस्था का ही नहीं, राष्ट्रीय पहचान का विषय भी है। एक नए युग के, नए भारत के निर्माण का विषय है, राष्ट्रीय एकता का विषय है। आपको आश्चर्य होगा कि जो निधि का समर्पण

हुआ, साढ़े चार लाख गाँव से लोगों ने मंदिर के लिए निधि भेजी···यह अविश्वसनीय है। इस देश में कभी भी किसी काम के लिए इतनी बड़ी संख्या में लोगों ने पैसा कभी नहीं भेजा। 12 करोड़ हिंदू परिवारों ने पैसा दिया है, समर्पण किया है। एक घर में चार-पाँच लोगों को गिनते हैं तो लगभग 50-60 करोड़ हिंदू आबादी की इसमें भागीदारी है। 60 करोड़ हिंदू जनसंख्या ने कहा कि हमारा धन लो और मंदिर बनाओ।

जो मंदिर ट्रस्ट के लोग थे, उनको लगता था कि 700 या 800 करोड़ रुपए इकट्ठे हो जाएँगे तो हम अच्छा मंदिर बना लेंगे। उनका यही अनुमान था। पर लोगों ने जो धन दिया, उसकी राशि 3 हजार, 300 करोड़ रुपए है। क्या यह कम बड़ा प्रमाण है कि मंदिर बनना चाहिए। और कितने प्रमाण चाहिए? अनेक राजनीतिक दलों ने मंदिर का विरोध किया, पर हर दल के लोगों ने पैसा दिया है। कम्युनिस्टों ने भी पैसा दिया है, सपा हो, बसपा हो, कांग्रेस हो, भाजपा हो, निर्दलीय लोग हों, वनवासी लोग हों, ग्रामवासी लोग हों, मछुआरे हों, पहाड़ पर 6-7 हजार फीट पर रहनेवाले लोग हों, सबने पैसा दिया है। विरोध राजनीति का था, आस्था का नहीं। यह अपने आप में इस बात को दर्शाता है कि इस मंदिर का राष्ट्रीय सरोकार है। इस मंदिर के पीछे राष्ट्रीय दृष्टि है। सारे देश की जनता खुशी से पागल है।

हम जानते हैं कि हमारे बीस हजार से ज्यादा मंदिर तोड़े गए। ये जो बर्बर काम हुए, असहिष्णु काम हुए, दुनिया के दूसरे विचार को हम समाप्त कर देंगे···इस विचार के अभियान को लेकर जो लोग निकले थे, उन लोगों को सीखना चाहिए। यह किसी भी मूल्य पर स्वीकार नहीं होगा कि आप दूसरे की पूजा-पद्धतियों का विनाश करने के लिए सेना लेकर निकलेंगे; जो आपके मत को नहीं मानते, उनको समाप्त कर देंगे। इस विचारधारा के विपरीत यह मंदिर आंदोलन था।

हमारा देश धार्मिक, सामाजिक सहिष्णुता का देश है। हमारे देश में हर प्रकार के पंथ, संप्रदाय, विचार और दर्शन को फलने-फूलने की अनुमति है। हमारे मंदिर तोड़े जाएँगे···संस्कृति को नष्ट करने का प्रयास होगा! ऐसा तो इस देश के लोगों ने कभी हजारों-हजारों वर्षों में विचार भी नहीं किया था। ऐसा भारत में आए ग्रीक लोगों ने भी नहीं किया, ऐसा हूण लोगों ने भी नहीं किया। उन्होंने भी यहाँ की संस्कृति को सम्मान दिया था। इसलिए फिर मैं बता रहा हूँ कि अयोध्या का राम मंदिर विश्वव्यापी असहिष्णुता के विपरीत खड़ा हुआ आंदोलन है। हम दूसरे संप्रदायों को समाप्त कर देंगे और हम ही रहेंगे, इस विचारधारा के विपरीत यह आंदोलन है।

राम मंदिर इस बात का प्रतीक है कि शताब्दियाँ बीतने के बाद भी हम हिम्मत के साथ खड़े होंगे। राम मंदिर का आंदोलन इस बात का प्रतीक है कि इस धरती

पर केवल और केवल हिंदू समाज ही एक ऐसा है, जो हजारों वर्ष के संघर्ष के बाद फिर खड़ा होता है। किसी ने कल्पना भी नहीं की थी कि तेरहवीं, चौदहवीं, पंद्रहवीं, सोलहवीं और सत्रहवीं शताब्दी के बाद यह देश फिर खड़ा हो सकेगा, यह राम मंदिर उस जागृति का प्रतीक है।

अब अयोध्या की बात करते हैं। अयोध्या किसका प्रतीक है! लोगों को लगता है कि श्रीराम का जन्मस्थान है, राम के पूर्वजों का जन्मस्थान है। यह बात तो सच है। पर केवल राम का जन्मस्थान है, ऐसा नहीं है। यह 5 जैन तीर्थंकरों का जन्मस्थान भी है। ऋषभनाथ, अजितनाथ, अभिनंदन, सुमतिनाथ और अजिलनाथ तीर्थंकरों का यहाँ जन्म हुआ है। इसलिए इस नगरी को जैन तीर्थ के रूप में मान्यता मिली और छह जैन तीर्थंकरों का निर्वाण स्थान भी अयोध्या है। भगवान बुद्ध का अयोध्या में 16 बार चातुर्मास हुआ है; गुरु नानक देव, गुरु तेग बहादुरजी और गुरु गोविंद सिंहजी, तीन सिख गुरुओं का आवास यहाँ रहा है। लंबे-लंबे समय तक ये अयोध्या में रहे हैं। हमारे सिख गुरुओं का स्थान अयोध्या है, नाथ लोगों की भूमि अयोध्या है, कबीर पंथियों का स्थान अयोध्या है और श्रीसंत अयोध्या में निवास करते थे। अनेक मत, पंथ, समुदाय, जो हिंदू समाज के हैं, वे सब कभी-न-कभी अयोध्या में रहे हैं। अयोध्या भारत के हिंदू समाज के सभी पंथ, संप्रदायों की एक मिलन स्थली है। इसके जैसी कोई जगह नहीं है। अयोध्या का अर्थ है—जो युद्ध से दूर हो, जहाँ केवल शांति का वास हो।

रामायण के बालकांड के प्रथम सर्ग में नारद व वाल्मीकि संवाद है, जिसके अनुसार एक बार वाल्मीकि ने नारदजी से पूछा कि संसार में ऐसा कौन पुरुष है, जो मन पर अधिकार करनेवाला, क्रोध को जीतनेवाला, किसी की निंदा न करनेवाला और कांतिमान है? जो प्रियदर्शन, सदाचार से युक्त व विद्वान है तथा संग्राम में जिसके कुपित होने पर देवता भी डरते हैं? इस पर नारद ने महर्षि को संक्षेप में श्रीराम चरित्र सुनाया और कहा कि राम का चरित्र लिख दो। राम का चरित्र ऐसा है, जो युगों-युगों तक इस धरती पर लोगों को प्रेरणा देगा। इस संवाद के दो घड़ी बाद वाल्मीकि शिष्यों के साथ तमसा नदी के तट पर पहुँचे। वहाँ क्रौंच पक्षियों का एक जोड़ा प्रणयरत था, जिस पर उसी दौरान एक निषाद ने बाण चलाया और नर पक्षी की मृत्यु हो गई। इससे मादा पक्षी रोने लगी और उन दोनों की दशा देख वाल्मीकि पहले दया से और फिर क्रोध से भर गए। उसी क्षण उनके कंठ से वे प्रसिद्ध पंक्तियाँ निकलीं, जो कविता का आदि बीज कहलाईं। वे थीं—

मा निषाद प्रतिष्ठां त्वमगमः शाश्वतीः समाः ।
यत् क्रौञ्चमिथुनादेकमवधीः काममोहितम् ॥

अर्थात् हे निषाद! तुझे नित्य-निरंतर कभी भी शांति न मिले, क्योंकि तूने काम से मोहित इस क्रौंच के जोड़े में से एक की बिना किसी अपराध के हत्या कर डाली है। यह शोक की पीड़ा में निषाद को दिया शाप था, लेकिन इसके मूल में करुणा थी। वाल्मीकि ने अनुभव किया कि उनके मुख से निकला वाक्य चार चरणों में आबद्ध है। उसके प्रत्येक चरण में बराबर अर्थात् आठ-आठ अक्षर थे और उसे वीणा की लय पर गाया भी जा सकता था। निश्चित ही वह श्लोक था। इसे धरती पर पहली कविता मानते हैं। इसमें से रामायण उद्‌भूत होती है। वाल्मीकिजी रामजी का जो चरित्र लिखते हैं, राम का जो वर्णन करते हैं···राम कौन हैं, मनुष्य रूप जन्म लेनेवाले राम का जीवन कैसा है! रामायण लिखी गई। इस धरती के लोगों को राम का जीवन पसंद आ गया, राम का जीवन मन को भा गया, राम एक आदर्श रूप में लोगों के हृदय में स्थापित हो गए, लोग राम को स्मरण करने लगे···जीवन कैसा हो, जीवन राम जैसा हो। हमारे मन में राम अवतरित हो गए। राम इस देश की अंतरात्मा में गहराई से व्याप्त हो गए।

वाल्मीकिजी लिखते हैं कि राम जो हैं, बड़े मनोहारी हैं। लेकिन एक खास बात है—राम दूसरे का दोष नहीं देखते। हम सामान्य जीवन में देखते हैं···अपने घर में, परिवार में और व्यापार में हमेशा व्यक्ति का दोष पहले देखते हैं, जैसे—अरे यह बहुत बोलता है! बहुत जल्दी गुस्सा करता है! वह कितना विद्वान है, यह चर्चा कोई नहीं करेगा। यह दोष देखने की दृष्टि मनुष्य की स्वाभाविक दृष्टि है, लेकिन राम इसके उलट हैं। वाल्मीकिजी ने कहा कि राम की दृष्टि दोष देखने की नहीं है। रावण मर गया, रावण के मरने के बाद रावण की प्रशंसा करते हैं। रावण में पचास दोष होंगे, राम में एक भी दोष नहीं, तब भी राम रावण के एक भी दोष का वर्णन नहीं करते।

एडिसन नाम के एक बड़े वैज्ञानिक थे। एडिसन जब बच्चे थे, स्कूल पढ़ने जाते थे तो गुमसुम बैठे रहते थे। अध्यापकों को लगा कि यह क्या मंदबुद्धि बच्चा आ गया। कुछ बोलता ही नहीं है··· और एडिसन की माँ को अध्यापक एक पत्र लिखता है—आपका बच्चा स्कूल में आने के लायक नहीं है। इसमें बुद्धि नहीं है, यह पढ़ नहीं पाएगा, आप इसको घर पर ही पढ़ाएँ, आप इसको विद्यालय में न भेजें। माँ चिंतित हो गई। मेरा बच्चा ऐसा नहीं है···माँ ने एडिसन को घर में पढ़ाया और एडिसन इतना बड़ा वैज्ञानिक बन गया। यह है माँ! दोष नहीं देखा। वह कक्षा के अध्यापक का दोष नहीं देखती है। वाल्मीकिजी कहते हैं—यह आत्मा शांत है।

लेकिन राम बोलते हैं तो मधुर ही बोलते है···वाल्मीकि कहते हैं कि राम जब बोलते हैं तो दूसरे को कटु लगनेवाला नहीं बोलते। राम पहले बोलते हैं···कभी-कभी हमको लगता है कि पहले बोलने का क्या मतलब है···कोई मित्र आया, आपके घर में बैठा है। दोनों शांत हैं···पहले कौन बोले तो वाल्मीकि कहते हैं कि राम जो हैं, पहले बोलनेवाले हैं—'और भाई कैसे हो, कहाँ से आए, स्वास्थ्य ठीक तो है न···' राम वार्त्तालाप का प्रारंभ कर देते हैं। राम जो हैं, उद्वेलित नहीं होते, कठोर वाणी नहीं बोलते, एकदम वार्त्तालाप में क्रोधित नहीं होते। अप्रिय लगनेवाली वाणी राम नहीं बोलते हैं, मधुर भाषी हैं, प्रिय भाषी हैं, मधुर बोलते हैं, विनम्रता से बोलते हैं। राम चक्रवर्ती सम्राट् के बड़े बेटे हैं, गंगा के किनारे खड़े हैं और नाववाले से नाव माँगते हैं, निर्देश नहीं देते कि ऐ नाववाले, इधर आ! ऐसे नहीं बोलते हैं, बड़ी विनम्रता से कहते हैं कि अरे भइया, नाव इधर लगाओगे क्या! आप राम का व्यवहार देखिए, राम का व्यवहार इतना लोक मनभावन है कि केवट मना कर देता है कि नहीं··· नहीं, मैं नाव नहीं लगानेवाला। क्या खूबसूरती है···क्या यह लोकतंत्र में भी होगी! इसका सौंदर्य देखिए। चक्रवर्ती सम्राट् के बड़े बेटे, जो कल राजा बननेवाले थे, आज किसी कारण से गंगा के तट पर खड़े हैं और एक मल्लाह से कहते हैं कि नाव इधर लगाओ और मल्लाह मना कर देता है। राम के व्यवहार में मधुरता, विनम्रता और शालीनता होने के बाद भी केवट को मना करने अधिकार है···तब कैसा लोकतंत्र रहा होगा! राम वनवास को जा रहे हैं तो लक्ष्मण से कहते हैं कि लक्ष्मण, तुम आगे रहो, तुम आगे चलो। हे सौमित्र! तुम आगे चलो···सीता तुम्हारे पीछे चलेगी और मैं तुम दोनों के पीछे चलता हूँ। राम के मन में सुरक्षा की जिम्मेदारी अपने ऊपर लेने का भाव है, चिंता का भाव है। तभी 'दोनों के पीछे चलूँगा' कहते हैं। राम के मन में सुरक्षा का भाव परिवार के बड़े होने के नाते है। राम यह नहीं बोलते कि मैं तुम्हारी सुरक्षा करता चलूँगा।

राम बोलते हैं—'अन्नयो नश्चय हिमो रक्ष।' अर्थात् हम एक-दूसरे की रक्षा करते हुए चलेंगे। श्रीराम पर यदि किसी ने छोटा सा भी उपकार कर दिया तो वे उसे भूलते नहीं हैं। सुग्रीव, विभीषण, हनुमान, नल, नील, अंगद, केवट···ने उपकार किया तो राम भूले नहीं। जो हजार अपराध क्षमा करके एक उपकार को ही स्मरण रखते हैं, उनका नाम 'राम' है। राम कहते हैं कि जो शरणागत हो गया, उसकी रक्षा करो, उसकी अपने प्राणों की तरह रक्षा करो। जो तुम्हारे दरवाजे पर आकर क्षमा माँगता है, जो भयभीत होकर आया है, अपने प्राण की तरह उसको सँभालकर रखो, उसको सुरक्षा दो। जब विभीषण लंका से इधर आ रहा था तो सब लोग डर जाते

हैं कि यह रावण का भाई है, यहाँ क्यों आया है! 'कह सुग्रीव सुनहु रघुराई। आवा मिलन दसानन भाई।'

सुग्रीव कहते हैं—यह दशानन का भाई मिलने आ रहा है···हे राम, यह हमारा भेद लेने आ रहा है। इसको बाँधकर रखो! यह सुग्रीव ने सलाह दी है राम को तो राम ने क्या कहा—नहीं-नहीं, ऐसा मत करो, यह हमारी शरण में आया है, इसे भाई की तरह रखो, एक बालक की तरह रखो। यह दर्शन इस देश को राम ने दिया। राम का यह दर्शन, यह भाव देश भर में, सारे भारत में गहराई से उतरा। तभी तो आज से ढाई हजार वर्ष पहले जब पारसी लोग भारत में आए तो भारत ने शरण दी, लगभग डेढ़-दो हजार वर्ष पहले यहूदी आए, भारत ने उनको भी शरण दी। अनेक ऐसे लोग आते रहे, हम शरण देते रहे।

एक घटना द्वितीय विश्वयुद्ध के समय की है। जर्मन की नाजी सेना ने पोलैंड पर हमला कर दिया। तब पोलैंड के लोगों को भागना पड़ा। पानी के एक जहाज पर सवार होकर पोलैंड के एक हजार लोग, जिनमें महिला, बच्चे, युवा व वृद्ध थे, पोलैंड से भागे। किसी भी देश ने इनको शरण नहीं दी। भागते-भागते, जान बचाते-बचाते गुजरात के जामनगर में समुद्र के किनारे पहुँचकर अपना जहाज रोका और अपने कुछ लोगों को जामनगर के राजा के पास भेजा। उन्होंने कहा कि क्या आप हमको शरण देंगे! जामनगर के राजा दिग्विजय सिंह ने कहा, 'हाँ, हम देंगे आपको शरण। आप हमारे अतिथि हैं।' उन्होंने अपने मंत्रियों को भेजा कि जाओ, जितने लोग हैं, सबको लेकर आओ। सबको गाँव दे दिया, जमीन दे दी, मकान बनवा दिए, बच्चों के लिए विद्यालय बनवा दिए, भोजन-पानी की व्यवस्था राजाजी ने करवा दी। यह बात सन् 1939 की है। बाद में जब युद्ध समाप्त हो गया तो ये लोग सन् 1944 में वापस चले गए। पोलैंड में जाकर बस गए। पोलैंड के इन लोगों ने अपनी राजधानी वारसा में दिग्विजय सिंहजी के नाम पर एक चौक का नाम रखा। हालाँकि महाराजा यह देखने के लिए जिंदा नहीं थे। उनका निधन 1966 में ही हो गया था। 2012 में वारसा के एक पार्क का नाम भी दिग्विजय सिंहजी के नाम पर रखा गया। साथ ही पोलैंड ने महाराजा को मरणोपरांत सर्वोच्च नागरिक सम्मान 'कमांडर्स क्रॉस ऑफ दि ऑर्डर ऑफ मेरिट' भी दिया। बाद में उनमें से कुछ लोग जीवित थे, वे भारत आए और जहाँ शरण ली थी, वहाँ राजा साहब का स्मारक बना और वे बड़ा बोर्ड लगाकर गए। लोग अपने बच्चों को लेकर आते थे और उनको कहा करते थे कि हमको दुनिया में किसी ने शरण नहीं दी। राजा दिग्विजय सिंह जडेजाजी ने हमको स्थान दिया, खाना दिया और हमारे बच्चों के लिए विद्यालय बनवाए।

राम कहते हैं कि जो भयभीत होकर आता है, उसे सँभालकर रखो, अपने प्राणों की तरह रक्षा करो। यह सिर्फ किताब में लिखा हुआ बौद्धिक वाक्यांश नहीं है, यह लोकमन में, देश के जनमानस के हृदय में गहराई से बैठा भाव है। ऐसे हजारों किस्से हमारे देश में हैं। राम ने लंका पर विजय प्राप्त की या रावण को मारा! इन दोनों में से कौन सी बात ठीक है! राम ने लंका पर विजय प्राप्त नहीं की, राम ने रावण को मारा है, विजय प्राप्त करते तो शासन करते। शासन नहीं किया···रामजी ने लंका शहर में प्रवेश भी नहीं किया। शासन विभीषण को दे दिया। राम वचन के पक्के हैं, राम वचन देकर आए थे कि चौदह वर्ष वन में रहूँगा, वचन निभाया। कभी किसी शहर, नगर में प्रवेश नहीं किया। जब रावण मर गया तो लक्ष्मण को कहा कि तुम लंका में जाओ, विभीषण का राज्याभिषेक करो। मैं तब तक यहीं बैठा हूँ। लंका विजय करने के लिए राम नहीं गए। राम का संकल्प दूसरे के राज्य में जाकर विजय प्राप्त करना, उसको लूटना, कॉलोनी बनाना, वहाँ के लोगों को दुःख देना नहीं है।

हम राम के आचरण पर चले। भारत ने तब से लेकर आज तक कभी भी ऐसा व्यवहार किसी देश के साथ नहीं किया है। हम लोग राम का जो आदर्श है, उसे निभाते हैं। राम चाहते तो संकट के समय तुरंत अयोध्या खबर भेज देते कि सेना भेजो, हम लोग संकट में आ गए हैं। नहीं! राम ने घर समाचार नहीं भेजा। सुग्रीव, हनुमान, नल, नील, अंगद आदि को मित्र बनाकर वानर सेना के सहयोग से रावण से युद्ध लड़ा। सामाजिक समानता का संदेश दिया। जब जटायु का अंतिम समय राम की गोद में बीत रहा था, जब लगा कि जटायु प्राण छोड़ देगा तो राम जटायु को कहते हैं, 'देखो, अब तुम स्वर्ग को जा रहे हो। वहाँ हमारे पिताजी तुमको मिलेंगे। वहाँ जाकर उनको ये वर्तमान की घटनाएँ बता मत देना। उनको दुःख होगा।' आगे की बात बड़ी महत्त्वपूर्ण है। राम कहते हैं, 'ये सारी घटना अपने आप रावण वहाँ जाकर बताएगा।' कितना विश्वास है उन्हें, कितना आत्मविश्वास है। जंगल में हैं, सीता मिली भी नहीं··· कहाँ हैं! खोज के बाद केवल इतना ही पता चला कि रावण के यहाँ हैं। न सेना है, न पैसा है, न कुछ है, लेकिन राम विभिन्न प्रकार के जो घटनाक्रम होते हैं, उनसे विचलित नहीं होते। शाम को तो तय हुआ है कि कल राज्याभिषेक होगा। सवेरा होते-होते घोषणा हो गई कि आपको वनवास होगा। दशरथ परेशान हो गए, दशरथ राम का वियोग झेल नहीं सके, इस सारे संकट में दशरथ अवसाद में चले गए। उठ ही नहीं पाए, दशरथजी के प्राण चले गए। तय हुआ कि कल राज्याभिषेक होगा और सुबह वनवास हो गया। कितना विरोधाभास है। ये दो विरोधाभासों में भी शांत रहने का संदेश राम देते हैं। परिस्थितियों के सामने चिंतित नहीं हो जाते कि क्या

करें, कुछ समझ में नहीं आ रहा, कोई रास्ता सूझ नहीं रहा, अगर कोई रास्ता नहीं सूझ रहा तो दशरथ को नहीं सूझ रहा। राम के साथ ऐसा नहीं है।

वाल्मीकिजी कहते हैं कि राम जो हैं, वे शोक में प्रवेश ही नहीं करते। राम ऐसा चरित्र हैं, ऐसे जीव हैं, ऐसा जीवन हैं, जो न विपदा में अशांत होते हैं और न शोक में प्रवेश करते हैं। उनको वनवास मिल गया, यह विपत्ति नहीं है, विपत्ति तो राम के सामने चित्रकूट में आती है। भारी असमंजस खड़ा हो जाता है। कुलगुरु वसिष्ठ आ गए हैं, राजगुरु विश्वामित्र आ गए हैं और तीनों माताएँ बैठी हैं, भाई बैठे हैं, प्रजा के लोग बैठे हैं, मंत्रिमंडल बैठा है और सब-के-सब यही कह रहे हैं कि राम घर चलो। राम के सामने प्रश्न खड़ा होता है कि कैसे और किस-किस को मना करें। वसिष्ठजी और रामजी का बड़ा संवाद होता है। वसिष्ठजी बार-बार राम को समझाते हैं—'राम, तुम्हारा यही कर्तव्य है कि अब तुम घर चलो।' राम कहते हैं कि रघुकुल के लोग वचन नहीं तोड़ते, दो बातें नहीं करते, कभी भी नहीं। यह बात राम गुरु वसिष्ठ को समझा रहे हैं, कुलगुरु को बता रहे हैं। राम दो बातें नहीं बोलते, एक बात बोलते हैं, वचन देकर पलटते नहीं हैं। सभी को बोल दिया कि पिता का वचन पूरा किए बिना अयोध्या नहीं लौटेंगे। वनवास की अवधि पूरी करके ही वापस जाएँगे। राम सभी को समझाकर माताओं के चरण स्पर्श करके वापस भेज देते हैं, भाइयों और मंत्रिमंडल को वापस भेज देते हैं। फिर सोचते हैं कि अब चित्रकूट छोड़कर आगे बढ़ना होगा। मनुहार करने ये बार-बार यहाँ आते रहेंगे।

राम आगे बढ़े तो बड़ा संकट आ गया। सीता का हरण हो गया, एक और बड़ा संकट आ गया कि लक्ष्मण को शक्ति बाण लग गया। लक्ष्मण मूर्च्छित हो गए, भीषण युद्ध हो गया। एक और बड़ा संकट आ गया कि स्वयं लक्ष्मण को भी मृत्युदंड देना पड़ गया, लेकिन राम विचलित नहीं हुए। राम किसी भी परिस्थिति में विचलित नहीं होते, अशांत अवस्था में नहीं चले जाते। जिनका मन, मस्तिष्क, बुद्धि और विवेक हर परिस्थिति में, कितने भी बड़े संकट में स्थिर रहता है, वे राम हैं। राम हमको यह संदेश देते हैं कि संकट आएँगे और चले जाएँगे। चिंता न करो।

राम की प्रवृत्ति अकेले निर्णय करने की नहीं है। राम अपने साथी, जो भी है, उनसे परामर्श करके आगे बढ़ते हैं। समुद्र किनारे खड़े सोच रहे हैं कि अब क्या किया जाए! सेना तैयार खड़ी है। तब राम सुग्रीव और हनुमान को विभीषण के पास भेजकर विभीषण से पुछवाते हैं कि क्या किया जाए! विभीषण कहता है कि समुद्र उनके पूर्वजों का ही खोदा हुआ है तो हमें समुद्र के पास जाना चाहिए और समुद्र से मार्ग माँगना चाहिए, वह रास्ता दे देगा। यह खबर लाकर सुग्रीव और हनुमान राम को

देते हैं। उचित है, राम कहते हैं कि बिल्कुल उचित, ऐसा ही करो तो राम विभीषण की सलाह मान लेते हैं। कहते हैं, सुग्रीव बड़े विद्वान हैं। वाल्मीकिजी लिखते हैं—'सुग्रीव पंडितो नित्यम्।' राम सुग्रीव को बोलते हैं, 'सुग्रीव, तुम तो सदा-सदा ही योग्य हो।' बाद में लक्ष्मण को बोलते हैं, 'लक्ष्मण तुम भी विद्वान कम नहीं हो, तुम भी बड़े विचारवान व्यक्ति हो।' तो जैसा लक्ष्मण, सुग्रीव, हनुमान सब मिलकर कहते हैं, वही बात राम मानते हैं और इन सबकी प्रशंसा भी करते हैं। ऐसे हैं राम।

बात आगे बढ़ जाती है, बात अब युद्ध पर आ जाती है। लड़ाई शुरू करें, युद्ध आरंभ करें, आक्रमण कर दिया जाए! तब राम जाम्बवंत से सलाह लेते हैं। जाम्बवंत कहते हैं, 'नहीं-नहीं राम, अभी रुको, एक बार फिर से दूत भेजो, एक बार फिर से संवाद करो, शायद रावण मान जाएगा।' राम कहते हैं, 'बिल्कुल ठीक बात है।' राम जाम्बवंत की बात भी मान जाते हैं और फिर अंगद को भेजते हैं कि तुम जाओ, रावण से वार्त्ता करके आओ, वह क्या कहता है। कहने का भाव यह है कि राम सभी को साथ लेकर चलते हैं, राम सब जानते हैं, राम को कोई क्या बताएगा, राम फिर भी चाहे सुग्रीव हो, हनुमान हो, चाहे वह विभीषण हो, चाहे वह जाम्बवंत हो, नल और नील हो, जो भी उनकी मित्र मंडली है, उससे परामर्श करते हैं, हर व्यक्ति को सम्मान देते हैं।

राम हमको सिखाते हैं कि हम घर में रहते हैं, हमारा बेटा है। हमसे बीस साल छोटा है या पच्चीस साल छोटा है, उसके बावजूद जो योग्य पिता है, उस बालक को मित्र की तरह रखता है। पत्नी है, उससे भी परामर्श करता है और जो मित्र हैं, उनसे भी परामर्श करता है। अपने ऑफिस में जो और लोग हैं, उनसे भी परामर्श करता है। सबको बोलने का अधिकार देता है। एक बार मैं गुवाहाटी में था। डीटीपी का काम करनेवाला एक कार्यकर्ता था। अहिंदी भाषी था, धीरे-धीरे हिंदी सीख गया था। मैं उससे हिंदी में टाइप करवाता था तो वह मेरी गलती निकालता था···यह मात्रा गलत लगी है। यह अधिकार हमें देना चाहिए। राम यही कहते हैं।

एक बड़ा रोचक प्रसंग है··· नरेश मेहताजी के रामायण के काव्य-ग्रंथ 'संशय की एक रात' में है। ये प्रसिद्ध विद्वान हैं। उसमें प्रसंग है—कल से युद्ध प्रारंभ होना है, राम चिंता में बैठे हैं, 'हे भगवान! मेरी पत्नी के कारण कल युद्ध होगा, क्या किया जाए! कुछ समझ में नहीं आ रहा है।' दुविधा में पड़ गए राम··· मेहताजी ने पूरा एक अध्याय लिखा है इस पर। 'राम विनम्र बैठे हैं और अंत में उनके मन में आता है कि यह युद्ध टालना चाहिए। एक महिला के लिए, मेरी पत्नी के लिए इतने लोग मर जाएँगे, अच्छा नहीं है।' संशय की रात थी। इतने में हनुमान आ जाते हैं। राम अपने

मन की बात हनुमान को कहते हैं। हनुमान कहते हैं, 'नहीं प्रभु, ऐसा नहीं है। यह युद्ध केवल आपकी पत्नी के लिए हो रहा है, यह गलत है, यह सारे जगत् का है, क्योंकि नारी पूजी जाती है; पूरे समाज का है, नारी के अस्तित्व का संघर्ष है, उनके सम्मान का संघर्ष है; एक महिला, जो आपकी पत्नी है, उसको लेकर संघर्ष है, ऐसा नहीं है।' तो हनुमान कौन हैं! एक सामान्य जन हैं। राम कौन हैं! एक महामानव हैं। एक सामान्य जन एक महामानव को भी रास्ता दिखाता है। कोई महामानव तभी बन पाता है, जब एक सामान्य जन का मन समझ लेता है। तो रामायण में हमको अनेक ऐसे प्रसंग मिलेंगे, जिनमें जो महामानव राम हैं, ये केवल कहने को नहीं हैं। उनके जीवन के आदर्शों से यह प्रकट होता है।

राम सबका सहयोग लेकर आगे बढ़ते हैं, राम सभी का सहयोग लेते हैं, राम का जो युद्ध चल रहा है, वह सब देख रहे हैं कि कैसा युद्ध है! बड़े-बड़े देवता भी युद्ध में आते नहीं हैं, बस देखते हैं कि कौन जीतता है! युद्ध का अंतिम दिन है... रावनु रथी बिरथ रघुबीरा। देखि बिभीषन भयउ अधीरा।...रावण को रथ पर और श्रीरघुबीर को बिना रथ के देखकर विभीषण अधीर हो गए। प्रेम अधिक होने से उनके मन में संदेह हो गया कि वे बिना रथ के रावण से कैसे जीत सकेंगे! इधर लंका रणभूमि में चल रहे युद्ध को देखकर सभी देवता चिंतित हो जाते हैं और कहते हैं कि यह युद्ध बराबरी का नहीं है। क्योंकि राम पैदल, नंगे पाँव हैं, जबकि रावण रथ सहित अस्त्र-शस्त्र से सजा-धजा है। इस पर राम की सहायता के लिए इंद्रदेव अपने सारथी से रथ भिजवाते हैं। सारथी रथ लेकर राम के पास जाते हैं। लेकिन राम कहते हैं कि मैंने देवराज इंद्र से कोई सहायता नहीं माँगी थी। इस पर सारथी कहता है कि ब्रह्माजी के आदेश से इंद्रदेव ने यह रथ आपको भेजा है। लक्ष्मण संदेह जताते हैं। तब सारथी दिव्य रथ के गुण के बारे में बताता है। विभीषण राम और लक्ष्मण को रथ स्वीकार करने के लिए निवेदन करते हैं। राम देवराज इंद्रदेव का दिव्य रथ स्वीकार कर लेते हैं। राम युद्ध के अंतिम समय में उस रथ की परिक्रमा करके उस रथ में बैठकर रावण से युद्ध लड़ते हैं।

कहने का अर्थ यही है कि सत्य का संघर्ष असत्य से होता है, धर्म जब अधर्म से लड़ता है तो बड़े-बड़े देवता मौन होकर देखते हैं, बड़े-बड़े लोग चुपचाप देखते हैं कि कौन जीतता है! हमने राम जन्मभूमि का संघर्ष देखा, लोग चुपचाप देखते रहे...मौन! जब लगा कि जीत गए तो 'जय हो, जय हो' कहते माला लेकर आ गए लोग। 'हमें तो मालूम था कि आप जीतनेवाले हैं,' ऐसा कहकर राम के सामने इंद्र आते हैं...यह शाश्वत संघर्ष है सत्य का, असत्य का, धर्म का, अधर्म का, जो शिक्षा

देता है कि ये जो बड़े-बड़े कहलाते हैं, ये सामने नहीं आएँगे। ये चुपचाप देखेंगे। ये बहुत बुद्धिमान हैं, ये बहुत चतुर हैं, जो जीतेगा, उसी के गले में माला डाल देंगे।

राम छोटे मित्र से भी सलाह लेते हैं तो शत्रु के प्रति भी अपनत्व भाव रखते हैं। राम कितने बड़े दिल के हैं। युद्ध के अंत में देखो, रावण मर गया और विभीषण कहता है कि इसका अंतिम संस्कार करने का मेरा मन नहीं है। मैं इसका संस्कार नहीं करूँगा। तब राम बोले, 'विभीषण संस्कार करो। यह तुम्हारा भाई था।' अब राम विभीषण को भाई मानते हैं तो इसका अर्थ है कि यह मेरा भी भाई था। यह कितनी बड़ी बात है कि राम रावण को अपना भाई कह देते हैं। राम विभीषण को समझाते हैं, 'यह तुम्हारा भाई था और तुम मेरे भाई जैसे हो तो यह मेरा भी भाई था। फिर जो बैर है, वह मरने के बाद खत्म हो जाता है।' राम हमें संदेश देते हैं कि किसी से हमारा झगड़ा हो जाता है और वह मर गया तो उसके बेटे से बैर मत रखो, उसके घर से संबंध फिर से जोड़ लो, जो झगड़ा था, विवाद हो गया था, अब जाने दो, भूल जाओ उसे।

युद्ध हो गया, राम जीत गए, लेकिन राम युद्ध जीतने का श्रेय एक-एक करके सबको देते हैं, 'अरे भाई, हनुमान ने बहुत किया, गजब कर दिया···नल-नील ने बहुत सुंदर किया···अरे इन्होंने ऐसा किया···मैंने नहीं जीता युद्ध।' यह राम के जीवन का संदेश है कि अच्छा काम हुआ, सफलता मिली तो दूसरों को उसका श्रेय दे दो, यदि असफलता मिल गई तो उसे अपनी मान लो।

कलाम साहब सतीश धवन के साथ काम कर रहे थे, सतीश धवन वरिष्ठ थे, कलाम साहब जूनियर थे। सैटेलाइट लॉञ्च किया, असफल हो गया। बाहर पत्रकार बैठे थे और कह रहे थे कि क्या हुआ···बताइए सर! तो सतीश धवनजी ने कलाम साहब को कहा कि तुम रुक जाओ, तुम अंदर बैठो, तुम प्रेसवालों के सामने मत जाओ, मैं जाता हूँ। सतीश धवन प्रेसवालों के सामने गए और बोले, 'देखो भाई, हमारे वैज्ञानिकों ने बहुत काम किया। बहुत मेहनत की, लेकिन आज हमको सफलता नहीं मिली, हमने सैटेलाइट लॉञ्च किया, लेकिन सफलता नहीं मिली। वह गिर गया और यह जो असफलता मिली है, इसका जो भी अपयश है, वह मेरा है, मैं जिम्मेदारी लेता हूँ। हम आगे और मेहनत करेंगे। कल सफल होंगे।' सभी अखबारों ने सतीश धवन का ही नाम छापा। धवनजी ने सारा जिम्मा अपने ऊपर लिया। बात खत्म हो गई। अगली सैटेलाइट लॉञ्च की, वह सफल हो गई तो कलाम साहब ने कहा कि सर प्रेस में जाइए, प्रेसवाले बैठे हैं। धवनजी ने कहा, 'नहीं-नहीं, अब तुम जाओ, जाओ और प्रेस में जाकर बोलो।' तो कलाम साहब गए और कहा, 'आज

जो हमने सैटेलाइट लॉन्च किया, हमारे जो गाइड हैं, हमारे मास्टर, हमारे हैड, इसमें जो ब्रेन है, सतीश धवनजी का है, उनके कारण आज हम सफल हो गए।' यह टीम भावना है, राम इसके जनक हैं। राम कहते आ रहे हैं कि मैं···मैं···मैं···मत करो। जब मैं था, तब हरि नहीं और हरि है, तब मैं नाहिं। जो मैं···मैं···मैं···करता है, उसको सफलता नहीं मिलती है, उसको भगवान नहीं मिलते हैं। सफलता का मार्ग जितना सँकरा है, भगवान को पाने का मार्ग भी इतना ही सँकरा है। मैं···मैं की जगह हरि को रखो, प्रभु को रखो, राम जो हैं, ये शत्रु की भी प्रशंसा करते हैं। रावण मर गया तो यह नहीं कहते कि कोई बात नहीं, जाने दो। कहते हैं—'बड़ा बलवान था, बड़ा शूरवीर था, युद्ध के मैदान में उसके जैसा व्यक्ति मिलना मुश्किल था, वह महात्मा था, वह बल संपन्न था···' देखिए राम के शब्द, देखिए रावण के लिए जो बोल रहे हैं। अपने शत्रु की भी प्रशंसा करने में राम पीछे नहीं हटते। मंदोदरी रो रही है कि सब सर्वनाश हो गया। मंदोदरी बोलती है, 'जो पाप किया है, उसका फल अवश्य ही मिलता है।' मंदोदरी कह रही है, 'जो पाप कर्म मेरे पति ने किया था, उसका फल मैं भोग रही हूँ।' यह मंदोदरी की सीख है, समस्त स्त्री जाति का विलाप है यह··· वह शराब पीता है, जिसके घर में बच्चे भूखे रहते हैं···वह जुआ खेलता है, जिसके घर में बच्चे भूखे रहते हैं···घर में समस्या खड़ी होती है···तो घर में एक व्यक्ति पाप कर्म करता है तो उसका फल पूरे परिवार को मिलता है। यह ध्यान में रखिए आप कि मंदोदरी का जो विलाप है, उसका जो शोक है, एक सीख है।

राम अयोध्या वापस आ गए, सोच रहे हैं! कहाँ जाएँ पहले! राम को ध्यान है कि सबसे ज्यादा दुःखी माँ कैकेयी है। जैसे ही राम आते हैं, सब लोग मिलने आते हैं, परंतु कैकेयी मिलने नहीं आई, 14 साल बाद भी उसके मन में कष्ट है, दुःख है, राम समझ गए। राम सीधे चुपचाप कैकेयी के महल में गए और कैकेयी के पैर पकड़कर बैठ गए, रोते रहे। राम कहते हैं—'मेरे कारण से आपको इतना कष्ट हो गया···' कष्ट कैकेयी के कारण राम को हुआ है, लेकिन राम कह रहे हैं—'मेरे कारण···मैं न होता तो क्यों इतना दुःख होता, मैं इसका कारण हूँ···' कैकेयी से वार्त्तालाप करते हैं। कैकेयी को साथ लेकर आते हैं, कैकेयी के दुःख को दूर करने का काम राम करते हैं। घर में किसी से भी गलती हो जाती है! माँ से हो गई या किसी बड़े से हो जाती है तो हमारा व्यवहार कैसा होना चाहिए! हम उसको मनाते हैं, क्षमा करते हैं, यही रामत्व है। बड़े-से-बड़े व्यक्ति को क्षमा कर देते हैं, यह राम का आशीर्वाद है।

राम एकपत्नीधारी हैं, उनके पिता के तीन विवाह हुए हैं। राम उस समय संकट में आ गए, जब यज्ञ करवाते हैं, पत्नी का साथ बैठना जरूरी था। सीता को तो

वनवास हो गया था, अब क्या करें! बड़े-बड़े पुरोहित कहते हैं कि दूसरा विवाह आपका हो जाएगा, लेकिन दूसरा विवाह राम नहीं करते हैं। इस देश में एकपत्नीधारी का जो नियम बना, वह राम के कारण बना, राम के समय से बना, राम ने इतनी निष्ठा से गृहस्थ जीवन का निर्वाह किया। इस देश में कभी-कभी ऐसी परंपराएँ प्रचलित हो जाती हैं, वे राजा के कारण से हों या किसी और के कारण से हों, लेकिन उन परंपराओं को राम ठीक करते हैं। एकपत्नीधारी व्रत के लिए राम इस देश में आदर्शों का निर्माण करते हैं। राम बालक की तरह हँसते हैं, राम सामान्य मनुष्य की तरह रोते भी हैं, हमने कृष्ण को रोते हुए नहीं देखा होगा, कृष्ण जीवन में कभी नहीं रोए, लेकिन राम बार-बार रोते हैं।

राम सामान्य जन के लिए आसानी से सुलभ हैं। राम बड़े-बड़े व्याख्यान नहीं देते, कृष्ण बड़े-बड़े उपदेश देते हैं। सीता का अपहरण हो गया तो राम रोने लगे, लक्ष्मण को शक्ति लगी तो राम रोने लगे, सीता को फिर जंगल में छोड़कर आने को कहा तो राम फिर रोने लगे और सीता जब धरती में समा जाती हैं, राम रोने लगते हैं। पूरी रामायण सीता के चारों तरफ घूमती है। राम का परिवार, राम का कुटुंब ऐसा है, जो सभी के लिए कुछ-न-कुछ सीख देता है। राम जल्दी, सहजता से लोकमन में प्रवेश करते हैं। राम का जीवन है, राम के परिवार के जीवन में। चित्रकूट में राम और भरत आमने-सामने बैठे हैं। भरत कहते हैं, 'मैं राज नहीं लूँगा…' राम कहते हैं, 'मैंने तो पहले ही छोड़ दिया।' इतना बड़ा साम्राज्य एक भाई दूसरे भाई की ओर फेंकता है, जैसे गेंदे का फूल हो। हमको नहीं चाहिए, हमने तो पहले ही छोड़ दिया। क्या दुनिया में ऐसा होता है? राम वापस आ गए, फिर राम का राजतिलक हो गया, राम राजा बन गए। राम ने लक्ष्मण को बुलाया और कहा कि तुम युवराज बन जाओ। युवराज का मतलब है, राजा के बाद नंबर दो। लक्ष्मण ने हाथ जोड़े, 'नहीं-नहीं, मैं नहीं, भरत को बनाओ।' जरा-जरा सी बात पर घरों में कैसा झगड़ा हम लोग देखते हैं! एक भाई दूसरे भाई पर जायदाद के लिए केस कर देता है, झगड़ा करता है, हत्या कर देता है। राम का चरित्र घर-घर में गाया जाता है, यह रामायण ऐसे ही घर-घर नहीं चली गई। यह त्याग की कहानी है। जब भरत लौटकर आए, भरत को कहा कि गद्दी आपको मिल रही है, सबने कहा कि यह गद्दी आपकी है, लेकिन भरत ने कैकेयी को यह कहा कि ऐसा हो कैसे गया! आपने ऐसा कैसे समझ लिया कि मैं राज कर लूँगा! यह संभव ही नहीं है, जननी मैं न जिऊँ बिन राम, अर्थात् मैं राम के बिना जिंदा ही नहीं रह सकता। राज करने का प्रश्न ही नहीं है और जब

भरत वनवासी राम से मिलने चित्रकूट आ रहे हैं तो लक्ष्मण के मन में संदेह हो गया कि यह तो गड़बड़ करेगा। इतनी बड़ी सेना लेकर क्यों आया? बड़ी सेना आ रही है, हजारों लोग, हाथी, घोड़े आ रहे हैं। लक्ष्मण कहते हैं कि क्या यह यहाँ भी चैन से नहीं रहने देगा! तो राम कहते हैं, 'नहीं-नहीं।' लक्ष्मण कहते हैं, 'लगता है कि इसको सत्ता का मद आ गया। अयोध्या का शासन इसको मिल गया। अब सेना लेकर यहाँ आ रहा है।' लक्ष्मण गुस्से में हैं। तो राम क्या कहते हैं, 'नहीं… नहीं…लक्ष्मण! तुमको समझ में नहीं आता है। भरत को सत्ता का मद कभी नहीं हो सकता। तीनों लोकों का शासन भी मिल जाए तो भी भरत को सत्ता का लोभ नहीं हो सकता।'

उर्मिला को देखिए—लक्ष्मण राम के साथ वन में जा रहे थे तो अपनी पत्नी उर्मिला के पास जाते हैं। सोच रहे हैं कि उर्मिला क्या कहेगी! माता सीता चलने को तैयार हो गईं, यह भी जिद करेगी कि मैं भी चलती हूँ। अब परिवार का सामंजस्य देखिए, उर्मिला कहती है कि आप निश्चिंत होकर जाइए, वह यह नहीं कहती कि सीता जा रही है, तो मुझको भी ले चलो। वह कहती है, 'तुम्हारे जिम्मे सेवा है, भाई और भाभी की। तुम जाओ और 14 वर्ष मैं यहाँ रहूँगी।' यह उर्मिला है! तो राम का पूरा परिवार कैसे एक-दूसरे को समर्पित है, कैसे एक-दूसरे की चिंता करता है, एक-दूसरे को समझता है! उर्मिला की सोच बड़ी अच्छी है। राम जब वापस आ गए, तब पूछते हैं कि किस-किस को क्या चाहिए तो शत्रुघ्न की पत्नी कहती है, 'ये जो वल्कल वस्त्र आपने पहने थे, हमको दे दो।' यह वल्कल वस्त्र क्यों माँग रही है! तो कहती है, 'इस अयोध्या में आनेवाले राजकुमार देखेंगे कि इस कुल में ऐसा भी राजकुमार था!' पूरा-का-पूरा परिवार कैसा है, यह देखिए।

राम जो हैं, इस धर्म की धुरी पर घूमते हैं…वे धर्म के ज्ञाता हैं, वे धर्म के व्याख्याता हैं, वे धर्म से हटते नहीं, वे धर्म को जीते हैं। राम धर्म का अवतार हैं, इस धरती पर साक्षात् शरीर लेकर अवतार लिया है और लोकमन में गहराई से बैठ गए। जब-जब इस देश में संकट आता है, राम का चरित्र इस देश के लोगों का मार्गदर्शक बन जाता है। घनघोर कठिनाई में जो मार्ग निकाल लाता है, वे राम हैं। रामचरितमानस में तुलसीदासजी ने लिखा कि बड़ा कठिन काल है। 15वीं-16वीं शताब्दी जो है, बहुत कठिन है। 17वीं शताब्दी में मंदिर भी नहीं बचे, राजा भी नहीं बचे, सेना भी समाप्त हो गई, कहाँ जाएँ, कुछ समझ में नहीं आता है! इस हिंदू समाज का तारणहार कौन है! ऐसे में तुलसी बाबा राम का बड़ा चरित्र लिखते हैं। तुलसी बाबा संस्कृत के बड़े विद्वान हैं, लेकिन लोकभाषा में उन्होंने रामचरितमानस

लिखा और देखते-देखते मानस लोगों के कंठ में समा गया। करोड़ों परिवारों में लोगों ने रामचरितमानस को याद कर लिया, रामलीलाएँ होने लगीं, लोग बोलने लगे कि हमारे राजा राम हैं, हनुमानजी की जय बोलने लगे, छोटे-छोटे मंदिर बनने लगे। सारे हिंदू समाज को एक मंच मिल गया। निराशा-हताशा में डूबा हुआ हिंदू समाज फिर से एक स्थान पर एकत्र हो गया। जाति का भेद, वर्ण का भेद, छोटे और बड़े का भेद, ऊँच और नीच तथा शिक्षित और अशिक्षित का भेद मिट गया। सब रामलीला में एक थे, हनुमान चालीसा में एक साथ खड़े थे, कथा एक साथ सुनते थे। लोगों को लगा—जब-जब पृथ्वी पर धर्म की हानि होती है, दुष्टों का प्रभाव बढ़ने लगता है, तब सज्जनों की पीड़ा हरने के लिए प्रभु राम का अवतार होता है।

विन्सेंट स्मिथ एक बड़ा इतिहासकार है। उसने 'अकबर द ग्रेट' नामक पुस्तक लिखी है। वह तुलसी बाबा के बारे में लिखता है—'कैसा ग्रंथ लिख दिया!' घर-घर हाथ से लिख-लिखकर जाता था। 16वीं शताब्दी में प्रेस कहाँ थी। विन्सेंट स्मिथ अपनी किताब 'अकबर द ग्रेट' में लिखता है—'कैसे मानस हैं, जो लोगों के मन में बैठे हैं। कैसे तुलसीदास ने बड़ा काम किया है!' रूस के बड़े साहित्यकार ने पूरी रामचरितमानस रूसी भाषा में लिखी। वे कहते हैं—'एक ग्रंथ इतना बड़ा परिवर्तन कर देता है इस देश में, इसको तो रूसी बच्चों को पढ़ाना चाहिए।' दुनिया के अनेक देश हैं, जिसकी भाषा में रामायण लिखी गई है। कम-से-कम बीस या पच्चीस देश तो ऐसे हैं, जहाँ लाखों घरों में रामायण है। राष्ट्रीय परिवेश में अगर हम देखें, एक सरोकार में देखें तो राम हर जगह हैं।

अंत में एक उदाहरण देता हूँ। लोहियाजी कोई बड़े धार्मिक व्यक्ति नहीं थे। वे पूजा-पाठ में विश्वास नहीं करते थे। लेकिन एक दिन उन्होंने राम, कृष्ण और शिव के बारे में तीन लेख लिखे। जिनको रुचि हो, वे अध्ययन करें। वे लिखते हैं—"कुछ ऐसी बात है, जो सारे देश को एक बनाए रखती है। राम उत्तर से लेकर दक्षिण को जोड़ देते हैं, रामेश्वर क़े मंदिर में खड़े हो जाइए, सारा हिंदुस्तान आपकी आँखों के सामने से निकल जाता है।" आगे लिखते हैं कि मैं रामेश्वर गया। रामेश्वर राम द्वारा स्थापित एक स्थान है। मैं बाहर से ऐसे दौड़कर गया, जैसे कोई गाय अपने बछड़े से मिलने को दौड़कर जाती है। वे धार्मिक नहीं थे, लेकिन राम से मोहित हुए बिना नहीं रह सके। राम हैं ही ऐसे, सबको अपना बना लेते हैं। राम जन-मन से जुड़े हैं, धरती से जुड़े हैं, सारे देश को एक बनाते हैं, राष्ट्रीयता का एक नया संदेश देते हैं, जो हर युग में नवीनता के साथ प्रस्तुत हो जाता है।

राम मंदिर का उद्देश्य ईंट-पत्थर से बने मंदिर का निर्माण करना नहीं है। इस

देश के सनातन दर्शन को फिर से लोगों के मन में स्थापित कर देना—इस राम मंदिर का उद्देश्य है। इस देश में समरसता लाना, विभिन्नता-भिन्नता का विरोधाभास समाप्त करना, असहिष्णुता को समाप्त करना, राष्ट्रीय एकता का फिर से पुनर्निर्माण करना इस राम मंदिर का संदेश है। जो साढ़े चार लाख गाँव से निधि भेजते हैं, पैसा भेजते हैं, राम के नाम पर एकजुट हो जाते हैं। भाषा का भेद, प्रांत का भेद, गरीब-अमीर का भेद, ब्राह्मण-शूद्र का भेद तथा शिक्षित-अशिक्षित का भेद नहीं रहता, ऐसा राम का चरित्र है। उद्योगपति भी खड़ा है और पीछे मजदूर भी खड़ा है। राम ऐसे आध्यात्मिक पुरुष हैं, वे ऐसे आध्यात्मिक जीवन चरित्र हैं, जो भारत के मन में गहराई से बैठे हैं, उनको समझने की आवश्यकता है। उनको समझने की आवश्यकता है, इसलिए अयोध्या है।

□

QR कोड मोबाइल कैमरे से स्कैन करके यू-ट्यूब पर पूरा व्याख्यान सुना जा सकता है।

अमित शाह

गृहमंत्री, भारत सरकार

माननीय गृहमंत्री श्री अमित शाह का जन्म 22 अक्तूबर, 1964 को गुजरात में हुआ। वे वर्ष 2014 से वर्ष 2019 तक भारतीय जनता पार्टी (भाजपा) के राष्ट्रीय अध्यक्ष रहे। वे 2019 के आम चुनाव में गांधीनगर से जीतकर लोकसभा सदस्य बने। श्री शाह भाजपा के मुख्य रणनीतिकार हैं। अपने अध्ययन काल के दिनों में राष्ट्रीय स्वयंसेवक संघ की छात्र इकाई अखिल भारतीय विद्यार्थी परिषद् (ए.बी.वी.पी.) के सदस्य रहे। 2019 के आम चुनावों में भाजपा ने बड़ी जीत दर्ज करते हुए 303 सीटों पर जीत का परचम लहराया। पार्टी की इस उपलब्धि ने श्री शाह को भाजपा के सबसे सफल अध्यक्ष के तौर पर स्थापित किया। वे वर्ष 2019 से भारत सरकार में माननीय गृहमंत्री के पद का दायित्व सँभाले हुए हैं। इस रूप में धारा 370 को समाप्त करना उनकी प्रमुख उपलब्धि मानी जाती है। वे अपने बेबाक विचारों और सांस्कृतिक राष्ट्रवाद के प्रखर प्रवक्ता के रूप में जाने जाते हैं।

राष्ट्रीय सुरक्षा : वर्तमान परिप्रेक्ष्य जम्मू-कश्मीर और धारा 370

सन् 1947 से जम्मू-कश्मीर चर्चा का और विवाद का भी विषय रहा। दुर्भाग्य है कि इतिहास को तोड़-मरोड़कर लोगों के सामने रखा गया। कभी सही बात नहीं रखी गई। चूँकि जिनकी गलतियाँ थीं, उन्हें ही इतिहास लिखने की जिम्मेदारी दे दी गई। उन्होंने इसमें केवल अपनी गलतियों को इतिहास के कवच से ढकने का काम किया है। अब समय आ चुका है कि इन गलतियों से आवरण हटाकर सच्चाई लोगों के सामने लाई जाए। स्वतंत्रता संग्राम के समय यों तो देश में अन्य दल भी थे, जो स्वतंत्रता की लड़ाई लड़ रहे थे, पर अंग्रेजी हुकूमत के गवर्नर जनरल से मुख्यत: कांग्रेस पार्टी ही बातचीत करती थी। बातचीत के अंतिम दौर में जब अंग्रेज भारत को आजाद करने पर सहमत हुए तो उन्होंने एक शर्त रख दी कि हम भारत को आजाद तो कर देंगे, पर पूर्व की स्थिति में करेंगे। यानी 631 खंडों में करेंगे। चूँकि पहले भारत में 631 रियासतें थीं। ऐसा भारत के साथ ही हो रहा था, जबकि अंग्रेजी हुकूमत ने अपने अधीन देशों को आजाद किया तो ऐसी कोई शर्त नहीं रखी थी। अगर अंग्रेजी हुकूमत चाहती तो इंग्लैंड की संसद में महज एक प्रस्ताव पास करके इन 631 रियासतों को एक करके यानी अखंड भारत हमें सौंप सकती थी। उसने ऐसा नहीं किया तो दुर्भाग्य से कांग्रेस ने भी इस पर कोई आपत्ति नहीं उठाई, अखंड भारत की माँग भी नहीं की, उनकी शर्त को स्वीकार कर लिया। परिणामत: 631 भागों में बँटा भारत आजाद हुआ।

जब कोई देश आजाद होता है तो उसके सामने सुरक्षा से जुड़े प्रश्न होते हैं, संविधान बनाने का प्रश्न होता है, अपनी प्रशासन व्यवस्था को व्यवस्थित करने के प्रश्न होते हैं, पर हमारे सामने तो उस समय सबसे बड़ा प्रश्न था कि इन 631

* 28–29 सितंबर, 2019 तीन मूर्ति भवन, तीन मूर्ति मार्ग, दिल्ली

रियासतों को एक कैसे किया जाए! 631 रियासतों को एक करके अखंड भारत बनाना हमारे लिए बड़ी चुनौती थी। मैं आदर और श्रद्धा भाव के साथ स्वतंत्र भारत के प्रथम गृहमंत्री लौह पुरुष सरदार पटेल को प्रणाम करते हुए कहना चाहता हूँ कि अगर वे न होते तो यह काम नहीं होता, भारत खंडित ही रहता, अखंड नहीं होता। आजादी के समय उनके जीवन का जो अल्प काल बचा था, उसका क्षण…क्षण… अपनी बिगड़ती सेहत की परवाह किए बगैर इन रियासतों को जोड़ने में उन्होंने लगा दिया। एक-एक रियासत को जोड़ते रहे। यह उनकी सूझबूझ, दृढ़ इरादे का परिणाम था कि आज 631 रियासतें एक संघ के रूप में, अखंड भारत के रूप में अस्तित्व में हैं। चाल चलनेवालों ने तो कोई कसर नहीं छोड़ी थी सरदार पटेल के दृढ़ इरादों को खंड-खंड करने की, पर खंडित नहीं कर पाए। हाँ, सरदार पटेल भारत को अखंड बनाने में जरूर कामयाब हो गए। सारी चालों को विफल कर दिया।

हैदराबाद और जूनागढ़ का किस्सा सभी जानते हैं। यहाँ के नबाबों ने पाकिस्तान का हिस्सा बनने के लिए हर हथकंडा अपनाया, पर सरदार पटेल ने उन्हें ऐसा झुकाया कि बिना शर्त वे भारत का हिस्सा बने। उस समय 631 रियासतों में से 630 रियासतों को एक करने का जिम्मा सरदार पटेल पर था और केवल एक रियासत जम्मू-कश्मीर का जिम्मा प्रधानमंत्री जवाहरलाल नेहरू पर था। 630 रियासतों को एक करने में न ज्यादा समय लगा, न खास दिक्कतें ही आईं, पर एक रियासत जम्मू-कश्मीर को अखंड भारत का हिस्सा बनाने में सन् 1947 से 5 अगस्त, 2019 तक का लंबा समय लग गया। ऐसा क्यों हुआ? इसके लिए अतीत में जाना होगा। सन् 1930 से ही वहाँ के महाराजा के खिलाफ मुस्लिम कॉन्फ्रेंस के मुखिया शेख अब्दुल्ला ने एक आंदोलन चलाया कि महाराजा का शासन ठीक नहीं है, उनको हटाया जाए या मुस्लिम शासक को शासन का कार्यभार दिया जाए। यह आंदोलन सन् 1930 से चल रहा था, इसी कारण सन् 1947 में वहाँ के महाराजा ने भारत के साथ विलय का प्रस्ताव नहीं स्वीकारा था। उनको डर था कि हम झुक गए तो शासन मुस्लिम के हाथ में दे दिया जाएगा। इस दौरान एक और चाल चली गई। 1930 से जो मुस्लिम कॉन्फ्रेंस चली आ रही थी, उसका नाम बदलकर 'नेशनल कॉन्फ्रेंस' कर दिया गया, ताकि लोग इसे धर्मनिरपेक्ष की दृष्टि से देखें। किताब वही थी, बस आवरण बदल दिया गया।

महाराजा कहते रहे कि हमारा तो अलग से, यानी स्वतंत्र राज्य रहेगा, पर 20 अक्तूबर, 1947 को पाकिस्तानी सेना और कबाइलियों ने मिलकर जम्मू-कश्मीर पर हमला कर दिया। वे तेजी से श्रीनगर की ओर बढ़ने लगे। यहाँ महाराजा कमजोर

पड़ रहे थे···उनकी सेना मुकाबले में ठहर नहीं पा रही थी तो 26 अक्तूबर, 1947 को महाराजा की तरफ से भारत के गवर्नर जनरल को पत्र लिखा गया कि हम भारत संघ के साथ विलय को तैयार हैं। 27 अक्तूबर को गवर्नर जनरल ने पत्र को स्वीकार कर लिया और भारतीय संघ में जम्मू-कश्मीर का विलय हो गया। उस दिन से जम्मू-कश्मीर का पूरा हिस्सा भारत का हिस्सा बन गया। जैसे पंजाब में कपूरथला बना, गुजरात में वडोदरा बना। जम्मू-कश्मीर का विलय होते ही भारतीय सेना वहाँ पहुँच गई और पाकिस्तानियों व कबाइलियों को खदेड़ना शुरू कर दिया। जब हम निर्णायक स्थिति में थे, जीत तक पहुँच रहे थे, उस समय कश्मीर का एक बड़ा हिस्सा, जिसे हम पाक-अधिकृत कश्मीर के रूप में जानते हैं, पाकिस्तानी सेना के कब्जे में था। हम युद्ध जीत रहे थे, कोई दबाव नहीं था, भारतीय सेना पूरे मनोबल के साथ लड़ रही थी, हमारी सेना की कोई खास क्षति भी नहीं हुई थी, हम विजयी हो रहे थे, पर अचानक ही युद्धविराम घोषित कर दिया गया। परिणामतः पाकिस्तान का हमारे कश्मीर के एक बड़े भाग पर कब्जा हो गया। वहीं से पाक-अधिकृत कश्मीर बना।

जब हमारी सेना जीत रही थी तो युद्धविराम क्यों किया गया? क्या जरूरत थी युद्धविराम करने की? अगर उस समय ऐसा न किया गया होता तो आज सारा-का-सारा कश्मीर भारत का अभिन्न अंग होता। पाक-अधिकृत कश्मीर अस्तित्व में ही नहीं आता। अफसोस है कि इस बात को कभी चर्चा में नहीं लाया गया कि असमय युद्धविराम क्यों किया गया? क्या मजबूरी बन गई थी? किसी इतिहास में नहीं पढ़ा कि युद्ध जीत रही सेना उस हालत में युद्धविराम कर दे, जब उसका बड़ा भूभाग विदेशी सेना के कब्जे में हो! फिर हम 1 जनवरी, 1948 को संयुक्त राष्ट्र में गए। यह निर्णय भी प्रधानमंत्री जवाहरलाल नेहरूजी का व्यक्तिगत निर्णय था। यह बहुत बड़ी गलती थी, जिसका खामियाजा देश ने वर्षों तक भुगता। यह दो देशों के बीच का मसला था। एक और भूल यह की गई कि संयुक्त राष्ट्र में इस मुद्दे को अनुच्छेद 35 के तहत ले जाया गया, जो विवादित क्षेत्र के लिए बना है। जबकि यदि हम अनुच्छेद 51 के तहत जाते, जिसमें दूसरे की भूमि को कब्जाने के मामले जाते हैं तो आज झगड़ा यह न होता कि इस पर मालिकाना हक किसका है। अगर हम अनुच्छेद 51 के तहत जाते तो शायद हमें इतनी परेशानी नहीं झेलनी पड़ती, हमें हमारे हिस्से के कश्मीर को गँवाना नहीं पड़ता।

ये दो गलतियाँ हुईं और दुर्भाग्य से 15 दिसंबर, 1950 को सरदार पटेल का निधन हो गया। अगर वे होते तो शायद आगे की परेशानियों से बचा जा सकता

था। सन् 1952 में दिल्ली समझौता हुआ, जिसमें अनुच्छेद 35-ए के बीज बोए गए। अनुच्छेद 370 का जो अस्थायी स्वरूप था, उसको स्थायी करने के लिए इस समझौते के दौरान काफी चीजें डाल दी गईं। सन् 1952 के बाद इस समझौते के कारण जम्मू-कश्मीर को भारत का अभिन्न हिस्सा नहीं बनाया गया। कांग्रेसी कहते हैं कि जम्मू-कश्मीर भारत का अभिन्न हिस्सा है, हम भी कहते हैं, पर हमें यह कहना क्यों पड़ता है! क्यों नहीं बोलते कि कर्नाटक, बंगाल, असम, गुजरात···भारत का अभिन्न हिस्सा हैं! 370 के तहत कोई कमी छोड़कर रखी है, इस कारण हमें कहना पड़ता है कि जम्मू-कश्मीर भारत का अभिन्न हिस्सा है। पहली गलतियों को सुधारने के बजाय अनुच्छेद 370 में फिर एक बड़ी गलती की गई। अनुच्छेद 370 में भिन्न प्रकार के विचित्र प्रावधान किए गए, विशेषाधिकार दिए गए, जिनसे न जम्मू-कश्मीर का भला होनेवाला था, न देश की अखंडता का भला होनेवाला था और न जम्मू-कश्मीर घाटी के निवासियों का भला होनेवाला था। दुनिया के किसी भी देश में ऐसा नहीं है या होगा कि दो तरह के झंडे हों, कहीं पर भी ऐसा नहीं है या होगा कि दो संविधान हों, कहीं ऐसा नहीं है या होगा कि एक देश में दो प्रधानमंत्री हों!

भारतीय जनसंघ ने उसी समय से इसका विरोध करने की शुरुआत की थी। भारतीय जनसंघ ने उस समय एक प्रस्ताव पारित करते हुए कहा कि हम इसका पुरजोर विरोध करते हैं, भारतीय जनता को भी इसे स्वीकार नहीं करना चाहिए। आज जो लोग हम पर आरोप लगाते हैं कि अनुच्छेद 370 भारतीय जनता पार्टी का राजनीतिक मुद्दा है। जबकि सच्चाई यह है कि जब भारतीय जनसंघ (अब भारतीय जनता पार्टी) की स्थापना हुई, हमारा विरोध तभी से है। यह हमारे लिए राजनीतिक नहीं, देशहित का मुद्दा रहा है, यह हमारी मान्यता है, हम शुरू से मानते हैं कि अनुच्छेद 370 भारत की अस्मिता के लिए ठीक नहीं है। जब से हमारी पार्टी बनी और जब धारा 370 हटाई गई, इस लंबे कालखंड में हमने केवल विरोध ही नहीं किया, आंदोलन भी चलाए! एक नहीं, धारा 370 लगने से हटने तक के समय के दौरान हमने 11 आंदोलन किए।

हमारी पार्टी के पहले संस्थापक अध्यक्ष श्री श्यामाप्रसाद मुकर्जी ने राष्ट्रीय एकता के लिए खतरा मानते हुए अनुच्छेद 370 का कड़ा विरोध किया था। उन्होंने संसद के अंदर और बाहर इसके खिलाफ लड़ाई लड़ी। भारतीय जनसंघ का लक्ष्य इसे समाप्त करना था। उन्होंने 26 जून, 1952 को अपने लोकसभा भाषण में इस प्रावधान के खिलाफ जोरदार आवाज उठाई।

भारतीय जनसंघ ने हिंदू महासभा और जम्मू प्रजा परिषद् के साथ मिलकर

प्रावधानों को हटाने के लिए बड़े पैमाने पर सत्याग्रह शुरू किया। 3 फरवरी, 1953 को नेहरूजी को लिखे अपने पत्र में उन्होंने कहा था कि जम्मू-कश्मीर के भारत में विलय के मुद्दे को लटकने नहीं देना चाहिए। श्री मुकर्जी 1953 में कश्मीर गए और उस कानून का विरोध करने के लिए भूख हड़ताल की, जिसने भारतीय नागरिकों को राज्य के भीतर बसने से रोक दिया। श्री मुकर्जी जम्मू-कश्मीर जाना चाहते थे, लेकिन प्रचलित परमिट प्रणाली के कारण उन्हें अनुमति नहीं दी गई। पर वे ट्रेन से गए। वे कहते थे कि मुझे मेरे देश के किसी भी हिस्से में जाने के लिए किसी की अनुमति की जरूरत नहीं है। क्या वाहे गुरु के दरबार अमृतसर में माथा टेकने के लिए जाने के लिए किसी की अनुमति की जरूरत है? सोमनाथ जाना है तो क्यों अनुमति चाहिए! यह मेरा देश है, कहीं भी जा सकता हूँ, क्यों किसी से अनुमति माँगूँ? उन्होंने अनुमति नहीं ली थी तो 11 मई को लखनपुर में कश्मीर में सीमा पार करते समय उन्हें गिरफ्तार कर लिया गया। हालाँकि उनके प्रयासों के कारण आई.डी. कार्ड नियम को रद्द कर दिया गया था। 23 जून, 1953 को रहस्यमय परिस्थितियों में एक बंदी के रूप में उनकी मृत्यु हो गई।

अनुच्छेद 370 हटाने के लिए उन्होंने अपने प्राणों का बलिदान दे दिया। जम्मू-कश्मीर के लिए आजादी के बाद सबसे पहले नागरिक बलिदानी का सम्मान श्री श्यामाप्रसाद मुकर्जी को प्राप्त हुआ।

राज्य का अलग झंडा और प्रधानमंत्री के प्रावधान पर मुकर्जी ने ही पहली बार कहा था—"एक देश में दो विधान, दो प्रधान और दो निशान नहीं चलेंगे।" कांग्रेसी कहते हैं कि हम धारा 370 पर राजनीति कर रहे हैं। मैं बता देना चाहता हूँ कि यह हमारी तीसरी पीढ़ी है राजनीति में, यह बोलते-बोलते हमारा गला बैठ गया, यह कहते हुए हमारी आत्मा सूख गई और कांग्रेस को इसमें हमारी राजनीति दिखाई देती है। आपको (कांग्रेस को) अपना दृष्टिकोण बदलने की जरूरत है। यह आवाज तो हम उस समय से उठा रहे हैं, जब हमारी सत्ता में आने की कोई संभावना ही नहीं थी। कांग्रेस का सूर्य अपने चरम पर था, तब हम यह बात लेकर चले थे। उस समय तो प्रधानमंत्री जवाहरलाल नेहरू के व्यक्तित्व के सामने बोलना भी पाप माना जाता था, तब हम यह बात लेकर निकले थे—"एक देश में दो विधान, दो प्रधान और दो निशान नहीं चलेंगे।" अंत में जवाहरलाल नेहरू को भी स्वीकार करना पड़ा कि शेख अब्दुल्ला की नीयत ठीक नहीं थी और शेख अब्दुल्ला को 11 वर्ष के लिए कांग्रेस की सरकार को जेल में डालना पड़ा। अब कांग्रेस के जो लोग शेख अब्दुल्ला के कसीदे पढ़ रहे हैं, मैं उनसे पूछना चाहता हूँ कि वे सही थे तो आपने उन्हें जेल में क्यों

डाला ? वह भी ग्यारह वर्ष! कोई आपको पूछनेवाला भी नहीं था कि कौन सी धारा में इतने वर्ष जेल में डाला! हमने धारा 370 हटाते समय राष्ट्रहित में अलगाववादी विचारोंवाले कुछ नेताओं को कुछ दिन के लिए नजरबंद किया तो हल्ला हो गया! कांग्रेस के लोग अजीब हैं! जिन्हें जवाब देने चाहिए, वे हमसे सवाल करते हैं!

धारा 370 के कारण ही जम्मू-कश्मीर की जनता में असुरक्षा का भाव पैदा हुआ, अविश्वास का भाव पैदा हुआ, डर का भाव पैदा हुआ, गलतियाँ हुईं, उन्हें ठीक करने के स्थान पर और गलती-पर-गलती होती रही। वहाँ चुनाव कैसे होते थे! कहा जाता था कि ये खलाक के प्रतिनिधि हैं, ये जनता के प्रतिनिधि हैं तो आधे से ज्यादा, कई बार दो-तिहाई विधायक निर्विरोध चुन लिये जाते थे, परचे फाड़कर फेंक दिए जाते थे। पूरा चुनाव असंवैधानिक बनकर रह जाता था। इस तरह के इन फर्जी चुनावों ने वहाँ की जनता के मन में अविश्वास का बीज बोने का काम किया। इसका मुख्य कारण धारा 370 थी। वहाँ की जनता को लगा कि हमारे प्रति भारत का नजरिया ठीक नहीं है, ये हमें न्याय नहीं देंगे। इस तरह अविश्वास भाव दृढ़ होता गया।

35ए और 370 धाराओं तथा अविश्वास का उपयोग ऑपरेशन टोपैक की शुरुआत करके पाकिस्तान के जनरल जिया ने किया। ऑपरेशन टोपैक जनरल जिया-उल-हक के दिमाग की उपज थी। आई.एस.आई. के साथ मिलकर उसने 1982-83 में भारत को अस्थिर करने की साजिश बनाई थी। इस साजिश के हिस्से के तौर पर पाकिस्तान ने कश्मीर और देश के अन्य हिस्सों में अलगाववाद तथा आतंकवाद को बढ़ावा देने के लिए काम किया। पश्चिम में युद्ध की शुरुआत हुई, अलगाववाद के विचार का प्रसार हुआ। संदेश भेजकर दुष्प्रचार को इस हद तक फैला दिया गया कि जम्मू-कश्मीर घाटी का माहौल बिगड़ता चला गया। अलगाववादी ताकतों ने लोगों को दहशत में जीने को मजबूर कर दिया। आतंकवाद बढ़ता गया और सरकारें मूकदर्शक बनकर सब देखती रहीं।

आतंकवाद का ऐसा दौर शुरू हुआ, जिसमें अब तक इकतालीस हजार आठ सौ लोग मारे जा चुके हैं। मानवाधिकार का झंडा उठानेवालों को मैं पूछना चाहता कि ये इकतालीस हजार आठ सौ लोग जो मारे गए हैं, आपने इनकी विधवाओं, यतीम बच्चों के मानवाधिकार की कभी चर्चा की है ? क्यों नहीं ? अगर देश के किसी क्षेत्र की सुरक्षा और शांति बनाए रखने के लिए कुछ समय के लिए संचार व्यवस्था बंद कर दी जाती है तो मानवाधिकार की दुहाई देने लगते हैं, चीखने लगते हैं, इतने नागरिक मारे गए, औरतें विधवा हो गईं, बच्चे यतीम हो गए, देश के विभिन्न राज्यों

के रहनेवाले सेना के जवान, सीमा सुरक्षा के जवान, अर्द्ध-सैनिक बलों के जवान शहीद हो गए, उनकी विधवाओं, उनके बच्चों के मानवाधिकार की बात की है कभी आपने? लाखों कश्मीरी पंडित आज भी अपने ही देश में निष्कासित जीवन जीने को मजबूर हैं, क्या आपने उनके मानवाधिकार की बात उठाई है? क्या इनका कोई मानवाधिकार नहीं? धारा 370 का जो खौफ वहाँ की जनता के मन में बैठाया गया, उससे धीरे-धीरे हुर्रियत बनी, अन्य संगठन बने और ऐसा माहौल बनाया गया कि हमें विशेष दर्जा चाहिए, जो आजादी की माँग तक जा पहुँचा, जिसने आतंकवाद की जड़ों को सींचने का काम किया।

मानवाधिकार की बात करनेवालों से यह पूछना चाहता हूँ कि जम्मू-कश्मीर में सूफी परंपरा…सूफी संतों की बड़ी संख्या थी, उनको उखाड़कर फेंक दिया गया। उस समय ये मानवाधिकार के पक्षधर कहाँ थे! कौन जिम्मेदार है इसका? कोई है इसका जवाब देनेवाला? ये सवाल उठाना यहाँ अपराध माना जाता था। जो सवाल उठाते थे, उनको दरकिनार कर दिया जाता था। धारा 370 हटने के बाद कुछ ही समय में जम्मू-कश्मीर मुख्यधारा में लौट आएगा, वहाँ शांति होगी, खुशहाली फिर से लौट आएगी और फिर से वह भारत का अभिन्न ही नहीं, मुख्य अंग होगा।

तर्क दिया जाता था कि धारा 370 इसलिए है कि हमें कश्मीरियत की रक्षा करनी है। मैं पूछना चाहता हूँ कि इस देश में 35 संवैधानिक इकाइयाँ हैं। हरेक की अलग-अलग संस्कृति है। कई भाषाएँ तथा कई बोलियाँ हैं। दुनिया में सबसे ज्यादा भाषाएँ और बोलियाँ हमारे देश में हैं। गुजरात में धारा 370 नहीं है, क्या गुजरातियत समाप्त हो गई! क्या गुजरात का गरबा समाप्त हो गया! बंगाल में धारा 370 नहीं है, क्या वहाँ दुर्गा पूजा नहीं होती! क्या रविंद्र संगीत समाप्त हो गया! कर्नाटक में धारा 370 नहीं है, क्या वहाँ कन्नड़ भाषा समाप्त हो गई! धारा 370 से कश्मीर की संस्कृति की रक्षा नहीं, बल्कि उसे पूरे देश में फैलाने से रोक दिया है। वहाँ की संस्कृति को एक सीमित क्षेत्र में बाँधकर रख दिया। लेकिन अब धारा 370 हटने के बाद मेरा विश्वास है कि कश्मीरियत की सुगंध कश्मीर से कन्याकुमारी तक कुछ ही समय में फिर से बिखर जाएगी, विभिन्नता में एकता ही तो हमारे देश की शक्ति है, हमारे देश की सुंदरता है और हमारे देश की संस्कृति है।

मैंने देश के दोनों सदनों में पूछा, अब धारा 370 के समर्थकों से पूछना चाहता हूँ कि इससे देश को क्या मिला, जम्मू-कश्मीर को क्या मिला? इसका जवाब कभी नहीं मिला। बस यह कहा जाता था कि यह रहनी चाहिए, आप राजनीति कर रहे हो! इन्हें कौन कहे कि 370 लगाकर आपने अपने वोटबैंक की राजनीति की।

राजनीति आपने की, सत्ता भोग आपने किया, नुकसान कश्मीर और देश ने उठाया। भारतीय संसद ने कानून बनाया कि लड़की की शादी 18 वर्ष से पहले नहीं होगी। यह देश की बेटियों के स्वास्थ्य, मानसिक विकास, शिक्षा, सुरक्षा, आत्मसम्मान और आत्मनिर्भरता के लिए बनाया गया। कश्मीर में भारत सरकार का बाल-विवाह निषेध कानून नहीं था तो 8-9 साल की कच्ची उम्र में बेटियों को ब्याह दिया जाता था। क्या इन बच्चियों का कोई मानवाधिकार नहीं था!

कश्मीर में पिछड़े वर्ग के हिंदू-मुसलमानों को आरक्षण नहीं मिलता था, अनुसूचित को आरक्षण नहीं मिलता था, दलित को राजनीतिक आरक्षण नहीं मिलता था, सफाईकर्मी को उसके अधिकार नहीं मिलते थे, करीब 106 कानून, जो लोकहित के थे, वहाँ लागू नहीं थे, देश की संसद ने बच्चे को 13 साल की उम्र तक निःशुल्क शिक्षा का अधिकार दिया है, वह कश्मीर में बच्चों को नहीं मिला था, क्योंकि धारा 370 ने रोक रखा था। देश के हर नागरिक को दो समय के अन्न का अधिकार है, जो कश्मीर की जनता को नहीं मिला था, क्योंकि धारा 370 ने रोक रखा था। मोदी सरकार दिव्यांगजनों के लिए अधिकार लेकर आई, पूरे देश के दिव्यांगजनों को मिला, कश्मीर में यह नहीं मिला, देश में मानवाधिकार बना है, कश्मीर में इस पर बवाल होता था, जबकि सच्चाई यह है कि वहाँ मानवाधिकार था ही नहीं, मोदी सरकार लेकर आई। अब तक नहीं था। मानवाधिकार का कानून ही नहीं था तो रक्षा कहाँ से होती! रक्षा का काम तो अब केंद्र सरकार कर रही है।

देश-विभाजन के समय भारत में अनेक शरणार्थी आए और सम्मानजनक संवैधानिक पद पर भी रहे। आडवाणी मिले, जो देश विभाजन के समय यहाँ आए थे। कश्मीर में जो पश्चिमी पाकिस्तान से शरणार्थी आए थे, उनको मत देने का अधिकार तक नहीं मिला। एक तरफ शरणार्थी को उच्च पद पर जाने का अधिकार पूरे देश में था, पर कश्मीर में तो मत देने का भी अधिकार नहीं था…उन्हें या उनके बच्चों को नौकरी पाने का अधिकार नहीं था…शिक्षा का अधिकार नहीं था…क्या यह मानवाधिकारों का उल्लंघन नहीं है! अब तक इनके साथ अन्याय हुआ था। 5 अगस्त, 2019 को प्रधानमंत्री श्री नरेंद्र मोदीजी ने उन्हें न्याय दिया। आज कश्मीर के वासी भारत के नागरिकों को मिलनेवाले अधिकारों और लोकहित सरकारी योजनाओं का लाभ पाने के अधिकारी हैं।

धारा 370 से क्या लाभ हुआ! यह कोई नहीं बता पाएगा, पर क्या नुकसान हुआ, उसके बारे में मैं बता सकता हूँ। एक नहीं अनेक नुकसान हुए, जिनकी भरपाई में वर्षों लग जाएँगे। सबसे बड़ा नुकसान था—भ्रष्टाचार। देश में कोई राज्य ऐसा

नहीं है, जहाँ एंटी करप्शन ब्यूरो न हो! केवल जम्मू-कश्मीर ही ऐसा राज्य था, जहाँ एंटी करप्शन ब्यूरो था ही नहीं। इसकी स्थापना 5 अगस्त, 2019 को धारा 370 के हटने के बाद हुई। वहाँ भ्रष्टाचार करने का अधिकार था तो एंटी करप्शन ब्यूरो की क्या जरूरत थी! भारत सरकार ने आजादी से आज तक 2 लाख 77 हजार करोड़ रुपए जम्मू-कश्मीर को दिया है, पर जनता को कोई लाभ नहीं मिला। किसी के घर में बिजली नहीं पहुँची, किसी के यहाँ गैस कनेक्शन नहीं पहुँचा··· तो पैसा कहाँ गया? कौन खा गया? जो 3 परिवार धारा 370 की वकालत करते थे और करते हैं, उन्होंने 370 की आड़ में कश्मीर को लूटने का काम किया, भ्रष्टाचार करने का काम किया। धारा 370 के आवरण के अंदर पूरी राजनीतिक प्रक्रिया को भ्रष्ट करने का काम किया। जो पैसा कश्मीर के विकास, कश्मीर के गरीब लोगों के हितार्थ जाता था, उसको ये भ्रष्टाचारी लोग हजम कर गए। कोई हिसाब माँगनेवाला भी नहीं था। मैंने कभी जिनकी तीन पीढ़ी तक चेहरे पर पसीना नहीं देखा था, संसद के वातानुकूलित वातावरण में उनके चेहरे पर पसीना देखा है, ठंड में पसीना आता देखा है, कारण जम्मू-कश्मीर में एंटी करप्शन ब्यूरो की जाँच की आँच का डर। अब उनको भ्रष्टाचार का हिसाब देना पड़ेगा। पूरे जम्मू-कश्मीर का विकास जो रुक गया था, उसका मूल कारण धारा 370 थी। खुद विकास किया नहीं, जो बाहर से आकर विकास करते, उद्योग लगाते, उनको धारा 370 के कारण रोक दिया। कश्मीर के बच्चों के लिए अच्छे मेडिकल कॉलेज नहीं हैं, मैनेजमेंट कॉलेज नहीं हैं, इंजीनियरिंग कॉलेज नहीं हैं, अच्छे अस्पताल नहीं हैं, वहाँ कोई बड़े उद्योग नहीं हैं। अब धारा 370 हटने के बाद जम्मू-कश्मीर आनेवाले 5-7 साल में देश के सबसे विकसित राज्यों में एक होगा। वहाँ पर्यटन की अपार संभावना है। पर्यटन वहाँ का बड़ा उद्योग बन सकता है। कुदरत ने दुनिया में अगर सबसे ज्यादा सुंदरता का तोहफा किसी को दिया है तो कश्मीर को दिया है। अब वहाँ पर्यटन को बढ़ावा देने के लिए अनेक योजनाएँ बनाई गई हैं। वहाँ अब अच्छी स्वास्थ्य और शिक्षा की सुविधा होगी। कश्मीरी बच्चों को एक ऐसा मंच मिलेगा, जहाँ से वे विश्व के युवा की आँख-में-आँख डालकर, प्रतिस्पर्धा करके दुनिया का पैसा कश्मीर में लाकर यहाँ के विकास की नई इबारत लिखेंगे। यह सराहनीय कार्य हमारे देश के प्रधानमंत्री श्री नरेंद्र मोदीजी ने किया है।

जब मैं धारा 370 हटाने का बिल लेकर संसद में खड़ा हुआ तो कांग्रेस के नेताओं ने इसमें टेक्निकल पेंच फँसा होने की बात कही। उन्होंने यह भी सवाल खड़ा कर दिया कि संसद को धारा 370 हटाने का अधिकार है भी या नहीं! यह मामला

तो संयुक्त राष्ट्र में लंबित है। उनको यह मालूम नहीं था कि भारत के संविधान के अनुच्छेद एक में कह दिया गया है कि इसमें उल्लेखित सारे राज्य भारत के अभिन्न अंग हैं। उसमें 15 नंबर की सूची में जम्मू-कश्मीर है। सूची में जो भूभाग वर्णित किया गया है, उस पर भारत की संसद कानून बनाने के लिए अधिकृत है। यह अब का नहीं है, जब संविधान बना, तभी का लिखा हुआ है। संयुक्त राष्ट्र सुरक्षा परिषद् के अनुच्छेद के अंदर 3 शर्तें थीं—पहली, सेना हटानी थी; दूसरी, कभी दोनों देशों को एक-दूसरे पर आक्रमण नहीं करना था और तीसरी थी, मामला जनमत संग्रह से तय होगा। पाकिस्तान ने न तो सेना हटाई और दो बार आक्रमण भी किया, यानी उसने दो शर्तों पर अमल नहीं किया तो तीसरी पर बात करना ही उचित नहीं होता। बची-खुची जो कसर थी, वह श्रीमती इंदिरा गांधी ने सन् 1971 में शिमला समझौते में पूरी कर दी। शिमला समझौते में विवादों को द्विपक्षीय वार्त्ता के जरिए (बाइलेटरल मेकेनिज्म) के माध्यम से हल करने पर जोर दिया गया। द्विपक्षीय वार्त्ता का मतलब है कि अब किसी भी अन्य पक्ष की, यहाँ तक कि संयुक्त राष्ट्र की भी, दोनों देशों के बीच विवादों को सुलझाने में कोई भूमिका नहीं है।

समझ नहीं आता कि कांग्रेस किस आधार पर कहती थी कि धारा 370 हट ही नहीं सकती! संविधान का उन्हें ज्ञान नहीं, ऐसा हो नहीं सकता! यह केवल अपना राजनीतिक स्वार्थ पूरा करने के लिए जनता को गुमराह करती आ रही थी, केवल भ्रांतियाँ फैला रखी थीं। उन्हें दूर करना जरूरी था। फिर सवाल उठाया गया कि इसके लिए संवैधानिक सुधार लाना होगा। यह हम करते, अगर जरूरत होती! यह बिल दोनों सदनों में दो-तिहाई बहुमत से पास हुआ है तो संवैधानिक सुधार का कोई औचित्य ही नहीं रह जाता। धारा 370 (3) के तहत यह प्रावधान है कि भारत के राष्ट्रपति इस धारा में कोई बदलाव करने का या इसे निरस्त करने का संवैधानिक आदेश पारित कर सकते हैं। इसमें जम्मू-कश्मीर की विधानसभा व भारतीय संसद की अनुशंसा चाहिए। उस समय जम्मू-कश्मीर में राष्ट्रपति शासन था। ऐसे में वहाँ के सारे संवैधानिक अधिकार भारत की संसद को मिले हुए थे। इसलिए राष्ट्रपति महोदय के संवैधानिक आदेश को संसद के दोनों सदनों में पारित कर दिया गया और राष्ट्रपति महोदय के आदेश पर धारा 370 को हमेशा के लिए हटा दिया गया।

ऐसा नहीं है कि कांग्रेस के लोगों को संविधान का पता नहीं है। उन्होंने दो बार धारा 370 (3) का उपयोग किया। धारा 370 (3) में महाराजा शब्द लिखा था। सन् 1958 में कांग्रेस ने महाराजा शब्द को बदलकर उसकी जगह सदर-ए-रियासत किया। बाद में सन् 1965 में सदर-ए-रियासत को भी बदलकर गवर्नर शब्द को

स्थापित किया। यह भी धारा 370 (3) के आधार पर हुआ। जिस धारा का उपयोग करके कानून में बदलाव हो सकता है तो उस धारा के तहत निरस्त भी हो सकता है। भारतीय संविधान के अनुच्छेद 373 में स्पष्ट रूप से आलेखित है कि ऊपर की सभी बातों को ध्यान में रखने के बाद भी राष्ट्रपति महोदय के संवैधानिक आदेश, भारतीय संसद और जम्मू-कश्मीर की विधानसभा की अनुशंसा पर इस कानून को हटाया जा सकता है, फिर कांग्रेस ने क्यों देश को गुमराह करके रखा कि इसे हटाया ही नहीं जा सकता ?

मैं कांग्रेस के लोगों को कहना चाहता हूँ कि गलती हो जाती है। किसी से भी हो सकती है। हमसे भी हो सकती है, पर सार्वजनिक जीवन में गलती को स्वीकार करके सुधार करने का साहस रखना चाहिए। ऐसा नहीं है कि वे नहीं जानते कि धारा 370 से कितना नुकसान हुआ है! कितने लोग बेवजह जान गँवा बैठे···लोगों को उनके मानवाधिकार नहीं मिले···जम्मू-कश्मीर जैसा सुंदर राज्य विकास से वंचित रह गया। मगर आपका राजनैतिक स्वार्थ इतना बड़ा था कि जम्मू-कश्मीर के विकास पर, वहाँ की जनता के अधिकारों व अच्छे भविष्य पर भारी पड़ा। तभी धारा 370 इतने साल तक चली। जब प्रधानमंत्री श्री नरेंद्र भाई मोदी को देश की जनता ने सन् 2019 में दूसरी बार विश्वास करते हुए देश की कमान सौंपी तो संसद के पहले ही सत्र में जम्मू-कश्मीर की छाती पर 70 साल से एक नासूर था, उसे उखाड़कर फेंक दिया। यह अद्भुत साहस का परिचय, देश की जनता से किए वादे का निर्वहन, देश के हितों के प्रति अपने कर्तव्य का परिचय और दुनिया में सत्य को मशाल की तरह उजागर करने का परिचय···श्री नरेंद्र भाई मोदी ने धारा 370 को हटाकर दिया है।

कितना डराया गया कि धारा 370 हटी तो यह हो जाएगा, वह हो जाएगा, खून की नदियाँ बह जाएँगी, क्या हुआ ? एक भी गोली आज तक नहीं चलानी पड़ी। बाद में भी गलतफहमियाँ फैलाई गईं, पर ऐसा कुछ नहीं था। यह देश के ही नहीं, विदेशी पत्रकारों ने वहाँ जाकर देखा। कहा गया कि संचार के साधन बंद कर दिए। कुछ समय के लिए राज्यहित में ऐसा किया गया, पर फिर सब सुचारु हो गया। यहाँ तक कि दस हजार नए लैंडलाइन कनेक्शन दिए गए, जनता की सुविधा के लिए छह हजार दो सौ पी.सी.ओ. खोले गए, उस समय करीब साढ़े तीन लाख लोगों की ओ.पी.डी. में जाँच हुई, सात हजार तीन सौ ऑपरेशन हुए, घर-घर में दवाइयाँ बाँटने के लिए एंबुलेंस गई, जो पहले कभी नहीं गई, किसी के आने-जाने पर कोई रोक नहीं, दुनिया भर के पत्रकार वहाँ जा रहे थे, वहाँ की फोटो सहित लेख लिख

रहे थे, वहाँ प्रतिबंध कहाँ था! प्रतिबंध अगर कहीं लगा है तो धारा 370 हटाने का विरोध करने वालों के दिमाग में लगा था, जम्मू-कश्मीर में नहीं। एक नेता ने 6 आतंकवादी मार गिराने पर कहा कि आप तो कहते थे कि एक भी गोली नहीं चली! आतंकवादियों पर तो गोली चलेगी ही, जम्मू-कश्मीर में ही नहीं, आतंकवादी किसी भी राज्य में हों, गोली तो चलेगी ही! यह शासन का धर्म है, देश की, जम्मू-कश्मीर की जनता की रक्षा करना, सुरक्षा करना। गोली किसी नागरिक पर नहीं चली और न कभी चलेगी। यह तो पहले के राज में होता था। अलगाववादियों को भी जुलूस निकालने का अधिकार था।

हमारा विश्वास है कि आनेवाले दिनों में जम्मू-कश्मीर का जो विकास रुका पड़ा था, वह तेज गति से होगा। आज तक पंचायत चुनाव नहीं हुए थे, हमने पंचायत के चुनाव करवा दिए। चालीस हजार सरपंच आज अपने-अपने गाँव के विकास की रूपरेखा खुद बना रहे हैं। भारत सरकार सात हजार करोड़ रुपए गाँवों के विकास के लिए भेजेगी, जिसका उपयोग सीधा सरपंच करेंगे। जो पैसा कभी सचिवालय से नीचे नहीं जाता था, वह सीधे लोगों के खातों में जाएगा। हर विधवा को छह सौ रुपए महीना मिलेगा, हर वृद्ध के खाते में पाँच सौ रुपए बतौर पेंशन पहुँचेंगे। धरती के स्वर्ग को नरक बना दिया गया था, घर-घर शौचालय नहीं पहुँचाए, बिजली नहीं पहुँची, पानी नहीं पहुँचा, अब सब सुविधा पहुँचेंगी। अब विकास शुरू होगा, मोदीजी ने इसका रास्ता साफ कर दिया है। भारत के सभी कानून और अधिकार आज जम्मू-कश्मीर की जनता के लिए उपलब्ध हैं। यह सुख की स्थिति एक लंबे इंतजार के बाद आई है।

पूरी दुनिया हमारे साथ है। जब धारा 370 हटाई गई, उस दौरान दुनिया के सभी राष्ट्राध्यक्ष संयुक्त राष्ट्र में थे, किसी ने कोई आपत्ति नहीं जताई। किसी ने पाकिस्तान की तरफदारी नहीं की। सब भारत के साथ खड़े रहे। कुछ राष्ट्राध्यक्षों ने गलत सूचनाओं के आधार पर चिंता जताई, उनको भी वास्तविकता से अवगत करवाकर संतुष्ट किया गया। सभी ने भारत के आत्मरक्षा के अधिकार और देश के कानून बनाने के अधिकार की प्रतिपुष्टि की है। यह भारत के प्रधानमंत्री श्री नरेंद्र मोदीजी की सबसे बड़ी कूटनीतिक सफलता है कि पूरी दुनिया को साथ लेकर चल रहे हैं।

हम श्री श्यामाप्रसादजी के संस्कार और सिद्धांतों को लेकर राजनीति में चलने वाले कार्यकर्ता हैं। हम तो मानते ही थे कि धारा 370 नहीं होनी चाहिए। मैं मानता हूँ कि हम सही थे। अब समय की कसौटी पर कांग्रेस का फैसला तो सही नहीं निकला, न जम्मू-कश्मीर का भला हुआ, न देश का भला हुआ। अब दस साल

बाद हमारे फैसले का विश्लेषण करिएगा, जम्मू-कश्मीर देश का सबसे विकसित राज्य बनकर दुनिया के सामने उदाहरण बनकर खड़ा होगा, कश्मीर के बच्चे अपने सुनहरा भविष्य गढ़ने की ओर अग्रसर होंगे और जम्मू-कश्मीर की जनता शांति व सुरक्षा का अनुभव करेगी।

मैं आज अपने देश के प्रधानमंत्री श्री नरेंद्र भाई मोदी को हृदय से बधाई देना चाहता हूँ कि जो धैर्य, साहस और हौसला उन्होंने दिखाया है, वह शायद ही किसी नेता ने आजादी के बाद दिखाया होगा। देशहित में जो इतना बड़ा फैसला उन्होंने लिया, आनेवाले कई वर्षों तक देश की एकता और अखंडता को और मजबूत करने के लिए निश्चित रूप से सहायक भी होगा और देश का जो भाग विकास से वंचित था, वहाँ विकास की एक नई परिभाषा लिखी जाएगी।

□

QR कोड मोबाइल कैमरे से स्कैन करके यू-ट्यूब पर पूरा व्याख्यान सुना जा सकता है।

स्व. अनिल माधव दवे

पूर्व केंद्रीय मंत्री

आप वर्ष 5 जुलाई, 2016 से 18 मई, 2017 तक भारत के पर्यावरण, वन तथा जलवायु परिवर्तन मंत्रालय में राज्य मंत्री रहे। श्री अनिल माधव दवे को मुख्य तौर पर पर्यावरण के लिए किए गए उनके कामों के लिए जाना जाता है। विविध प्रकार की प्रतिभा के धनी श्री दवे एक पर्यावरणविद्, नदी संरक्षक, भारतीय संस्कृति के विद्वान–ज्ञाता, लेखक, सांसद और गैर–पेशेवर पायलट थे। श्री अनिल माधव दवे ने 'नर्मदा समग्र' संस्था बनाकर काम किया था। उन्होंने जागरूकता के लिए 18 घंटों तक नर्मदा के तटों पर खुद हवाई जहाज उड़ाया था, साथ ही 1312 किलोमीटर की पदयात्रा भी की थी। श्री अनिल माधव दवे ने कई विषयों पर किताबें लिखी हैं, जिनमें 'शिवाजी और सुराज', 'क्रिएशन टू क्रिमेशन', 'रॉफ्टिंग थ्रू ए सिविलाइजेशन', 'ए ट्रैवलॉग', 'शताब्दी के पाँच काले पन्ने', 'सँभलकर रहना अपने घर में छुपे हुए गद्दार से', 'महानायक चंद्रशेखर आजाद', 'रोटी और कमल की कहानी', 'समग्र ग्राम विकास', 'अमरकंटक से अमरकंटक तक' आदि मुख्य हैं। श्री अनिल माधव दवे संसद की कई स्थायी समितियों में सदस्य रहे। श्री दवे के नेतृत्व में भारतीय संसद में कई महत्त्वपूर्ण बिल बनाए गए और पूर्व के बिलों में संशोधन हुआ।

अद्वितीय प्रशासक थे छत्रपति शिवाजी महाराज

आज जिस विषय से आपका परिचय करवाने जा रहा हूँ, वह छत्रपति शिवाजी महाराज के जीवन का वह पक्ष है, जो हम जानते ही नहीं हैं। विचार आया कि ऐसा क्या करें, जिससे यह पक्ष सदा जीवंत रहे और आनेवाली पीढ़ियाँ इसी से संदर्भ लेकर आगे बढ़ें। तब एक पुस्तक की परिकल्पना ने जन्म लिया और उनके महान व्यक्तित्व के इस पक्ष को 'शिवाजी और सुराज' पुस्तक में सहेज दिया।

जो प्रशासनिक सेवा में जाना चाहता है या सेवारत है, दोनों के लिए यह पुस्तक उपयोगी सिद्ध होगी। इस पुस्तक के माध्यम से मैं आपको एक कंपास बॉक्स दे रहा हूँ। यह आपको बताएगा कि उत्तर किधर है, लेकिन वहाँ ले नहीं जाएगा। वहाँ आपको स्वयं जाना होगा। यह केवल दिशा बता देगा।

छत्रपति शिवाजी महाराज का जीवन अंतहीन गुणों से भरा हुआ है। अगर कोई व्यक्ति एक गुण भी इस पुस्तक को पढ़कर आत्मसात कर ले, तो मुझे पुस्तक का पारिश्रमिक मिल जाएगा, पुस्तक लिखने का उद्देश्य पूरा हो जाएगा।

छत्रपति शिवाजी महाराज का जीवनकाल मात्र 50 साल का है। अपना सार्वजनिक जीवन उन्होंने 14 वर्ष की आयु में शुरू किया और 36 साल तक सार्वजनिक जीवन में रहे। इन 36 सालों में उन्होंने करीब 6 साल के कालखंड में कई क्षेत्र में कई युद्ध लड़े या युद्ध की तैयारियाँ कीं। अब प्रश्न है कि बाकी के 30 साल उन्होंने क्या किया?

वैसे राजा का क्या काम होता है! ऐश्वर्य व वैभव भोग। पर छत्रपति महाराज ने एक ही काम किया, प्रशासनिक और केवल प्रशासनिक कार्य।

आज की राजनीति और राजनीतिज्ञों का कर्तव्य-बोध राह से भटका हुआ है। नेता दिनभर क्रियाशील तो रहते हैं, पर करते क्या हैं—बैठक, धरना, प्रदर्शन और

---

* संकल्प व्याख्यानमाला 2016

झंडा फहराना। अपनी कुरसी पर बैठकर फाइलों का कार्य नहीं निबटाते। जाने क्यों इससे परहेज करते हैं। जबकि चाहिए यह कि वर्तमान योजनाओं के क्रियान्वयन की रूपरेखा बनाएँ, नई लोककल्याण योजना बनाएँ, जनता की समस्याओं का निवारण करें, पर नहीं, ऐसा करने की बजाय दिनभर गले में माला पहनने, अपने भाषण पर तालियों की आवाज सुनने, आदर-सत्कार करवाने की जुगत में रहते हैं।

यह देश का दुर्भाग्य है कि जनता जिन्हें देश चलाने, अपनी समस्याओं के समाधान हेतु चुनकर कार्यपालिका में भेजती है, वे इनके प्रति उदासीन रहते हैं। आज के प्रतिनिधियों में सार्थक कार्य के प्रति गंभीरता नहीं रही। यह कटु सत्य है कि देश में गंभीर प्रशासकों का अभाव हो गया है। इन्हें छपास का एक और बुरा रोग लग गया है। हर रोज समाचारों में छाया रहूँ, यही लालसा रहती है, यही लक्ष्य रहता है। यह छपास की चाह उनके शासनिक और प्रशासनिक जीवन को तो खराब कर ही रही है, दायित्व-बोध का भी ह्रास कर रही है। पर इस ओर वे भूलकर भी नहीं देखना चाहते।

छत्रपति शिवाजी महाराज 30 साल तक एक ही कार्य करते रहे, शासन, शासन और शासन। उन्होंने जो किया, उससे यही अर्थ निकलता है कि शासन करने के लिए होता है, छोड़ने के लिए नहीं होता। जब आप घोड़े पर बैठते हैं तो आपका रास यानी लगाम पकड़ना और आपकी जाँघ घोड़े को बता देती है कि सईस कौन है। घोड़ा आपको आपके चेहरे या नाम से नहीं पहचानता। आपके बैठने से वह समझ जाता है कि सईस यानी घुड़सवार को घुड़सवारी कितनी आती है। शासन भी ऐसे ही किया जाता है। अगर अच्छे प्रशासक को देखना है तो श्रीमती इंदिरा गांधीजी और वर्तमान प्रधानमंत्री श्री नरेंद्र मोदी को देखिए। इनके निर्णयों में लचीलापन नहीं होता। हर निर्णय ठोस और अंतिम होता है। गहनता से सोच-समझकर लिया गया निर्णय होता है। इस कारण वापस लेने की संभावना ही नहीं बचती। यह सही भी है कि अगर आप विकल्प रखकर चलते हैं तो सार्थक निर्णय के लक्ष्य तक नहीं पहुँच सकते। जब सन् 1971 में पाकिस्तान के बँटवारे के समय बांग्लादेश में भारतीय सेना भेजी तो इंदिराजी ने ठोंककर भेजी, किसी की परवाह नहीं की। किसी तरह का लचीलापन नहीं दिखाया। मोदीजी ने सर्जिकल स्ट्राइक किया तो समय और रूपरेखा, सबका खुद निर्णय लिया। कहीं भावुकता नहीं दिखाई।

हम अलग-अलग संगठनों के कार्यकर्ता हैं···इस देश का जो बहुसंख्यक समाज है, इसकी बड़ी समस्या यही है कि यह बहुत ही भावुक है। ये लोग बलराम के स्वभाव के हैं। वो जब यह कहते हैं, 'अरे, गदा तुमने कमर के नीचे मार दी। जाँघ पर मार दी। युद्ध का नियम टूट गया।'

तब भगवान श्रीकृष्ण को हाथ जोड़कर कहना ही पड़ता है, 'बड़े भैया, आपसे विनती है कि आप चारधाम यात्रा पर चले जाओ। मैं 18 दिन में युद्ध निबटाता हूँ, फिर आराम से बात करेंगे।'

अब ऐसे भावुक लोगों का क्या करें, जो कहते हैं, 'आप कुछ कर नहीं रहे हो। कैसे चलेगा ऐसे!'

अब इनसे पूछो कि 60–70 साल में तुम्हारा धैर्य नहीं खत्म हुआ। अब दो साल में ही कहने लगे कि सालों की बिगड़ी व्यवस्था को दिनों में ठीक कर डालो। ऐसे अधीर लोगों का क्या करें! ऐसे लोगों के लिए ही छत्रपति शिवाजी महाराज कहते थे कि राजा को अपने मंत्रिमंडल में ऐसे अधीर और भावुक लोगों को नहीं रखना चाहिए।

अधीर और ज्यादा बोलनेवालों को अपने इर्द–गिर्द भी नहीं रखना चाहिए। आप कलेक्टर बन जाएँ, सचिव बन जाएँ, मुख्यमंत्री बन जाएँ, आप निश्चित कीजिए कि आपके इर्द–गिर्द अधीर और ज्यादा बोलनेवाले न हों।

यही छत्रपति महाराज ने किया। उनका तीस साल का जीवन शासन को ही समर्पित रहा। उनकी सफलता के पाँच रहस्यमय कारण हैं—

1. छत्रपति शिवाजी का जीवन असाधारण और संघर्षमय रहा। एक दिन भी खाना शांति से नहीं खाया। कभी आराम की स्थिति में नहीं रहे, गतिशील रहे। कभी यह खयाल भी नहीं आया कि काम तो रोज करते हैं, आज आराम कर लें।
2. उनमें असाधारण सूझबूझ थी। यह सूझबूझ ईश्वर हर किसी को नहीं देता। कुछ अपवाद छोड़ दिए जाएँ, तो यह सूझबूझ गृहिणी में होती है। दस हजार में अच्छे से घर चला लेती हैं, वहीं पुरुष एक लाख में भी सही से घर नहीं चला सकता। वैसे ही उद्योगपति है, वैसे ही कलेक्टर है। वह दो साल में ही व्यवस्था को इतना भयमुक्त, प्रगतिशील, पारदर्शी व सर्वहितकारी बना देता है कि उसका स्थानांतरण होता है तो लोग नारे लगाने लगते हैं। उसके स्थानांतरण को रुकवाने के लिए धरने–प्रदर्शन करते हैं। ऐसा प्रशासन चलाने की योग्यता हर किसी में नहीं होती।

ज्ञान देनेवाले बहुत मिल जाएँगे। ऐसे भी मिलेंगे, जिनसे अपना तीन सदस्यों वाला घर तो सँभलता नहीं, ज्ञान देते हैं प्रशासन चलाने का। ऐसी प्रजाति बहुतायत में मिल जाएगी।

3. छत्रपति महाराज में असाधारण धैर्य, संतुलन था। छत्रपति महाराज जीवन

में कभी असंतुलित नहीं हुए। जब भी कोई संतुलन खोता है, गलती करने की शुरुआत हो जाती है। इसलिए 'गीता' में कहा गया है कि क्रोध मत करो। क्रोध किया तो गलती निश्चित ही होगी। महाभारत में जैसे ही श्रीकृष्ण रथ से उतरे, पहिया उठाया और भीष्म पितामह की ओर दौड़े, उन्होंने हाथ जोड़कर कहा, 'हे योगेश्वर, पहिया फेंक दो। चौरासी लाख योनियों में एक आप ही तो संतुलित हैं। आप ही संतुलन खो देंगे तो अनर्थ हो जाएगा। आपको ऐसा करना शोभा नहीं देता। आप रथ में बैठ जाइए। मैं कैसे मारा जाऊँगा, मैं ही बता देता हूँ। पर आप संतुलन मत खोइए।'

इसलिए कभी संतुलन नहीं खोना चाहिए। लोग चाहते हैं कि आपका संतुलन खो जाए। इसी कारण तो आपको उकसाते हैं। अगर आप संतुलन खोते हैं तो यह आपकी कमजोरी है। लोगों का दोष नहीं। अतः कुशल प्रशासक अपना संतुलन कभी नहीं खोता। बहुत ही शांत मन का होता है। सदा धैर्य से काम लेता है। उसका ठंडा रक्त होता है। उसका अधीनस्थ आकर कहता है कि साहब, फलाँ जगह गोली चल गई, एनकाउंटर में इतने आतंकवादियों को मार डाला! कुशल प्रशासक के चेहरे पर शिकन तक नहीं आती। बस 'ठीक है' कहकर अपने काम में लगा रहता है। वह संतुलन की बात नहीं करता, उदाहरण पेश करके दिखाता है। संतुलन को आत्मसात करता है। ऐसे प्रशासक बेहद संतुलित होते हैं।

छत्रपति महाराज का संपूर्ण जीवन संतुलित रहा। उनके खुद का सेनापति नेताजी पालकर मुगलों से जाकर मिल गया। मुस्लिम धर्म अपना लिया। औरंगजेब ने उसको उत्तर-पूर्वी सीमा पर छत्रपति महाराज के साथ युद्ध के लिए भेज दिया। वह साल-दो साल वहाँ रहा। फिर भागकर छत्रपति महाराज के पास आ गया। उसकी वाणी में, आँखों में पछतावा था। अपनी गलती की क्षमा माँगने लगा। अगर उस स्थिति में हम होते तो क्या करते! उसे यह कहकर भगा देते कि तू विश्वासघाती है, नालायक है, मांस खा लिया, धर्म नष्ट कर लिया, तू अब विश्वास योग्य नहीं, दूर हो जा मेरी नजरों से।

हम अक्सर कामवाली बाई, वाहन चालक या अधीनस्थ के साथ ऐसा आचरण करते हैं। इसमें सामनेवाले की गलती इतनी बड़ी नहीं होती, जितना कि हमारा संतुलन बिगड़ जाता है। असंतुलन की अवस्था में हम पहुँच जाते हैं।

छत्रपति महाराज ने क्या किया! संतुलन नहीं खोया। उसे दुत्कारा नहीं, अपमानित नहीं किया। शांत स्वर में बोले, 'क्या चाहता है?'

उसने कहा, 'महाराज, फिर से आपकी सेवा करना चाहता हूँ।'

छत्रपति महाराज ने अपने साथियों से कहा, 'इसका शुद्धीकरण करो और इसे वापस सेना में ले लो। इसे वही पहलेवाला पद दे दो।'

अजीब आचरण है हमारा। किसी ने कुएँ में मांस का टुकड़ा डाल दिया तो कहेंगे कि अब से इस कुएँ का पानी नहीं पीना। क्यों भई! इसमें कुएँ का क्या दोष? मांस का टुकड़ा निकालो और जल शुद्ध करके फिर से उपयोग करो। ऐसे ही किसी लड़की को आतंकवादी या अपराधी बलात् उठाकर ले गए और वह 6-7 दिन बाद किसी तरह वापस आ गई तो उसे घर की दहलीज से ही वापस जाने को कह देंगे। बोलेंगे कि अब घर में तेरी जगह नहीं। तू अपवित्र हो गई। अब कभी मुँह मत दिखाना। हमें कहीं मुँह दिखाने लायक नहीं छोड़ा। इसमें उस मासूम का क्या दोष! शर्म आनी चाहिए ऐसे हिंदुत्व का झंडा उठानेवालों को। क्या बेटी को वापस नहीं अपना सकते! हमारे शास्त्रों में बेटी को पुनः अपनाने का ऋषियों द्वारा प्रदत्त विधान है। पिता को कन्यादान के बाद विवाहित बेटी को ऐसी अवस्था में वापस लेने का अधिकार ऋषि देते हैं। जिस बेटी ने आतंकवादी का अत्याचार सहा, उसे अपनाने को तैयार नहीं, यह कहाँ का विधान है, न्याय है?

कश्मीर समस्या की असली जड़ यही मानसिकता है। अगर किसी ने धर्म परिवर्तन कर लिया, वह फिर लौटना चाहता है तो उसे अपनाइए। लेकिन छत्रपति महाराज जैसी उदारता दिखाना, संतुलन बनाना बहुत कठिन है। ज्ञान सभी दे देंगे, पर खुद के आचरण में उसे ढालेंगे नहीं। हमारी समस्या यह है कि हम खुद को ही सबसे बड़ा ज्ञानी समझ दूसरों को ज्ञान देते रहते हैं। हम चुप नहीं रह सकते। ज्ञान देने की जगह हम अपने जीवन को उदाहरण के रूप में प्रस्तुत करने को तैयार नहीं होते। बस दूसरे को अज्ञानी साबित करने का प्रयास करते रहते हैं। संतुलन कभी नहीं दिखाते।

छत्रपति महाराज के जीवन में संतुलन दिखता है। स्थायी संतुलन···कभी संतुलन खोते नहीं दिखते। मैंने काफी प्रयास किया, उनके जीवन का अध्ययन करने के दौरान कि ऐसे किसी पल को खोजूँ, जब उन्होंने संतुलन खोया हो, पर मैं नाकाम रहा। परिस्थितियाँ चाहे जैसी रहीं, उन्होंने संतुलन नहीं खोया।

4. संयमी व्यक्तित्व के धनी थे छत्रपति महाराज। एक समय भोजन करते थे। इसकी जानकारी किसी भारतीय लेखक से नहीं मिली है। यह बात पोटोग्ज ने लिखी है, जो उसकी डायरी में उपलब्ध है। छत्रपति महाराज के विषय में मैं प्रमाणित बातें ही कहूँगा। वे नहीं कहूँगा, जो हवाई होती हैं। किसी ने उनके बारे में लिखा कि छत्रपति महाराज ने एक नवाब की लड़की को देखकर कहा कि तुम बहुत सुंदर हो। तुम्हारे जैसी मेरी माँ

होती, तो मैं भी सुंदर होता, यह अप्रमाणित है। नवाब की कोई बेटी ही नहीं थी। इतिहासकारों को प्रमाण के साथ बोलना चाहिए। अप्रमाणित क्यों बोलते हो? तुम्हारी विश्वनीयता विश्व में इसलिए खड़ी नहीं होती। वैसे बड़े लोगों के विषय में काल्पनिक बातें लोग कहते रहते हैं। कहीं से सुनते हैं, उसका प्रमाण ढूँढ़ने के बजाय उसे सुनाते रहते हैं।

खैर, छत्रपति महाराज एक समय भोजन करते थे और इसका यौगिक प्रभाव क्या होता है, यह करने पर ही समझ में आता है। सभी प्रकार की इंद्रियों पर शासन, संयम संभव है। व्यक्ति से एक इंद्री नहीं सँभलती, वह है स्वादेंद्री। दाँत हैं नहीं, आँत काम कर नहीं रही, फिर स्वादेंद्री के वशीभूत न पचनेवाले खाने की लालसा जाती नहीं। ऋषि पतंजलि कहते हैं कि स्वादेंद्री का त्याग ही असल त्याग है। बाकी इंद्रियों का त्याग क्षणिक है। छत्रपति महाराज ने जीवन भर एक ही समय भोजन किया। स्वादेंद्री पर संयम के कारण ही उनको 'योगीराज' कहा जाता है। एक राजा, एक गृहस्थ होने के बावजूद वे संन्यास धारण किए रहे। यह हमारा सौभाग्य है कि हमारी भूमि पर हमें उदाहरण पेश कर मार्गदर्शन देने के लिए ऐसे अनेक योगी हैं। राजसिंहासन पर बैठकर वैभव, सुख-सुविधा और भोग-विलास को त्यागकर छत्रपति महाराज ने सादगी का उदाहरण प्रस्तुत किया। उनका यह आचरण दिखावटी नहीं है। बाह्य जगत् का नहीं है, आत्मिक है। अंदर से अपनाया हुआ है।

वाकई वह योगिराज हैं। धर्मानुगत संन्यासी और श्रेष्ठ मानवता का अद्वितीय उदाहरण हैं। छत्रपति महाराज का नारी के प्रति दृष्टिकोण इतना सम्मानीय-पूजनीय है कि नारी के अपमान पर वे कठोरतम निर्णय लेने से भी हिचकते नहीं। खेलाड़ी, जिसे बदनूर भी कहते हैं, वहाँ की महारानी चेन्नमाजी ने कहा कि आपके अधिकारी ने मेरी तरफ गलत दृष्टि डाली तो छत्रपति महाराज ने उस अधिकारी की आँख ही निकलवा दी।

कुछ इतिहासकारों ने इसे उचित नहीं कहा। कहा कि गलत और बड़ी सजा दी महाराज ने, पर छत्रपति महाराज कभी गलत नहीं थे। वे गलत कर ही नहीं सकते थे।

यह उनके द्वारा एक संदेश भी था अपनी सेना के लिए कि दुश्मन पक्ष की नारी पर भी बुरी दृष्टि नहीं डालनी। नारी कोई भी हो, सम्मान और आदर योग्य है। यह जरूरी भी था। मुगलों से कई क्षेत्र जीतने के बाद उनकी बेटी, पत्नी पर उनके किसी सैनिक ने बुरी दृष्टि नहीं डाली। मुगल ऐसा करते थे तो क्रिया की प्रतिक्रिया सेना कर सकती थी। पर नहीं। संयम रखना जरूरी होता है, वरना आप गलत दिशा में चले जाएँगे।

जगजीत सिंह अरोड़ा भारतीय सेना के तीन सितारा जनरल थे। वे सन् 1971 के भारत–पाकिस्तान युद्ध के समय पूर्वी कमान के जनरल ऑफिसर कमांडिंग–इन–चीफ थे। जब हमारी सेना बांग्लादेश जा रही थी, तब जगजीत सिंह अरोड़ा ने अपने साथियों को संदेश दिया कि वहाँ आपका ध्यान…आपकी दृष्टि किसी स्त्री की तरफ नहीं होनी चाहिए। आप किसी स्त्री को छुएँगे नहीं…हाथ नहीं लगाएँगे। आपकी उँगली या तो ट्रिगर पर होनी चाहिए या जेब में। क्योंकि अरोड़ाजी को अंदेशा था कि अगर गलती से हमारी सेना के जवानों ने संयम खोया, अनुशासनहीन हो गई तो हमारा भी हश्र वही होगा, जो पूर्वी पाकिस्तान के सैनिकों का हुआ था। हालाँकि भारतीय सेना ऐसा नहीं करती, यह निश्चित था, फिर भी अंदेशे के तहत यह चेतावनी भी जरूरी थी। अरोड़ाजी को इसी अनुशासन–परायणता के कारण जाना जाता है। छत्रपति महाराज का जीवन बहुत संयमित है, अद्भुत है। वह योगी का जीवन है।

5. साहस के मामले में उनका कोई जवाब नहीं नहीं था। छत्रपति महाराज प्रमाणित तौर पर असाधारण साहसी थे। उनका साहस उस श्रेणी का या उससे भी बड़ा दिखता है, जो अभी हाल ही में इजराइल ने युगांडा के एंतेबे एयरपोर्ट पर युगांडा के 30 लड़ाकू विमानों को नष्ट करके दिखाया या भारत ने पाकिस्तान पर सर्जिकल स्ट्राइक करके दिखाया। छत्रपति महाराज का साहस दुर्दम्य है। हिंदुस्तानी कौन है या इसको छोटा करना हो तो हिंदू कौन है या यह कहना हो कि इस देश में जन्मा व्यक्ति कौन है, उसका पहला लक्षण है—निर्भय होना।

आजकल किसी 18 साल के युवा को बोल दो कि ऊपर की मंजिल से किताब लेकर आ, तो वह अपनी बहन से बोलेगा कि तू चल न मेरे साथ। वह इसलिए इतना डरपोक है, क्योंकि उसे यह डर विरासत में मिला। यह उसके डी.एन.ए. में है। मैं कैसा हूँ! जैसी मेरी माँ थी, वैसा हूँ; जैसे मेरे पिता थे, वैसा ही हूँ। मैं उनका ही जवाब हूँ। डर हमारे अंदर होता है तो संतान में जाना स्वाभाविक है। उसमें नहीं था, आप से डी.एन.ए. के रूप में चला गया। कोई कहता है अपने बच्चे से कि नालायक, पैदा हो गया तो मैं कहता हूँ कि पैदा नहीं हुआ, यह आपका विस्तार है। मेरे पिता से मेरे वार्डन ने शिकायत की कि यह सारा समय नेतागिरी करता है। हाथ से निकल गया। बस अंग्रेजी की ट्यूशन पढ़ा लेता है, बाकी इसमें कोई अच्छा गुण नहीं है। इस पर मेरे पिता ने कहा कि यह गर्त में भी चला जाएगा तो भी लौट आएगा। मैंने संस्कार ही ऐसे दिए हैं। घबराने की कोई बात नहीं। पारिवारिक संस्कारों के प्रति पिता का यह विश्वास बहुत मायने रखता है। बहुत बड़ी बात है। यह विश्वास आज कहाँ खो गया!

इसलिए मैं हमेशा कहता हूँ कि जैविक पिता होना अलग बात है, पिता होना अलग बात है। दोनों में अंतर है।

छत्रपति महाराज का साहस उनमें उनकी माँ से है। ये जीजाबाई हैं, जो उनको ऐसा बनाती हैं। उनकी अंदर की घनीभूत इच्छाशक्ति का स्वरूप छत्रपति महाराज हैं। जैसे दूध का घनीभूत स्वरूप घी है, वैसे ही जीजाबाई का घनीभूत स्वरूप छत्रपति महाराज हैं। जीजाबाई के तो रोम-रोम में साहस है। जीजाबाई तो अपने पति शाहजी भोंसले को भी उकसाती रहती थीं, प्रेरित करती रहती थीं कि क्या किसी दूसरे का शासन चलाते रहते हो, खुद भी तो राजा बनो! दरअसल शाहजी भोंसले चतुर व नीति-कुशल थे। पहले वे अहमदनगर के सुल्तान की सेना में सैनिक थे, पर योग्यता के बल पर उच्च पद प्राप्त किया। उन्होंने निजामशाही शासन के अंतिम वर्षों में राज-निर्माता की जिम्मेदारी निभाई। जीजाबाई ने कोशिश की कि पति राजा बनें। प्रोत्साहित भी किया, पर उनमें राजा बनने का साहस नहीं पैदा हुआ। अपनी साहस और इच्छाशक्ति का यथार्थ स्वरूप जीजाबाई ने अपने पुत्र छत्रपति महाराज में खड़ा किया।

हमारे ऋषियों ने मानव जीवन को पवित्र और मर्यादित बनाने के उद्देश्य से सृजन से विसर्जन तक सोलह संस्कारों का आविष्कार किया। इन संस्कारों का धार्मिक ही नहीं, वैज्ञानिक दृष्टि से मानव जीवन में विशेष महत्त्व है।

जन्म से मरण तक के विज्ञान आधारित इन सोलह संस्कारों का आरंभ गर्भाधान से शुरू होता है और अंत मृत्यु पश्चात तेरह दिन बाद का होता है। इनका मूल उद्देश्य एक अच्छे मानव का निर्माण करना है।

छत्रपति महाराज का आखिरी गुण साहस है।

किसी भी कार्य को प्रारंभ करने का तरीका ही महत्त्वपूर्ण होता है। इसी से सफलता और असफलता तय हो जाती है। घुड़सवार के बैठते ही घोड़ा उसकी तासीर पहचान जाता है। दरवाजे पर दस्तक से दरवाजा खोलकर पहली दृष्टि में महिला तय कर लेती है कि आगंतुक को अंदर बैठाना है या नहीं। प्रथम अवलोकन की जो शैली है, इसको विकसित करना चाहिए। यह विकसित होती है तो प्रशासक को द्वितीय सोच नहीं लानी पड़ती है। वह पहली दृष्टि में इनसान को पहचान जाता है कि यह काम के लायक है या नहीं। फाइल खोलते ही उसके विषय पर आ जाता है। इस पर भी निर्णय कर लेता है कि इसे स्वीकार करना है या अस्वीकार करना है। बहुत से अधिकारी मिलेंगे, जिन्हें घंटे भर समझाते रहो, फिर अंत में भी उसी विषय के बारे में पूछ बैठेंगे। यह प्रशासनिक गुण नहीं है। मंत्री के सामने जब सचिव फाइल रखकर बताना शुरू करता है, तभी तुरंत मंत्री उसके विषय में अपना मत रख देता है।

यह जो अवलोकन का तरीका है…गति से पढ़ लेना…एक पृष्ठ पढ़कर विषय-वस्तु जान लेना ही अच्छे प्रशासक का गुण है।

छत्रपति महाराज इस मामले में असाधारण रूप से योग्य थे। इतनी जल्दी अवलोकन कर लेते थे कि निर्णय एक क्षण में ले लेते थे। किसी भी विषय के बारे में गंभीर और त्वरित सोच का ही परिणाम है कि संपूर्ण जीवन में छत्रपति महाराज ने एक भी गलत निर्णय नहीं लिया। कभी कोई गलती नहीं की, एक भी गलत कदम नहीं उठाया।

एक बार परमपूजनीय गुरुजी चाय पी रहे थे तो किसी ने उन्हें टोका कि देखिएगा, कुरते पर चाय गिर जाएगी। वे प्लेट में चाय पी रहे थे। कुछ बोले नहीं। चाय पीने के बाद कहा, 'कभी मैं लड़खड़ाया नहीं, कभी चाय की बूँद भी मेरे कुरते पर गिरी नहीं है।'

वाकई चाय असावधान रहने पर ही गिरती है। लेकिन जो सतत सावधान है, उसके साथ ऐसा नहीं होता। प्रशासक सतत सावधान है। इसके लिए छत्रपति महाराज के गुरु समर्थ गुरु श्री रामदास स्वामी ने कहा है, 'हर विषय में जो सावधान है, वही राजा है।'

उन्होंने यह बात मठाधीश के लिए कही। आज के संदर्भ में देखें तो जो सामाजिक कार्यकर्ता हैं, वे सदा सावधान रहते हैं। क्योंकि उनकी असावधानी अन्य के साथ उनके लिए भी क्षतिदायक सिद्ध हो सकती है। समर्थ गुरु श्री रामदास स्वामी ने कहा है कि राजा को अधिक देर तक धरती पर नहीं देखना चाहिए। किसी सार्वजनिक-सांस्कृतिक कार्यक्रम में नहीं जाना चाहिए।

उन्होंने इसलिए मना किया कि राजा अगर ज्यादा देर तक धरती पर नजर रखेगा तो अपने सुरक्षातंत्र से विमुख हो जाएगा। ध्यान वहाँ से बँट जाएगा। ऐसे ही राजा अगर सार्वजनिक-सांस्कृतिक कार्यक्रम में जाएगा तो उसमें मग्न होने पर अपनी सुरक्षा से लापरवाह हो जाएगा। अगर सांस्कृतिक कार्यक्रम देखना है तो अपने राजमहल में करवाए। क्योंकि वहाँ सुरक्षातंत्र मजबूत और सजग रहता है। अगर सार्वजनिक कार्यक्रम में जाना है तो हर पल सजग रहना होगा।

कोई मंत्री हो या प्रशासनिक अधिकारी, उसे सदा सचेत, चैतन्य रहना चाहिए। सचेत रहना अगर सीखना है तो कॉलेज की लड़की से सीखो। सिटी बस में सफर करते समय वह इतनी सचेत रहती है कि कौन उसके नजदीक आ रहा है, कौन दूर जा रहा है, किसकी मंशा क्या है! लड़कियों में यह योग्यता ईश्वर प्रदत्त होती है। कोई लड़का होगा तो लापरवाह होगा। कभी इधर टकराता है, कभी उधर टकराता

है। सँभलकर चलता ही नहीं। तो लापरवाही उससे सीखनी चाहिए और सावधानी लड़की से सीखनी चाहिए। अतः प्रशासक को कॉलेज की लड़की से सावधानी सीखनी चाहिए।

जैसे कि यह कहा जाता है कि इससे यह सीखा, उससे यह सीखा। मैं कहता हूँ, अगर शिवाजी महाराज से नहीं सीखा तो सब बेकार है। मेरे एक घंटे के भाषण से कुछ नहीं सीखा तो मेरा समय व ऊर्जा तो बेकार गया ही, दर्शकों और श्रोताओं ने भी अपना समय व्यर्थ किया।

छत्रपति महाराज जब किसी कार्य का आरंभ करते थे तो दूरदृष्टि रखते थे, सचेतता बरतते थे, मौके का इंतजार करते थे और ध्यान केंद्रित रखते थे। एक उदाहरण है—औरंगजेब ने अपने मामा शाइस्ता खाँ को शिवाजी महाराज पर काबू पाने के लिए दक्षिण का सूबेदार नियुक्त किया था। वह एक साल से पुणे में था। वहीं लाल महल में अपना आवास बना लिया था। डेढ़ लाख मुगल सैनिक पुणे को चारों तरफ से घेरे हुए थे। सुबह समूह में जाते थे और 40-50 किलोमीटर तक लूटपाट कर वापस आ जाते थे। लोगों को लगने लगा था कि शिवाजी महाराज चुक गए हैं, बूढ़े हो गए हैं, मुगलों को रोकना अब उनके बस का नहीं।

मगर ऐसा नहीं था। छत्रपति महाराज विवेक और दूरदर्शिता के साथ रणनीति बना रहे थे। अब समय आ गया था। साधन सीमित थे, पर जीत का हौसला था। मात्र पाँच सौ सैनिक और एक खुद, यानी पाँच सौ एक के साथ छत्रपति महाराज ने लाल महल पर हमला किया। सुरक्षा प्रहरियों को रास्ते से हटाते हुए शाइस्ता के शयनकक्ष तक जा पहुँचे। महल में शोर मच गया था। अनहोनी को भाँप शाइस्ता खाँ भागा। वह बीच की चौखंडी में भाग रहा था, तभी छत्रपति महाराज ने प्रहार कर दिया, जिससे उसके हाथ की चार उँगलियाँ कट गईं, गरदन बच गई! वह कायरों की भाँति भाग गया। छत्रपति महाराज महल से निकल मुगल छावनी का चक्रव्यूह तोड़ते हुए पुणे शहर से बाहर आ गए। महल तक जाने और वापस आने के दौरान कितने मुगल सैनिक जान से हाथ धो बैठे, गिनती नहीं, पर छत्रपति महाराज अपने पाँच सौ सैनिकों के साथ वापस आए। यानी पाँच सौ एक गए थे, इतने ही वापस आए। जान की तो क्या, किसी की मामूली भी शारीरिक क्षति भी नहीं हुई। यह था छत्रपति महाराज का रण-कौशल और दूरदृष्टि का सुखद परिणाम।

क्या यह सर्जिकल ऑपरेशन नहीं है! यह सर्जिकल ऑपरेशन क्या छत्रपति महाराज या देश के प्रधानमंत्री व सेना को ही करना चाहिए! यह हमें भी करना चाहिए। मैं मारने-काटनेवाले सर्जिकल ऑपरेशन की बात नहीं कर रहा। संगठन

खड़ा करने, कार्य करने, आपस में जुड़ने आदि में भी सर्जिकल ऑपरेशन की तर्ज पर योजनाबद्धता, गतिशीलता की बात कर रहा हूँ। ऐसा होना चाहिए, पर यहाँ तो रोज छह लोग एकत्र होते हैं। खूब चर्चा होती है—क्या सर्जिकल ऑपरेशन था, कमाल ही कर दिया, मजा आ गया, छठी का दूध याद दिला दिया। खुद बात ही करते हैं, कुछ करते नहीं। छह के बाद सातवाँ नहीं जुड़ता!

किसी भी कार्य का आरंभ ही उसका परिणाम तय करता है। इसलिए आरंभ नीति या योजना बनाकर ही करना चाहिए। छत्रपति महाराज कार्य का आरंभ शुद्धता, नीति और सूझबूझ के साथ करते थे। प्रशासक को भी ऐसा ही करना चाहिए। आप बतौर प्रशासनिक अधिकारी क्षेत्र में अपना कार्य आरंभ करने जा रहे हैं, वहाँ आपकी गाड़ी रुकी, वहीं से आपके कार्य का आरंभ होता है। आपका गाड़ी से उतरना, उठना-बैठना, चलना, बात करना, निर्णय लेना, कार्य को समझना आदि आपका हर कदम आपकी सफलता और असफलता तय करता है। अगर आप सही दिशा में हैं तो आपको सफल होने से कोई नहीं रोक पाएगा। एक भी गलत कदम से आपकी असफलता निश्चित है। अतः प्रशासक को अपने दायित्व का आरंभ ही सफलता के उद्‍देश्य से उसके मापदंडों को अपनाते हुए करना चाहिए।

सभी को वित्तीय प्रबंधन करना आना चाहिए, अपना वित्तीय प्रबंधन ठीक करके रखना चाहिए। पर देखा क्या जाता है कि लोग बचत में तो इसको अपनाते हैं, पर खर्च करने में नहीं। जबकि खर्च ज्यादा महत्त्वपूर्ण है। कब, कितना, किस जगह खर्च करना चाहिए, अगर यह सही हुआ तो बचत प्रबंधन अपने आप हो जाएगा।

10-15 गाँव के जमींदार के पास जितनी जागीर होती है, छत्रपति महाराज ने उतनी ही जागीर के साथ शुरुआत की और जब वे गोलोकवासी हुए तो राजकोष में नौ करोड़ नगद थे।

छत्रपति महाराज ने सन् 1674 ई. में अपने राज्यारोहण पर रायगढ़ किले की टकसाल से सोने व ताँबे की धातुओं के अपने स्वतंत्र सिक्के जारी किए थे। शिवाजी महाराज ने स्वर्ण मुद्रा को 'होन' का नाम दिया, जबकि ताम्र मुद्रा को 'शिवराई' कहा जाता था। शिवाजी की शिवराई ताम्र मुद्रा के अगले भाग में 'छत्रपति' अभिलेख अंकित है और पिछले भाग में श्रीराजा शिव अंकित है। पूरे मुगलकाल में शिवाजी ही ऐसे एकमात्र शासक थे, जिन्होंने अपने नाम के स्वतंत्र सिक्के जारी किए थे। ऐसा प्रयोग पूरे मुगलकाल में अकेले शिवाजी ने ही किया। शिवाजी की स्वराज्य अवधारणा का यह सिक्का जीवंत प्रमाण है।

चार सौ साल पहले नौ करोड़ होन छोड़कर गए छत्रपति महाराज। इसका

कारण था—उनकी राजकोषीय व्यवस्था की कार्यकुशलता, जिसमें वे जरा भी लापरवाही नहीं बरतते थे। एक दिन जब छत्रपति महाराज अपने राजकीय कार्य स्थल पर गए तो कोषाधिकारी यानी लेखापाल से पूछा कि कल राजकीय कोष का आय-व्यय का ब्यौरा मिलान कर लिया क्या? तो लेखापाल ने कहा कि नहीं, मेरा और राजकोष का विवरण मिल नहीं पाया था।

इतना सुनना था कि छत्रपति महाराज ने उस लेखापाल को उसी समय कार्यमुक्त कर दिया, यह कहते हुए कि सार्वजनिक धन के संबंध में यह लापरवाही का व्यवहार नहीं चलेगा। ऐसे ही जब राजस्व की जानकारी के लिए छत्रपति महाराज ने राजस्व अधिकारियों की बैठक की तो उसमें एक अधिकारी ने गलत ब्यौरा दिया। तो छत्रपति महाराज ने तत्काल उस अधिकारी को पद से मुक्त कर नया अधिकारी नियुक्त कर दिया।

ऐसे ही एक और वाकया है, घोड़ों के निरीक्षण के समय एक अधिकारी ने कहा, 'महाराज, एक घोड़ा घायल हो गया है। अब यह युद्ध योग्य नहीं रहा। इसको बेच देना चाहिए।' छत्रपति महाराज ने कहा, 'ठीक है, बेच दो।' 4-5 महीने बाद वह अधिकारी छत्रपति महाराज को फिर दिख गया। उन्होंने तुरंत पूछा कि उस घोड़े का क्या हुआ? अधिकारी ने बताया कि बेच दिया।

छत्रपति महाराज ने पूछा, 'क्या उसको बेचकर प्राप्त पैसा राजकोष में जमा कर दिया?'

'हाँ महाराज, उसी दिन जमा कर दिया था।' अधिकारी बोला।

जब छत्रपति महाराज ने एक घोड़े के बेचने का हिसाब पूछा, उस समय उनके घुड़साल यानी अस्तबल में पचास हजार अरबी घोड़े थे। छत्रपति महाराज में गजब की संजीदगी थी। छोटी-से-छोटी चीज का भी हिसाब मस्तिष्क में रहता था।

2009-2010 के भारत के वार्षिक बजट में एक हजार छह सौ करोड़ रुपए मिस्लेनियस (विविध) खाते में थे। अजीब बात है, अजीब कार्यप्रणाली है! देश का वित्तमंत्री एक हजार छह सौ करोड़ रुपए मिसलेनियस खाते में यह कहकर डाल देता है, कहाँ खर्च हुए, पता ही नहीं। जबकि एक राजा पचास हजार घोड़ों में भी एक घोड़े का हिसाब रखता है। अब ऐसे में देश की अर्थव्यवस्था गर्त में नहीं जाएगी तो कहाँ जाएगी। ऐसे में देश की दुर्गति कौन रोक सकता है! विश्व का विख्यात अमीर ओनेसिस कहता था—"अगर आप सफल प्रशासक होना चाहते हैं तो आपका खाता दुरुस्त होना चाहिए, उस पर नियंत्रण होना चाहिए। वरना आप असफल हैं।"

मगर हम कहते हैं कि अर्थ का ही नहीं, कार्य का भी, दिए हुए कार्यभार का

भी, निर्णय का भी यानी हर चीज का खाता बिल्कुल दुरुस्त होना चाहिए, तभी सफल हो सकते हैं। इसलिए अपने यहाँ संगठन शास्त्र में कहा जाता है—"आप पूछना मत भूलिए, सामनेवाला करना नहीं भूलेगा। आप पूछना भूल जाओगे, वह करना भूल जाएगा।"

छत्रपति महाराज को चार महीने पहले बेचा घोड़ा याद रहता है, उसका हिसाब पूछते हैं, पर यहाँ तो लोग कुछ देर पहले क्या कहा था, यही भूल जाते हैं।

प्रशासनिक जीवन का आनंद लेना चाहिए। जब आप हर कार्य नियमानुसार, समयानुसार करेंगे तो आनंद अंदर से महसूस होगा, वरना तो हर कार्य बोझ बन जाता है। छत्रपति महाराज का वित्तीय प्रबंधन बहुत अद्‍भुत है। प्रशासनिक व्यक्ति के लिए वित्तीय विषय शुष्क होने के बावजूद बेहद महत्त्वपूर्ण है।

कृषि में भी छत्रपति महाराज की सूझबूझ अद्वितीय थी। आज हम बाढ़ या अन्य आपदा से फसल खराब होने पर नगद राहत-मुआवजा देते हैं। छत्रपति महाराज ने कभी अपने जीवन में नगद मुआवजा नहीं दिया। वे एक क्षेत्र आधार पर पंचायत आधारित एक समिति बनाते थे। उसमें तीन समाज के और दो प्रशासन के लोग रहते थे। ये लोग किसान से पूछते थे कि बाढ़ में तुम्हारा क्या नुकसान हुआ? किसान बताता—'मेरा बैल बह गया, हल बह गया, बीज बो रहा था। आधा बोया था, वह भी बेकार हो गया।'

इस पर यह समिति निर्णय देती, 'इसे दो बैल दो, एक हल दो और आधा बोरा बीज दो।'

छत्रपति महाराज चीजों के नुकसान का मुआवजा चीजों में देते थे, नगद नहीं। वे कहते थे कि नगद देने से मुआवजे का उपयोग सही हो, यह जरूरी नहीं है। आज क्या होता है, सरकार नगद मुआवजा देती है तो जरूरी नहीं कि किसान अगली पैदावार के लिए उपकरण, बीज आदि ही खरीदे। बेटे ने कहा कि मोटरसाइकिल चाहिए, उसे दिलवा दी। पत्नी के लिए गहने बनवा दिए या शेयर में पैसा लगा दिया या ब्याज पर पैसा चढ़ा दिया। समस्या ज्यों-की-त्यों रही तो जो उसको चाहिए था—बीज, बैल, हल, खाद··· उसके लिए वह कर्जा लेगा।

छत्रपति महाराज की कृषि समझ ही नहीं, पूरा प्रशासन कार्य आत्मसात करने योग्य है। उस समय वर्षा काल में नदी-नालों में पानी उफान पर होने के कारण या अन्य कारणों से युद्ध नहीं लड़े जाते थे। अब वर्षा काल के चार महीने सेना क्या करे! इसके सदुपयोग का बेहतर उदाहरण छत्रपति महाराज ने दिया।

छत्रपति महाराज सेना से कहते थे कि मैदानी क्षेत्र में जाओ और वहाँ अपनी

पसंद की भूमि चुन लो। उस पर फसल उगाओ और फसल बेचने के बाद राज्य को राजस्व देना। इससे दो लाभ हुए—एक, सेना को चार महीने की तनख्वाह देने से मुक्त हो गए और दूसरा, उन चार महीनों के लिए उन्हें गतिशील कर दिया, उत्पादन कार्य में लगा दिया।

यह प्रशासन कला का सुंदर और सटीक उदाहरण है। एक अच्छा प्रशासक ही ऐसा कर सकता है। छत्रपति महाराज इस प्रशासनिक व्यवस्था का बेहतरीन सदुपयोग करते थे। कोई भी हो, साधारण व्यक्ति, गृहिणी, सेवा संगठन संचालक, जिलाधीश, मंत्री, व्यवसायी, महामंडलेश्वर, हर किसी को छत्रपति महाराज से प्रशासन के गुण आत्मसात करने चाहिए। क्योंकि हर व्यक्ति किसी-न-किसी रूप में प्रशासक है।

न्याय के मामले में छत्रपति महाराज अद्वितीय थे। संसार के सारे झगड़े न्याय में उदासीनता, पक्षभेद और लाभ-हानि का आचरण रखने के कारण हैं।

छत्रपति महाराज के पिता के जिगरी दोस्त का दामाद युद्ध के दौरान अफजल खाँ से जा मिला था। जब युद्ध समाप्त हुआ, तब इसकी जानकारी छत्रपति महाराज को हुई। तीन महीने छत्रपति महाराज बेचैन रहे। एक दिन अचानक वह उनके सामने आ गया। छत्रपति महाराज ने कोई रहम की अपील, कोई सिफारिश नहीं सुनी। उसी समय न्याय कर दिया—'जिस पैर से यह अफजल खाँ की ओर बढ़ा था, वह पैर काट दो और जिस हाथ से इसने अफजल खाँ का हाथ पकड़ा था, वह हाथ काट दो।'

उसी समय छत्रपति महाराज के पिता का वह दोस्त आ गया, जिसका यह दामाद था। उसने भी रहम की अपील की। कहा, 'मैं आपके पिता का दोस्त हूँ और यह मेरी बेटी का सुहाग है। आपने इसकी प्राणरक्षा का वचन दिया था। आप वचन भंग कर रहे हैं।'

छत्रपति महाराज ने कहा, 'मैंने प्राणरक्षा का वचन दिया था और इसका पालन भी कर रहा हूँ। इसके प्राण नहीं ले रहा। अगर मैं इसको विश्वासघात की सजा न देकर माफ कर दूँगा तो प्रजा में गलत संदेश जाएगा। संदेश जाएगा कि आप अपराधी हैं और किसी बड़े व्यक्ति की सिफारिश लाते हैं तो अपराध क्षमा योग्य हो जाएगा। ऐसा नहीं होना चाहिए। अपराध अपराध है, चाहे कोई भी करे। अगर कोई समाज और राष्ट्र को हानि पहुँचाने का दुस्साहस करता है तो क्षमा योग्य नहीं है। सजा निश्चित ही मिलनी चाहिए।'

ऐसा निर्णय लेना आसान नहीं होता। छत्रपति महाराज ही ले सकते थे। हर व्यक्ति में धृतराष्ट्र होता है। उसको अपना बेटा ज्ञान का भंडार लगता है। बेटी रूप की

रानी लगती है। अपनी संतान कोई भी गलती करे, उसको सजा की जगह तरह-तरह की सफाई बचाव में देता है, जबकि व्यक्ति को संबंध के आधार पर न्याय देने में भेदभाव नहीं करना चाहिए।

युधिष्ठिर और दुर्योधन में ज्यादा अंतर नहीं है। युधिष्ठिर विवेकशील है। गलत करता है तो स्वीकार कर सुधार करता है। वहीं दुर्योधन को कुछ समझ ही नहीं आता। उसे लगता है, वह जो कर रहा है, वही सही है। दुर्योधन को गलती समझ नहीं आती, इसमें सबसे बड़ा दोष पिता धृतराष्ट्र का है। वह पुत्रमोह में विवेकशून्य है। बेटे के दोष दिखते ही नहीं। उसकी गलती को भी सही ठहराने की कोशिश करता है।

हर व्यक्ति में कुछ-न-कुछ प्रतिशत धृतराष्ट्र होता है। यह हमारा दायित्व है कि हम उसे सीमित रहने दें। अगर 2-4 प्रतिशत है तो चल सकता है। 50 से ऊपर या सौ प्रतिशत हो तो महाभारत के धृतराष्ट्र में और आज के धृतराष्ट्र में कोई अंतर नहीं।

दृष्टिहीन होना अंधापन नहीं है, न्यायपूर्ण निर्णय न लेना अंधापन है। और एक प्रशासक जब अंधा होता है तो बहुत बड़ा नुकसान होता है, जिसकी क्षतिपूर्ति भी संभव नहीं होती। सन् 2010 से 2014 तक मैं संसद में रहा, बतौर सांसद। मुझे कभी-कभी लगता था कि देश बिक न जाए। सरकार द्वारा ऐसे निर्णय लिये जाते थे। हर विभाग में लूटपाट मची थी। अब अगर इस पर विराम लगा है तो इस कारण कि निजाम बदल गया है। वर्तमान नेतृत्व इतना न्यायप्रिय व निर्णय-दक्षता वाला है कि भनक लगते ही इस्तीफा माँगने में पलभर की देर नहीं करता। किसी की सुननेवाला नहीं है, किसी की भी सिफारिश नहीं चलती है।

प्रशासक में प्रामाणिकता होना बहुत जरूरी है। अगर प्रशासक में अप्रामाणिकता आ जाती है तो उसका अंत कहाँ होगा, कहना संभव नहीं? जो प्रशासक होने की राह पर हैं, वे ध्यान रखें, न्याय के क्षेत्र में अन्याय मत करना। खुद यह निश्चित कर लें कि हम न्याय करते हुए अन्याय नहीं कर रहे हैं। न्याय को सबसे पहले खुद पर लागू करें, तभी दूसरों के साथ न्याय कर पाएँगे।

हमारे शास्त्रों में धर्मयुक्त चार बातें कही गई हैं। अर्थ भी धर्मयुक्त होना चाहिए, कार्य भी धर्मयुक्त होना चाहिए, मोक्ष भी धर्मयुक्त होना चाहिए और धर्म तो धर्मयुक्त होना ही चाहिए। इन चारों में 25-25 प्रतिशत का अनुपात ऋषियों ने बनाकर दिया है। 25 का 15 भी नहीं होना चाहिए और 50 भी नहीं। इसे आत्मसात करने पर जीवन का आनंद मिलेगा।

राजा तकनीकी प्रशासक (टेक्नोक्रेट) नहीं होना चाहिए। अगर है तो कोई बुराई भी नहीं है, पर राजा तकनीकी जानकार (टेक्नोसेवी) जरूर होना चाहिए। छत्रपति

महाराज तकनीकी जानकार थे। सूरत में एक प्रिंटिंग प्रेस आई, उस कालखंड में उसे प्रिंटिंग प्रेस नहीं कहते थे। बस यह पता था कि मशीन है, जो बहुत सारे कागज को एक जैसा छाप देती है। यह जानकारी छत्रपति महाराज को अपने गुप्तचरों से मिली।

अंग्रेज पैदाइशी धूर्त हैं। धूर्तता शिक्षा के माध्यम से उनमें नहीं आती। वह जन्मजात है, स्वभावगत है। भारत का व्यक्ति मूलत: धार्मिक ही होता है। अगर कोई अपराधी भी है, तो धार्मिक जरूर है। कोई गुंडा किसी लड़की को उठाकर ले जाएगा और मंदिर जाकर पंडित को बंदूक दिखाकर बोलेगा कि शादी करवा दे। गुंडा है, पर लड़की को शादी के बाद ही पाना चाहता है। रावण सीताजी से कहता है कि मैं हाथ नहीं लगाऊँगा। पहले तुम्हारी सहमति जरूरी है। नहीं, तो कोई बात नहीं। ऐसा आचरण इसलिए है, क्योंकि भारत स्वभाव से धार्मिक देश है।

छत्रपति महाराज वैज्ञानिक नहीं थे, साइंटिस्ट नहीं थे, टेक्नोक्रेट नहीं थे, टेक्नोसेवी थे। छत्रपति महाराज को प्रिंटिंग प्रेस की जानकारी भी हो गई, वे उसे हासिल करने का प्रयास भी करते हैं और सौ साल तक मुगलों को उसकी भनक तक नहीं लगी कि सूरत में ऐसी मशीन आ गई। दो राजाओं की सोच और चेतना में अंतर देखिए! सेना व गुप्तचरों की कार्यप्रणाली में अंतर देखिए। मुगलों को तो मदिरापान और अय्याशी से ही फुरसत नहीं थी। औरंगजेब अपने सिपहसालारों को कहता था कि तुम्हें अय्याशी से फुरसत नहीं, एक शिवाजी को देखो, इसका जीवन और चरित्र काँच की तरह साफ है।

खैर, विज्ञान और प्रौद्योगिकी के अंदर कुछ लोग टेक्नोसेवी होते हैं, कुछ टेक्नोक्रेट। श्री ए.पी.जे. अब्दुल कलाम जैसे टेक्नोक्रेट कभी अपनी सोच को किसी पर थोपते नहीं। वे अपने अधीनस्थ से पूछते हैं कि बताओ कैसे करना है। अधीनस्थ कहता है कि सर ऐसे भी हो सकता है तो वे मूल्यांकन करते हैं। अपनी सोच से उसकी सोच बेहतर है तो उसे स्वीकार कर लेते हैं। यह बहुत बड़ी बात है। अपने विचार को त्यागकर अपने सहयोगी के विचार को मूल विचार बनाकर अपनाना कोई व्यक्तित्व का धनी ही कर सकता है। अपना विचार हटाकर अधीनस्थ के विचार पर कार्य करना आसान नहीं होता।

छत्रपति महाराज अपने दरवाजे हमेशा खुले रखते थे। ऐसा कभी नहीं हुआ कि उनके मंत्री या मंत्रिपरिषद् के किसी सदस्य ने अच्छा सुझाव दिया हो और छत्रपति महाराज ने उसे स्वीकार न किया हो। एक खुले विचारोंवाला और प्रगतिशील राजा ही ऐसा कर सकता है।

आजकल लोगों में अपने बच्चों को अंग्रेजी माध्यम के महँगे स्कूलों में पढ़ाने

की होड़ लगी है, चाहे सामर्थ्य हो या कर्जा करना पड़े। 15–20 साल बाद बोलेंगे कि बेटा माइकल जैक्सन कैसे हो गया, या बेटी मैडोना कैसे हो गई? अरे भई, पेड़ में जैसी खाद डालोगे, फल भी वैसे ही लगेंगे। 20 साल बाद यह कहने से क्या फायदा कि परवरिश में गलती हो गई। तुमने कच्चा माल जैसा इस्तेमाल किया, वैसा ही उत्पाद बना।

छत्रपति महाराज ने राज्य संचालन करने के लिए पंद्रह सौ शब्दों का 'राज्यव्यवहार कोश' बनाया। राज्यव्यवहार कोश¨ महामंत्री शब्द उन्हीं के दिए हुए हैं। खजांची शब्द को बदलकर कोषाध्यक्ष शब्द का प्रचलन किया। फारसी व उर्दू के शब्दों को हटाकर पंद्रह सौ संस्कृतनिष्ठ मराठी शब्दों का राज्यव्यवहार कोश तैयार करवाया।

लोग कहते हैं कि भाषा से क्या होता है! भाषा अकेले नहीं आती, अपने साथ भूषा लाती है, भाषा अपने साथ भाव लाती है, भाषा अपने साथ भावना लाती है और भाषा अपने साथ संस्कार लाती है। बेटी को बचपन में कहते हैं कि अंग्रेजी में कविता बोलो। वह तुतलाती हुई बोलती है तो अच्छा लगता है। गर्व होता है, बेटी को ऐसी शिक्षा दी है। फिर जब बड़ी होकर कहती है कि डैडी यू आर नॉनसेंस, यू डोंट नो तो डैडी के पाँव तले से जमीन खिसक जाती है। वह माथा पकड़ लेता है। सोचता है, क्या हो गया! हुआ कुछ नहीं, जो बोया था, वही काटने को मिला है।

प्रशासन में भारतीय भाषाओं का अच्छे से प्रयोग होना चाहिए! त्रिपुरा में निचले प्रशासन के लोगों से सरकार ने कहा कि आपने कोकबोरक भाषा नहीं सीखी तो आप कार्य नहीं कर सकते। आपको सेवामुक्त होना पड़ेगा, क्योंकि त्रिपुरा की क्षेत्रीय भाषा कोकबोरक है। तमिलनाडु में सरकारी सेवा में रहना है तो तमिल भाषा जरूरी है। केरल में मलयालम भाषा आनी जरूरी है। पंजाब में गुरुमुखी आनी चाहिए। जहाँ प्रशासन करना है, वहाँ की भाषा को सीखना ही पड़ेगा। क्योंकि वह लोकभाषा है। वहाँ के आमजन की भाषा है। अगर वहाँ की भाषा समझेंगे नहीं, बोलेंगे नहीं तो लोगों की समस्या कैसे सुन पाएँगे! सुन नहीं पाएँगे तो समाधान कैसे कर पाएँगे! जब तक लोगों को अपनेपन का अहसास नहीं करवाएँगे, प्रशासन नहीं चला सकते। एक अच्छे प्रशासक के लिए लोगों द्वारा आपको स्वीकार करना अनिवार्य है।

न्याय-व्यवस्था अंग्रेजी में फैसला सुना देती है, आदेश निकाल देती है। अब बेचारा कम पढ़ा व्यक्ति क्या जाने कि क्या कहा गया है! उसका वकील उसको बताएगा। आम आदमी की भाषा का प्रयोग अदालतों में क्यों नहीं होता?

अंग्रेजों ने प्रशासन में अंग्रेजी शुरू की, इसके पीछे उनका मकसद था—गुलाम

बनाए रखना। ब्रिटेन में आई.पी.एस., आई.ए.एस. आदि कुछ नहीं है। यह केवल भारत में है। यह व्यवस्था इसलिए खड़ी की गई, क्योंकि देश को गुलाम रखने के लिए चार क्षेत्रों में गोरे लोग जरूरी थे—शासक, पुलिस अधिकारी, वन अधिकारी और न्यायाधीश। अंग्रेजी शासन के दौरान इन चार पदों पर गोरे ही रहे, किसी भारतीय को कभी नहीं आने दिया गया।

अजीब बात है, आज भी हम गुलामी की सोच से बाहर नहीं निकल पाए हैं। 'भारतीय वन अधिनियम' (इंडियन फॉरेस्ट ऐक्ट) सन् 1860 के आसपास बना। मैंने मंत्री रहते अपने अधिकारियों से पूछा कि इस कानून को बदला क्यों नहीं? तो बोले कि हमने दो बार इसमें संसोधन किया। उन्होंने यह इसलिए बनाया था कि उन्हें देश की संपदा पर शासन करना था।

प्रधानमंत्री श्री मोदी जब गुजरात के मुख्यमंत्री थे, तब एक शब्द प्रयोग में लाए। उन्होंने कहा, "आप कर्मचारी नहीं, कर्मयोगी हैं। आप इस प्रदेश की सेवा करते हैं। लेकिन जब भी बात सेवा की हो, जब भी परस्पर संवाद हो, भाषा का महत्त्व बहुत बड़ा है। और लोग भाषा का ही महत्त्व कम रखते हैं। अगर जहाँ मैं खड़ा हूँ, जिस मंत्री पद पर हूँ, यहाँ तक पहुँचने में जिस-जिस ने अवरोध पैदा किए हैं, उसमें भाषा भी एक कारण है।"

हाँ, वे वैसी अंग्रेजी नहीं बोलते, जैसी अंग्रेज बोलते हैं। आगे बढ़ने में क्या यह समस्या बन जाएगी! तुम किसी का जीवन तपस्या से देखोगे, त्याग से देखोगे या इस भाषा से देखोगे! अगर ऐसा ही है तो ब्रिटेन में चाय बनानेवाला भी अच्छी अंग्रेजी बोलता है तो बना दो उसे ही पर्यावरण मंत्री! क्या किसी व्यक्ति के व्यक्तित्व का मूल्यांकन ऐसे होगा?

भाषा से मेरा कोई विरोध नहीं है। एक नहीं, अनेक भाषा सीखनी चाहिए। पर कार्य, संवाद तो अपनी भाषा में ही होना चाहिए। मैं अंग्रेजी में कविता लिखता हूँ। विदेश जाने पर अपना काम निकालने जितनी अच्छी अंग्रेजी बोल लेता हूँ। पर मेरा मूल्यांकन आप भाषा से करेंगे, यह कष्ट देता है। मेरा मूल्यांकन इससे करें कि मैं महाराष्ट्र का रहनेवाला हूँ तो मेरी मराठी अच्छी है या नहीं। यह बात समझ में आती है। लेकिन अंग्रेजी से किसी का मूल्यांकन करना उचित नहीं। अंग्रेजी का शब्द है, उसका प्रयोग करूँगा—एक पैराडाइम शिफ्ट चाहिए। आप आश्वस्त रहिए। यह होकर रहेगा। समय लगेगा, उतार-चढ़ाव होगा, कभी सूचना आएगी कि अभिमन्यु मर गया, कभी सूचना आएगी कि घटोत्कच मर गया, छाती फाड़कर रोने की जरूरत नहीं है। दूसरे दिन फिर शस्त्र उठाओ, रथ पर बैठो और हमला करो।

उन्होंने कहा कि हमारे यहाँ चर्चा ज्यादा, काम कम होता है। जबकि काम करके चर्चा होनी चाहिए। 1972 मैं विद्यार्थी परिषद् में गया था, तब से आज तक हर चार साल बाद युवा नीति और शिक्षा नीति पर चर्चा सुनता आया हूँ। 'नदी जोड़ो' पर देश में पिछले चालीस साल से चर्चा चल रही है। अभी मैंने केन बेतवा को वाइल्ड लाइफ क्लीयरेंस दे दिया, इनवायरमेंट क्लीयरेंस मिल जाएगा। मैंने कहा, बंद करो यह चर्चा कि नदी जोड़नी चाहिए, नहीं जोड़नी चाहिए। एक जोड़ो, उसका नफा-नुकसान निकालो। नफा हो तो जोड़ना, नहीं हो तो नहीं जोड़ना। सीधी सी बात है, उस पर चर्चा क्या करना। करो और परिणाम देखो।

चालीस साल से चर्चा हो रही है, नदी जोड़ना है, नहीं जोड़ना है। आधे पर्यावरणविद् कहते हैं, जोड़ना चाहिए और आधे कहते हैं, नहीं जोड़ना चाहिए। उनको बुद्धि विलास की लत लग गई है। जैसे वासना विलास के अलग-अलग तरीके हैं, वैसे बुद्धि विलास के भी अलग-अलग तरीके हैं। दिन भर पाँचसितारा होटल में बैठकर चर्चा करते रहते हैं। अरे, जो करना है, करके आगे बढ़ो। चर्चा पर भी विराम लगाने की आवश्यकता है।

भारत का हर नागरिक असाधारण योजनाकार होना चाहिए। छत्रपति महाराज योजकता के मामले में बेमिसाल हैं। एक पंच लाइन उनकी नहीं है, मैंने कहीं और से ली है। 'सफलता 90 प्रतिशत योजना और 10 प्रतिशत अप्रत्याशित चीजों को पूरा करने से मिलती है।' आपका सर्जिकल ऑपरेशन 90 प्रतिशत योजना है। इजराइल ने एंतेबे पर जब हमला किया, तो उस पुरानी इमारत के नक्शे को भी उन्होंने निकलवाया, जोकि छोड़ दी गई थी। क्योंकि खबर थी कि वहाँ भी आतंकवादी हैं। युगांडा से नक्शा निकलवाया गया। पता लगाया कि पहली मंजिल पर कितनी सीढ़ियाँ हैं और एक सीढ़ी कितने इंच की है। जब योजनाकार इतनी बारीकी से काम करते हैं तो सफलता निश्चित होती है। '90 मिनट्स एट एंटेबी' पुस्तक में इसका पूरा वर्णन है। इजराइल की सेना वहाँ 90 मिनट रही और लौट आई। पाँच हजार किलोमीटर गई और सभी आतंकवादियों को मारकर वापस आ गई। सैनिक क्षति कितनी हुई, मात्र एक। यह है, कुशल योजना का परिणाम।

इजराइल का योनातन नेतन्याहू नामक सैनिक इस ऑपरेशन का नेतृत्व कर रहा था, उस पर एक आतंकवादी ने छत से गोली चलाई। गोली लगने से पहले ही नेतन्याहू के अंगरक्षक ने उस आतंकवादी को ढेर कर दिया, लेकिन वह गोली नेतन्याहू को लग गई और वह शहादत पा गया। नेतन्याहू इजराइल के प्रधानमंत्री बेंजामिन नेतन्याहू का भाई था। वाकई नेतन्याहू की योजना सटीक और सार्थक थी।

हम दूसरे की योजना की चर्चा और तारीफ करते हैं, पर खुद कार्य करने से पहले योजना बनाते नहीं। सब्जी लेने जाएँगे तो साथ में कपड़े की थैली नहीं ले जाएँगे। कहेंगे भूल गया! 70-75 की उम्र में ऐसा हो सकता है। याददाश्त कमजोर हो जाती है तो भूल जाना स्वाभाविक है। युवा व्यक्ति, युवा प्रशासक के साथ ऐसा क्यों होता है! वह क्यों भूल जाता है! फिल्म में यह चलता है कि एक लात मारी, दरवाजा खुल गया और हीरो ने दरवाजा खोलनेवाले को ढेर कर दिया, पर यथार्थ जीवन में ऐसा संभव नहीं। दरवाजा खुलेगा तो सामनेवाला नमस्ते नहीं करेगा, सीधा फायर करेगा। दिल्ली की ही घटना है। दिल्ली पुलिस के इंस्पेक्टर शर्मा को दरवाजा खुलते ही गोली लगी। दरवाजा खोलनेवाला चूका नहीं। यह योजना न होने के कारण हुआ। दरवाजा खुलते ही स्लाइड में से सामनेवाले पर वार कर देना था। पर आवेग और योजनाहीनता के कारण शर्मा वीरगति को प्राप्त हो गए।

त्वरित निर्णय और सटीक योजना! ये दो शब्द छत्रपति महाराज पर लागू होते हैं। हमको भी इसी स्तर का योजनाकार बनना पड़ेगा। और जब तक इस देश में पंच-सरपंच से लेकर प्रधानमंत्री तक और पंचायत सचिव से लेकर केंद्रीय सचिव तक, हर कोई शिवाजी महाराज जैसा प्रशासक नहीं होगा तो देश नहीं चलेगा। रेंगता रहेगा। हमें हर स्तर पर प्रशासन चाहिए। पूरे शरीर का मजबूत होना जरूरी है, एक हाथ या पैर के मज़बूत होने से कुछ नहीं होगा। हम तो अनादि काल से प्रशासक रहे हैं। बस 250-300 साल नहीं रहे तो थोड़ा पीछे चले गए। अब पुनः वापसी के लिए केवल इसको ठीक करने की जरूरत है।

हमें भारतीय प्रशासनिक सेवा को वास्तव में भारतीय प्रशासनिक सेवा बनाना है। अभी केवल इसका नाम ही भारतीय प्रशासनिक सेवा है, अन्यथा यह ब्रिटिश सेवा का भारतीय संस्करण है। वर्तमान न्याय व्यवस्था ब्रिटिश न्याय व्यवस्था का भारतीय संस्करण है। वर्तमान पुलिस व्यवस्था ब्रिटिश व्यवस्था का भारतीय संस्करण है। कोई खास परिवर्तन हमने आजादी के बाद भी नहीं किया, बस नेमप्लेट बदली है। वही व्यवस्था है, वैसे ही फाइलें बनती हैं, वैसे ही काम होता है। इलेक्ट्रॉनिक के इस युग में भी फाइल वैसे ही चलती है। अब बदलाव करना है, यों ही नहीं चलना।

कुछ जिला कलेक्टरों ने अपने जिले में बड़ा परिवर्तन किया है। प्रयोगधर्मी होइए, लकीर के फकीर नहीं। प्रयोगधर्मिता गांधीजी से सीखनी चाहिए। आंतरिक और बाह्य दोनों स्तरों पर उन्होंने प्रयोग किया। उनसे हमारी सहमति या असहमति हो सकती है, पर उनकी प्रयोगधर्मिता को नकारा नहीं जा सकता। प्रयोग करने से बचना

नहीं चाहिए। प्रयोग करना भारतीय मन का स्वभाव है। हमारा देश, हमारी संस्कृति किसी एक सिद्धांत या पुस्तक पर आधारित नहीं है। हमारे यहाँ अनेक महापुरुष हैं, अनेक शास्त्र हैं। हमारा कोई एक कर्ता-धर्ता नहीं है। कोई एक नियम नहीं है। परिवर्तन नहीं करने का कोई दर्शन भी नहीं है।

छत्रपति महाराज जैसा योजनाकार बनना संभव है। एक उदाहरण देखिए, अफजल खाँ से युद्ध के समय शिवाजी महाराज ने दुंदुभी बजानेवाले से कहा कि इस पंडाल में से जो भी आवाज आए, तुझे आवाज का अर्थ नहीं निकालना है। तुझे बजाना शुरू करना है। उन्होंने स्पष्ट कहा कि तेरे दो कान हैं, पंडाल के अंदर से कोई चीख-पुकार, 'मर गया, हाय!' कोई भी आवाज आए, तुझे उसे नहीं सुनना है। जहाँ युद्ध हो रहा था, वहाँ सौ-डेढ़ सौ किलोमीटर ऊपर किला था। वहाँ तोपें लगाकर तोपचियों से कहा कि जब भी दुंदुभी बजानेवाले की आवाज आए, तुम तोप से गोले दाग देना। और जावली के जंगल में जितने भी सैनिक छुपकर बैठे थे, उनसे कहा कि जब तोप की आवाज सुनाई दे तो तुम्हें अपने अधिकारी की आज्ञा के लिए रुकना नहीं है। शत्रु सेना का जो भी सैनिक दिखे, उस पर हमला कर दो। अब देखिए, पंडाल के अंदर से आवाज आई, उसे सुन दुंदुभी वाले ने दुंदुभी बजाई, उसको सुनकर तोपची ने तोप चलाई, तोप के चलने की आवाज सुन नीचे सैनिकों ने हमला बोला। इस सब में कितना समय लगा होगा! ज्यादा-से-ज्यादा तीस सेकेंड। उस समय महाराज के पंद्रह हजार सैनिक थे मैदान में। मैं आपको पंद्रह हजार मैसेज करने को देता हूँ। आप करके देखिए कि कितनी देर में डिलीवर होते हैं।

आज के आई.टी. युग में पंद्रह हजार मैसेज डिलीवर होंगे, तो जिस गेटवे में जाएँगे, वहीं जाम लग जाएगा। फिर धीरे-धीरे डिलीवर होंगे। कितना समय लग जाएगा! चार सौ साल पहले तकनीकी का ऐसा सुंदर और सटीक प्रयोग छत्रपति महाराज ने आदेश और संकेत से किया। इस दुंदुभी बजानेवाले को एक तीसरा आदेश भी महाराज ने दिया था। उन्होंने कहा कि जैसे ही तोप की आवाज सुने, अपना वाद्ययंत्र छोड़कर अपनी जान बचाने के लिए जहाँ भाग सकता है, भाग जाना। क्योंकि उन्हें मालूम था कि लड़ाई शुरू होने के बाद वाद्ययंत्र का कोई उपयोग नहीं है। तब तलवार का काम होगा। तू दुंदुभी छोड़कर भागना, वरना यह रुकावट खड़ी कर देगी। यह नहीं कहा कि भागकर जाना कहाँ है। क्योंकि अगर कह देते, किले में आ जाना और रास्ते में वह घायल हो जाता तो कहता कि आपके आदेश पर मैं किले की ओर भागा, वरना वहीं पत्थर के पीछे छुप जाता तो घायल नहीं होता। महाराज ने शिकायत की वजह ही नहीं रहने दी। तो आदेश देते समय

ध्यान रखना चाहिए कि कहीं सामनेवाला आपके गले न पड़ जाए। इसलिए महाराज ने कहा कि स्वयं स्वीकृत मार्ग चुनना।

जो लोग कहते हैं कि शिवाजी महाराज ने अफजल खाँ को बाघनख (बाघ के नाखून से बना हथियार) से पेट चीरकर मारा, गलत कहते हैं। मैं ऐतिहासिक रूप से इससे असहमत हूँ। अफजल का कद 6 फीट 3 इंच था, वह पर्याप्त मोटा था, सौ-डेढ़ सौ इंच का उसका पेट था और बाघनख छोटा व मुड़ा हुआ होता है। वह भला उसके पेट में अंदर तक वार कैसे कर सकता है! फिर महाराज के हाथ में वह था तो अफजल की नजर उस पर पड़नी ही थी। वह बचाव कर लेता। अत: कहानी तर्क से परे है।

दरअसल छत्रपति महाराज ने पहले उसे पत्र लिखा कि मुझे तुमसे डर लग रहा है, पैर काँप रहे हैं, आँखों के आगे अँधेरा छा जाता है इस तरह उन्होंने खुद को कमजोर बताकर उस पर मानसिक वार किया, जिससे वह सावधानी ज्यादा न बरते। उसे अँधेरे में रखा। जब युद्ध में दोनों आमने-सामने आए तो महाराज ने उसे झुककर नमस्कार किया। अफजल तो पहले से ही अहंकार में डूबा था, महाराज को कमजोर समझ लापरवाह हो गया था। उसने सोच लिया था कि मैं आसानी से इसे मसल डालूँगा। जब दोनों नजदीक आ गए तो अफजल ने उन्हें गले लगा लिया और पीठ पर कटार से वार कर दिया, पर महाराज ने अंदर बख्तरबंद पहन रखा था, कटार उसकी वजह से छिटक गया। मौका देख छत्रपति महाराज ने छुपाकर रखी कटार निकाली और अफजल की पसली से घुसाकर हृदय तक पहुँचा दी। महाराज को पता था कि दूसरा मौका नहीं मिलेगा, पहले में ही उसे ढेर करना है। दोनों ही बराबर के रणनीतिकार थे। पर अफजल का वार खाली चला गया था, जबकि महाराज का वार निशाने पर लगा था। हृदय जब जख्मी हो जाता है तो व्यक्ति बचाव में दौड़ेगा तो खून का और गति से रिसाव होगा। ऐसे में वह ज्यादा देर जिंदा नहीं रह सकता। कराहते हुए अफजल भागा, दगे की आवाज पर आज्ञानुसार दुंदुभी बज गई तो तोप चल गई, तोप की आवाज सुन तलवारें चल गईं। महाराज के साथ जीवामाल सहायक के रूप में था तो अफजल के साथ सैयद था। वह असाधारण पट्टेबाज था। वह कूदता हुआ आया और महाराज पर प्रहार किया। इस वार से महाराज ने खुद को बचा लिया। केवल उनका टोप जो था, वह सिर से नीचे गिर गया। इधर जीवामाल ने तलवार से वार कर सैयद के शरीर के दो हिस्से कर दिए।

तो जिसको हर कदम की जानकारी पहले से हो, ऐसा योजनाकार होना चाहिए। आप लोग तैयारी करिए। जीवन में एक सफल प्रशासक बनो। यश और कीर्ति ईश्वर

के हाथ में है। भगवान श्रीकृष्ण पर भी चोरी का आरोप लग जाता है, अर्जुन जैसे वीर को भी वनवासी लूट लेते हैं। परिणाम ईश्वर के हाथ में है, लेकिन प्रयत्न करना हमारे हाथ में है, मेहनत करना हमारे हाथ में है, सही और सार्थक योजना बनाना और क्रियान्वित करना हमारे हाथ में है। उस दिशा में हम आगे बढ़ें और शिवाजी महाराज के जीवन से कुछ ग्रहण करें, प्रेरणा लें तो मैं समझूँगा कि मेरा लेखन, भाषण सफल हुआ।

□

QR कोड मोबाइल कैमरे से स्कैन करके यू-ट्यूब पर पूरा व्याख्यान सुना जा सकता है।

स्व. सुषमा स्वराज

पूर्व विदेश मंत्री

तेजस्वी वक्ता तथा वाक्पटुता की धनी, लोकप्रिय, महिलाओं के लिए प्रेरणास्रोत, स्व. श्रीमती सुषमा स्वराज का जन्म 14 फरवरी, 1952 को हरियाणा की अंबाला छावनी में हुआ था। स्व. श्रीमती सुषमा स्वराज ने अंबाला के सनातन धर्म कॉलेज से संस्कृत तथा राजनीति विज्ञान जैसे प्रमुख विषयों से स्नातक की उपाधि प्राप्त की। फिर चंडीगढ़ में पंजाब विश्वविद्यालय के कानून विभाग से एल.एल.बी. की डिग्री हासिल की। उन्होंने राजनीति में अपनी शुरुआत 1970 में छात्र नेता के रूप में की। आपातकाल के विरोध में सक्रिय रूप से भाग लिया। वे 15वीं लोकसभा में विपक्ष की नेता रहीं। आप वर्ष 2014 से वर्ष 2019 तक भारत की लोकप्रिय विदेश मंत्री रहीं। भारतीय संसद में सर्वश्रेष्ठ सांसद का पुरस्कार पानेवाली पहली महिला का सौभाग्य प्राप्त करनेवाली स्व. श्रीमती सुषमा स्वराज का निधन 67 वर्ष की आयु में 6 अगस्त, 2019 को दिल्ली में हुआ।

भारतीय संस्कृति के माध्यम से विश्व की चुनौतियों का समाधान

आज का विषय है—'वर्तमान संदर्भ में भारतीय संस्कृति के माध्यम से विश्व की चुनौतियों का समाधान'। इस संदर्भ में सर्वप्रथम हम यह चिह्नित कर लें कि विश्व की चुनौतियाँ क्या हैं, फिर चिह्नित कर लें कि भारतीय संस्कृति के मूलाधार क्या हैं, फिर एक-दूसरे की तुलना करते हुए, उसका विवेचन करें।

जहाँ तक विश्व की चुनौतियों का सवाल है तो सबसे पहली चुनौती है—हिंसा और आतंकवाद। दूसरी बड़ी चुनौती है—जलवायु परिवर्तन। तीसरी चुनौती है—वैश्वीकरण से उत्पन्न विवाद। चौथी चुनौती है—मानसिक तनाव। अब भारतीय संस्कृति के मूलाधार की बात करें तो पहला है—वसुधैव कुटुंबकम्। दूसरा है—विश्व बंधुत्व। तीसरा है—सह-अस्तित्व। चौथा है—सर्वधर्म समभाव।

अब हम बात करेंगे कि इन चुनौतियों का भारतीय संस्कृति के मूलाधार से कैसे समाधान किया जाए! सबसे पहली चुनौती है—हिंसा और पहला मूलाधार है—वसुधैव कुटुंबकम्। हिंसा और वैश्वीकरण से उत्पन्न विवाद का समाधान इस वसुधैव कुटुंबकम् में है। 'वसुधैव कुटुंबकम्' का अर्थ है कि वसुधा यानी पूरी पृथ्वी एक परिवार है। भारतीय संस्कृति में अनादि काल से वर्तमान तक विश्व को एक परिवार के रूप में माना गया है और अंगीकृत किया गया है। हम इसी सिद्धांत को मानते आए हैं, पर कुछ वर्ष पहले पश्चिम से एक नया सिद्धांत आया—ग्लोबलाइजेशन यानी वैश्वीकरण। दोनों में अंतर क्या है!

वैश्वीकरण का शाब्दिक अर्थ स्थानीय या क्षेत्रीय वस्तुओं या घटनाओं के विश्व स्तर पर रूपांतरण की प्रक्रिया है। इसे एक ऐसी प्रक्रिया का वर्णन करने के लिए भी प्रयुक्त किया जा सकता है, जिसके द्वारा पूरे विश्व के लोग मिलकर एक

---

* संकल्प व्याख्यानमाला 2017

समाज बनाते हैं तथा एक साथ कार्य करते हैं। यह प्रक्रिया आर्थिक, तकनीकी, सामाजिक और राजनीतिक ताकतों का एक संयोजन है। वैश्वीकरण का उपयोग अक्सर आर्थिक वैश्वीकरण के संदर्भ में किया जाता है, अर्थात् व्यापार, विदेशी प्रत्यक्ष निवेश, पूँजी प्रवाह, प्रवास और प्रौद्योगिकी के प्रसार के माध्यम से राष्ट्रीय अर्थव्यवस्था का अंतरराष्ट्रीय अर्थव्यवस्थाओं में एकीकरण। यानी वैश्वीकरण बाजार की भावना पर आधारित होता है, जबकि कुटुंब परिवार की भावना पर आधारित होता है। परिवार में प्यार होता है और बाजार में व्यापार होता है। प्यार मन से होता है और व्यापार धन से होता है। इसलिए मन और मनी का जो अंतर है, वह है—वसुधैव कुटुंबकम् और वैश्वीकरण का।

जब उधर हिंसा की बात करते हैं तो हम विश्व बंधुत्व की बात करते हैं। विश्व बंधुत्व यानी हम एक ही ब्रह्म के जीव हैं। श्री गुरु गोविंद सिंहजी ने अत्याचारों का विरोध करते हुए कहा है—'मानस की जात सभै एको पहचानबो।'

हम सभी जीव एक ही ब्रह्म के अंश हैं, इस पर गुरु नानक देवजी ने कहा है—

'अव्वल अल्लाह नूर उपाया, कुदरत के सब बंदे।
एक नूर ते सब जग उपज्या, कौन भले कौन मंदे।'

जब हम यह मानते हैं कि हम एक ही ब्रह्म के जीव हैं, एक ही नूर से उपजे हैं, तो इस अवधारणा में हिंसा का स्थान ही कहाँ रह जाता है! हिंसा की गुंजाइश कहाँ रह जाती है! फिर हम विश्व बंधुत्व भाव के चलते सर्व के सुख की कामना करते हैं।

सर्वे भवन्तु सुखिन: सर्वे सन्तु निरामया।
सर्वे भद्राणि पश्यन्तु मा कश्चित् दु:खभाग् भवेत्॥

अर्थात् सभी सुखी हों, सभी रोगमुक्त रहें, सभी मंगलमय के साक्षी बनें और किसी को भी दु:ख का भागी न बनना पड़े। जब हम सर्व के सुख की⋯मंगल की कामना करते हैं तो किसी के प्रति हिंसा कैसे कर सकते हैं! हिंसा का भाव तो हमारी संस्कृति में है ही नहीं, क्योंकि हिंसा के गर्भ में ही दूसरे को दु:ख देना लिखा है। हिंसक प्रवृत्ति के चलते किसी पर वार करेंगे, उसे चोट पहुँचाएँगे या मार डालेंगे! सर्व के सुख की कामना करनेवाला कभी कल्पना में भी इस तरह के विचार को आने नहीं देता। हिंसा तो हमारी संस्कृति में⋯हमारे संस्कारों में है ही नहीं, हमारा तो मूलमंत्र है—'अहिंसा परमो धर्म:', अर्थात् अहिंसा मनुष्य का परम धर्म है। भगवान बुद्ध हों, भगवान महावीर हों या गुरु नानक देव। सभी ने शांति और अमन का पाठ पढ़ाया है। तो हिंसा का समाधान हो जाता है, जब हम सर्व के सुख की⋯ 'सर्वे

सन्तु निरामया', स्वस्थ रहने की कामना करते हैं··· 'सर्वे भद्राणि पश्यन्तु', हम सभी अपने आसपास अच्छा ही देखें··· और अंत में कामना करते हैं, 'मा कश्चित् दुःख भाग्भवेत', यानी कोई दुःखी न हो।

हिंसा तो भारतीय संस्कृति के मूलाधार में है ही नहीं, तो हम हिंसा कैसे कर सकते हैं! हम हिंसा की सोच भी नहीं सकते। यही कारण है कि हमें किसी के हिस्से के पानी की एक बूँद भी नहीं चाहिए···हमें किसी की एक इंच जमीन नहीं चाहिए··· हम किसी का साम्राज्य हड़पना नहीं चाहते···हम किसी का धर्म छीनना नहीं चाहते··· हम किसी की आस्था को ठेस पहुँचाना नहीं चाहते···तो भला हम हिंसा क्यों करेंगे! हिंसा की जो उपरोक्त जड़ें हैं, वे हमारे संस्कार में ही नहीं हैं। पानी पर लोग लड़ते हैं···साम्राज्य हड़पने के लिए लोग लड़ते हैं···धर्म छिनवाने के लिए लोग लड़ते हैं। हम तो अपने धर्म में मरना ही श्रेयस्कर मानते हैं। सिख धर्म को बचाने के लिए गुरुओं ने कितना बलिदान दिया। कड़ाही में तले गए···गुरु गोविंद सिंह ने अपने पिता को भी बलिदान देने को कहा और अपने दो बेटों को दीवारों में चिनवा दिया। किसके लिए? अपने धर्म को बचाने के लिए। अपने धर्म के लिए मरनेवाला··· अपने धर्म में मरने की इच्छा रखनेवाला भला दूसरे का धर्म क्योंकर छीनेगा! तो हमारे यहाँ हिंसा का न कोई औचित्य है, न ही गुंजाइश है। हमारी संस्कृति तो पृथ्वी को हिंसा करनेवालों से···दानवों से मुक्त करवाने की है। भगवान राम ने रावण, बाली आदि तमाम असुरों से पृथ्वी को मुक्त करवाया, पर उनकी भूमि पर अपना हक नहीं जताया···अपना साम्राज्य नहीं खड़ा किया। वहाँ का राजसिंहासन उन्हीं के परिजनों को दे दिया।

हमारा जो दूसरा मूलाधार है—विश्व बंधुत्व। यह हिंसा का श्रेष्ठ समाधान है। वसुधैव कुटुंबकम् हिंसा का भी समाधान है···वैश्वीकरण का भी समाधान है। विश्व बंधुत्व हिंसा का मूल समाधान है। जब हम सारे विश्व को एक मानेंगे···एक परिवार मानेंगे तो हम लड़ेंगे क्यों!

मैं हाल ही (सन् 2017) का एक उदाहरण देती हूँ। फ्रांस के राष्ट्रपति इमैनुएल मैक्रों ने पृथ्वी पर पर्यावरण का असर क्या हो रहा है, इस विषय पर बात करने के लिए एक बैठक बुलाई, जिसमें सभी देशों के प्रतिनिधियों को बुलाया। भारत का प्रतिनिधित्व मैं कर रही थी। सभी को दो-दो मिनट बोलने का समय मिला था। अब भला दो मिनट में कोई क्या बोलेगा! मैंने बस इतना ही कहा, 'जलवायु परिवर्तन से निपटने की हमारी प्रतिबद्धता हमारे व्यवहार में निहित है, क्योंकि हम पृथ्वी को··· धरती को अपनी माँ समझते हैं।'

वहाँ बुल्गारिया गणराज्य के राष्ट्रपति रुमेन राडव भी थे। वे इस बात से इतने प्रभावित हुए कि उन्होंने अपने देश के राजदूत से कहा कि आज इमैनुएल मैक्रों द्वारा रखी गई बैठक में भारत की विदेश मंत्री बोल रही थीं। वे कह रही थीं कि हम पृथ्वी को अपनी माँ समझते हैं। यानी जो हमारी सोच है, वही उनकी सोच है। बुल्गारिया में भी जो जनजाति के लोग हैं, वे हमारे यहाँ की तरह पृथ्वी को माँ मानकर उसकी पूजा करते हैं। उन्होंने कहा कि तुम उनके राजदूत से मिलो और उनको बताना कि मैंने यह भाव प्रकट किया है। हमारी एक सोच है। और बोलना कि क्या वे अपनी विदेश मंत्रीजी तक इस संदेश को पहुँचाने का कष्ट करेंगे कि हमारे देश के विदेश मंत्री से वे एक बार बात करें। मुझे यह बात बताई गई। उस समय मैं विदेश में ही थी। मैंने कहा कि कल यानी 25 की रात को मैं देश लौट जाऊँगी। वे मुझसे जरूर बात करें। 26 तारीख को वहाँ के विदेश मंत्री का फोन आया तो मैंने फोन उठाते ही कहा कि हम सब धरती की संतान हैं। धरती ही हम सबकी माँ है। यही हमारी संस्कृति कहती है। यह सुनते ही उनका गला रुद्ध गया। वे बोले कि हमारे राष्ट्रपतिजी ने आपके बारे में सच कहा था। उन्होंने बताया था कि बैठक में अनेक लोग बोले, पर भारत की विदेश मंत्रीजी के शब्द दिल में उतर गए। उन्होंने धरती को माँ कहा था। तो यह है भारतीय संस्कृति का प्रभाव। कहाँ भारत, कहाँ बुल्गारिया। हमारी संस्कृति ने उनको प्रभावित किया।

बात अब आतंकवाद की आती है। हिंसा तो कई प्रकार की होती है, पर आतंकवाद इन हिंसाओं से इतर है…भयावह व खतरनाक है। आतंकवाद का जन्म कट्टरपंथता से होता है। जब हम अपने धर्म को दूसरे के धर्म से बेहतर समझते हुए दूसरे धर्म वाले को धमकाते हैं कि या तो हमारे धर्म को अपना ले, वरना तुझे मार दूँगा। यह है जिहाद, आतंकवाद। इस कट्टरवादिता के चलते वे क्रूरता की हद पार कर जाते हैं। बर्बरता से मानव और मानवीयता की हत्या कर देते हैं। ऐसा कुकृत्य करते समय उनके हाथ काँपते भी नहीं। जोर्डन के एक पायलट को कितनी क्रूरता से मारा गया था, आपने देखा होगा। उसे एक पिंजरे में कैद कर रखा था, फिर पेट्रोल छिड़ककर उसे जला दिया था। बेरहमी से लोगों की हत्या कर उनके कटे सिरों की तस्वीरें दिखाते हैं और खुश होते हैं। यह किसलिए! जिनको वे बेरहमी से मारते हैं, उनसे उनकी कोई दुश्मनी नहीं होती, उनको जानते तक नहीं! उनका मकसद बस इतना होता है कि अपनी विचारधारा फैलानी है, लोगों पर जबरन थोपनी है। वे आतंकवाद द्वारा…इस क्रूर कृत्य द्वारा अपने धर्म को बेहतर मानते हुए, इसे मनवाना चाहते हैं। सभी धर्मों को मिटाकर अपने धर्म

को ही धरा पर स्थापित करना चाहते हैं···वे कहते हैं कि हमारा ही धर्म रहे, बाकी किसी को जीने का अधिकार ही नहीं है।

इसका जवाब हमारी संस्कृति में है—सर्वधर्म समभाव। सन् 1996 में मैंने लोकसभा में अपने भाषण में भारतीय संविधान में लिखित धर्मनिरपेक्षता की परिभाषा बताई थी। मैंने कहा था कि धर्मनिरपेक्षता का अर्थ धर्मविहीनता नहीं होता। अगर राजनीति धर्मविहीन हो जाएगी तो राजनीतिज्ञ धर्म का आचरण कैसे करेंगे! नैतिकता का आचरण कैसे करेंगे! मैंने कहा था कि हमारे धर्मनिरपेक्षता की परिभाषा यह है कि एक हिंदू अच्छा हिंदू हो···एक मुसलमान अच्छा मुसलमान हो···एक सिख अच्छा सिख हो···एक ईसाई अच्छा ईसाई हो···और सब अपने-अपने धर्म का आचरण करते हुए, अपने-अपने धर्म···पद्धतियों के अनुसार पूजा करते हुए, सब धर्मों का सम्मान करें। यह हमारी संस्कृति अनुसार धर्म की परिभाषा है। यही कारण है कि भारत में अलग-अलग धर्मों के जितने लोग आए, सबको अपने धर्म का आचरण करने की स्वतंत्रता थी। कभी किसी को यह नहीं कहा कि अगर हमारे देश में रहना है तो तुम्हें हमारा धर्म अपनाना होगा। सबको अपने-अपने धर्म के अनुसार पूजा पद्धति अपनाने की स्वतंत्रता दी।

जिसको मंदिर में पूजा करनी है, वह वहाँ जाकर पूजा करे; जिसको नमाज पढ़नी है, वह मसजिद में जाकर पढ़े; जिसको गिरिजाघर में प्रार्थना करनी है, वह वहाँ जाकर करे; जिसको अरदास करनी है, वह गुरुद्वारे जाकर करे। हिंदू धर्म में अलग-अलग आस्था है, सनातनी है तो मंदिर जाओ, आर्यसमाजी हैं तो हवन करो···हमने किसी पर किसी पद्धति को थोपा नहीं। हमारे शास्त्रों ने यही सिखाया है कि सर्वधर्म समभाव। सब धर्मों को एक समान मानो। अगर आज विश्व सर्वधर्म समभाव के भाव को मान ले तो आतंकवाद चुटकी में खत्म हो जाएगा। यही समझने और समझाने की आवश्यकता है कि अपने धर्म को दूसरों के धर्मों से बड़ा कहकर जिहाद···आतंकवाद फैलाना, निर्दोषों की हत्या करना, अशांति फैलाना तर्कसंगत नहीं है। भगवान, अल्लाह, गुरु, गॉड कोई यह नहीं चाहता।

सर्वधर्म समभाव, जो भारतीय संस्कृति का मूलाधार है, यदि यह समझा दिया जाए तो रेडिकलाइजेशन यानी कट्टरतावाद खत्म हो जाएगा। और ऐसा हो रहा है। अपने देश की संस्कृति पर मुझे गर्व है, जिसके कारण इतनी बड़ी आबादी और अनेक धर्म-पंथ···परंपरा को माननेवालों की तुलना में इस देश से आतंकवाद की राह पकड़नेवाले मुश्किल से चार-पाँच सौ लोग होंगे, जबकि छोटे-छोटे देशों से

हजारों की संख्या में लोग आतंकवादी संगठनों का हिस्सा बन रहे हैं। ऐसा इसलिए है कि यहाँ सभी धर्मों के धर्माचार्य अमन और शांति का संदेश देते हैं, पाठ पढ़ाते हैं। दूसरा हमारे यहाँ परिवारवादी परंपरा है, जहाँ अभिभावक निगरानी है, बच्चे के आचरण पर निगाह रखी जाती है, ताकि नादानी में वह राह से न भटक जाए। माता-पिता देखते हैं कि बच्चा देर से घर आ रहा है तो क्यों आ रहा है? पिता से माँ कहती है कि जाकर देखो कि यह कहाँ जाता है और किससे मिलता है? बड़े भाई से कहती है कि इसका आचरण ठीक नहीं लगता, इस पर निगाह रखो। देखो, कोई गलत काम तो नहीं कर रहा है? बहन से कहती है कि तू इसको देर से आने पर भी रोटी बनाकर खिलाती है, इससे पूछो कि इतनी देर से क्यों आया है, कहाँ से आया है? इसके चेहरे के भाव तो नहीं बदल रहे हैं? कहीं यह गुमराह तो नहीं हो रहा है?

ये माता-पिता व परिजनों की निगरानी है, धर्माचार्यों के संदेश हैं, परिवार और समाज के संस्कार हैं, यही कारण है कि इतनी बड़ी आबादी में कट्टरवाद की राह जानेवाले लोग उँगली पर गिने जा सकते हैं। अभी हम कट्टरवाद पर एक बड़ा सम्मेलन करने जा रहे हैं। यह राष्ट्रीय स्तर का होगा, फिर सभी देशों के राष्ट्राध्यक्षों को बुलाएँगे। देश-विदेश में बहुत लोग इस पर काम कर रहे हैं। कुछ समय पहले मलेशिया के राष्ट्रपति भारत आए थे, हमारे प्रधानमंत्रीजी को एक पुस्तक देकर गए हैं कि वे कैसे कट्टरपंथ की रोक पर काम कर रहे हैं। अल्जीरिया के विदेश मंत्री विदेश दौरे के दौरान मुझसे मिले थे। उन्होंने इसी विषय पर एक पुस्तक दी। तब मैंने कहा कि आप भारत आइए। हम आपको बताएँगे कि भारतीय संस्कृति के जो मूल वाक्य हैं, अगर उनके माध्यम से आपके देश के लोग आचरण करने लगें तो कभी भी आपका देश कट्टरवाद की राह नहीं ले पाएगा।

जलवायु परिवर्तन भी आज विश्व के सामने एक बड़ी चुनौती है। इसका समाधान भी भारतीय संस्कृति में है—सह-अस्तित्व। जलवायु परिवर्तन की चुनौती को हम बड़े आराम से इस सह-अस्तित्व मूलाधार द्वारा दूर कर सकते हैं। क्योंकि जब हम सह-अस्तित्व की बात करते हैं तो केवल प्राणियों के साथ सह-अस्तित्व की बात नहीं करते, हम प्रकृति के साथ सह-अस्तित्व की बात करते हैं। हम कहते हैं कि हमारे जीव-जंतु, पशु-पक्षी, हमारी वनस्पति, हमारे पेड़-पौधे, हमारी नदियाँ...इन सबके साथ हम सह-अस्तित्व की बात करते हैं। जब भी हम घर या कार्यालय का भवन बनाते हैं तो विदेश में इसको कहते हैं—जमीन तोड़ो। जबकि हम कहते हैं—भूमि पूजन। क्योंकि पृथ्वी हमारे लिए

उपयोग की वस्तु मात्र नहीं है, माँ है। हम भूमि पूजन करते हैं, वे भूमि तोड़ उत्सव करते हैं।

हमारे यहाँ भूमि पूजन में चाँदी के नाग और कलश की पूजा करने का विधान है। इस कलश में दूध, दही, घी, सुपारी और सिक्का डालते हैं। इसके बाद शेषनाग का आह्वान करते हैं। इसके बाद भगवान विष्णु से प्रार्थना की जाती है कि वे देवी लक्ष्मी सहित इस भूमि पर विराजमान रहें। वहीं यह भाव भी होता है कि हम उन जीव-जंतुओं से क्षमा-प्रार्थना करते हैं, जो यहाँ आश्रय बनाकर रहते थे। उनसे क्षमा-प्रार्थना करते हैं कि हम आपका घर तोड़ रहे हैं, आपको विस्थापित कर रहे हैं। इसके लिए हमें क्षमा कर दें और कहीं और घर बना लीजिए। यह भाव, यह आचरण अन्य किस संस्कृति में है! ईश्वर की आराधना करके, जीव-जंतुओं से क्षमा-याचना करके हम अपने नए भवन की नींव रखते हैं।

कम है, पर आज भी यह परंपरा है कि जब हम सुबह उठते हैं तो धरती पर पाँव रखने से पहले उसे हाथ से छूकर प्रणाम करते हैं। भाव होता है कि हे धरती माँ, हम आप पर अपने पैर रख रहे हैं, आप पर बोझ रख रहे हैं, इसलिए हम आपको प्रणाम कर रहे हैं। यह किस संस्कृति में है ? इतना आदर, इतनी संवेदना किस संस्कृति में है! यह अपनापन और संवेदना हमारा प्रकृति के प्रति है। एक अहम बात है कि विज्ञान के माध्यम से हमारे यहाँ ऐसे संस्कार नहीं आए, ये धर्म से जुड़कर आए हैं। क्योंकि धर्म के आगे कोई तर्क नहीं करता, विज्ञान के आगे लोग तर्क करते हैं। ये सब धर्माचार्यों के माध्यम से आए, क्योंकि न कोई उनसे तर्क करता है, न कहे की अवमानना करता है। हमारे यहाँ पीपल का पेड़ काटना अशुभ माना गया है। धर्माचार्य ने कहा कि पीपल को कलावा बाँधो, पीपल में रोज एक लोटा जल चढ़ाओ, कष्ट दूर होंगे, इच्छा पूर्ण होगी, संतान की प्राप्ति होगी। ऐसा हो जाएगा, कहा नहीं जा सकता, पर पीपल का पेड़, जो शुद्ध ऑक्सीजन का माध्यम है, जब रोज घर के, गाँव के, मोहल्लों के लोग एक लोटा जल देंगे तो वह सींच जाएगा। हमारे यहाँ हर घर में तुलसी का पौधा जरूर मिल जाएगा। लोग रोज तुलसी की पूजा करते हैं, जल डालते हैं। हमारे शास्त्रों में ऐसा कहा गया है कि तुलसी का पौधा घर में लगाने से शुभफल देता है। ऐसा क्यों कहा गया है! क्योंकि तुलसी के पत्ते, तना, बीज, जड़, सब औषधि का कार्य करते हैं। आयुर्वेद कहता है कि जितनी भी बीमारियाँ होती हैं, वे तीन कारणों—वात, पित्त और कफ से होती हैं। या तो वायु का वेग बढ़ा हुआ है, या पित्त ज्यादा है, या कफ बढ़ा हुआ है। चाहे बीमारी पेट की हो, चाहे

फेफड़ों की हो, चाहे साँस की हो, चाहे हृदय की हो, सब इन तीनों के संतुलन के बिगड़ने से होती हैं। तुलसी का पौधा एकमात्र ऐसा पौधा है, जो वात, पित्त और कफ यानी तीनों की दवा है। लेकिन तुलसी के पत्ते में एक दोष भी है, इसमें पारा होता है। इसे चबाकर खाने से दाँत खराब हो जाते हैं। इसी कारण हमारे धर्माचार्यों ने कहा है कि इसे चरणामृत का अंग बना दो। तुलसी के पत्ते के छोटे-छोटे टुकड़े कर चरणामृत में डालते हैं। इसे चबाया नहीं जाता, निगला जाता है या जल के साथ उसे निगल जाने को कहा जाता है। कहा जाता है कि तुलसी माँ है, इसे चबाना मत। अब भला कौन चबाने की भूल करेगा! जबकि स्वास्थ्य की दृष्टि से रोज तुलसी के पत्तों के सेवन से वात, पित्त और कफ संतुलित रहते हैं। वहीं इनको चबाकर नहीं खाया जाता, जिससे पारे से होनेवाले दाँतों के नुकसान से बचाव हो जाता है।

हमारे घरों में हर रोज सुबह घर के सदस्यों के लिए रोटी बनाने से पहले तीन रोटियाँ बनाई जाती थीं। पहली गाय की, जो देसी घी से चुपड़ी जाती थी; दूसरी स्वान की, जो सरसों के तेल से चुपड़ी जाती थी तथा तीसरी कौवे की। अभी भी अधिकतर घरों में यही संस्कार चले आ रहे हैं। पीढ़ी बदलती रही, पर संस्कार नहीं। क्योंकि ये हमारी जीवन-शैली के मूलाधार हैं।

गुरु नानक देव ने कहा था—'नाम जपो, कीरत करो और वंड चखो।' अर्थात् प्रतिदिन ईश्वर का नाम जपो, ईश्वर के उपहार और आशीर्वाद को ग्रहण करते हुए कठिन मेहनत करके ईमानदारी से कमाओ। इसके लिए तुम शारीरिक या फिर मानसिक श्रम कर सकते हो। सभी लोग सदा सत्य बोलें और केवल ईश्वर से डरें। शिष्टाचार पूर्वक अपने जीवन का निर्वाह करें, जिसमें नैतिक मूल्य और आध्यात्मिकता का समावेश हो। अर्जित की गई वस्तुओं को दूसरों से साझा करो और साथ मिलकर उसका उपभोग करो।

सिख भाई आज भी गुरु नानक देव के इन वचनों का ईमानदारी से निर्वहन करते हैं। गर्व होता है, यह कहते हुए कि अगर किसी मोहल्ले में गुरुद्वारा है तो वहाँ का एक भी व्यक्ति न दिन में भूखा रहता है, न ही रात को भूखा सोता है। गुरु के दर पर न जात देखी जाती है, न धर्म-पंथ, न अमीरी-गरीबी देखी जाती है, न भाषा-वेश। हर किसी को प्रेम और श्रद्धाभाव से गुरु का प्रसाद परोसा जाता है।

हमारे यहाँ लोग अमरनाथ की यात्रा पर जाते हैं। बड़ी कठिन और लंबी यात्रा में रास्ते में कहीं भोजन की दुकान नहीं मिलेगी, पर कदम-कदम पर लोगों द्वारा चलाए जा रहे भंडारे मिलेंगे, जिनमें समय-समय पर चाय-नाश्ता व भोजन मिलेगा,

वह भी हर प्रांत का। इडली-डोसा भी मिलेगा, दाल-चावल भी मिलेंगे, रोटी-सब्जी भी मिलेगी। लोग अलग-अलग प्रदेश से भंडारे के लिए ट्रक भरकर सामग्री ले जाते हैं। हमारे यहाँ घर आए को कभी भूखा नहीं जाने देते। इसे ईश्वर का अपमान समझते हैं, क्योंकि हम अतिथि को ईश्वर के रूप में देखते हैं। कबीर दासजी की लेखनी हमारे भावना को प्रकट करती है—

साईं इतना दीजिये, जा मे कुटुम समाय।
मैं भी भूखा न रहूं, साधु ना भूखा जाय॥

अर्थात् परमात्मा मुझे इतना दो कि जिसमें मेरा गुजारा चल जाए, मैं खुद भी अपना पेट भर सकूँ और घर आए को भी भोजन करा सकूँ।

ऐसे भाव हमारी सह-अस्तित्व भावना को व्यक्त करते हैं। ऐसी भावना से आत्मसंतोष मिलता है तो वहीं मन प्रसन्न रहता है। हमारा पुरुषार्थ देखिए कि हम अपनी मेहनत से कमाए धन को जब दूसरे के साथ बाँटकर खाते हैं, तब भी कहते हैं कि शायद इसी के भाग्य से मुझे भी खाने को मिल जाता है।

वर्तमान में तनाव की चुनौती भी एक गंभीर समस्या है, खासकर पश्चिम में। यह मानसिक तनाव कहाँ से आता है? कार्यस्थल से आता है। आज की पीढ़ी इससे ज्यादा पीड़ित है। तनाव अकेलेपन से भी आता है। यह अकेलापन कहाँ से आता है? चूँकि पश्चिम संस्कृति में 16 वर्ष का बच्चा घर से बाहर कर दिया जाता है। कहते हैं कि हमने जन्म दे दिया और 16 वर्ष का कर दिया, अब आगे तुम जानो। अब खुद कमाओ और खाओ। जबकि असली पढ़ाई यानी उच्च शिक्षा तो 16 के बाद ही शुरू होती है। यहीं से तनाव शुरू हो जाता है। जबकि हमारी संस्कृति में अगर पिता की असमय मृत्यु हो गई हो तो विधवा माँ पढ़ी-लिखी नहीं भी है, तो भी घर-घर चौका-बरतन करके बच्चे का पेट भरने के साथ अपना दायित्व समझकर उसे पढ़ाती है। वहीं भाव होता है कि कुछ बन जाएगा तो अपने साथ कुल और देश का नाम रोशन करेगा। आज मैं कष्ट उठा रही हूँ, कल बुढ़ापे में यह सहारा बनेगा। बच्चे को बड़े होने के बाद अहसास रहता है कि माँ ने अकेले दम पर कितने कष्ट सहकर मुझे पाला है, काबिल बनाया है, घर से काम के लिए निकाला नहीं! अब इसकी साठ की उम्र में मैं इसे हर सुख दूँगा, घर से निकालूँगा नहीं। इसलिए हमारी संस्कृति में मदर्स डे, फादर्स डे नहीं होता। माता-पिता को तो भगवान मानकर रोज ही पूजा जाता है, उनका खयाल रखा जाता है।

एक बार मदर्स डे पर मुझसे किसी ने पूछा कि आपकी बेटी ने आज आपको कोई उपहार दिया क्या! मैंने कहा कि उसके लिए तो 365 दिन मदर्स डे होता है।

365 दिन फादर्स डे होता है। पश्चिम में एक दिन ग्रिटिंग कार्ड, केक और फूल ले लिया, 364 दिन से अकेली रह रही माँ के पास गए, कुछ समय साथ बिताकर खुश हो गए कि कितना अच्छे से मदर्स डे मनाया! लेकिन हमारे यहाँ यह अकेलापन क्यों नहीं है ? हमारे यहाँ सीनियर सिटीजन शब्द ही नहीं है। हमारे यहाँ माता-पिता को कोई वरिष्ठ नागरिक नहीं कहता। हमारे यहाँ माता-पिता ही नहीं, दादा-दादी हैं, नाना-नानी हैं, पड़दादा-पड़दादी, पड़नाना-पड़नानी हैं। एक बार मुझसे किसी ने पूछा कि आपके यहाँ श्राद्ध का क्या औचित्य है! आप जिन दिवंगत बुजुर्ग के श्राद्ध पर यहाँ खाना खिलाते हो, वह उन तक पहुँच जाता है! मैंने कहा कि उन तक पहुँचता है या नहीं, यह अलग बात है। आपके यहाँ जीवित माता-पिता के लिए जो एक दिन का मदर्स डे, फादर्स डे होता है, वैसे ही हमारे यहाँ गोलोक वासी दादा-दादी, पड़दादा-पड़दादी का भी पखवाड़ा होता है, जिसे हम श्राद्ध पक्ष, पितृ पक्ष कहते हैं। वे हमारे लिए सदा पूजनीय रहते हैं। उनके श्राद्ध के दिन हम उन्हें याद करते हैं और अपने बच्चों को बताते हैं कि तुम्हारे दादा-दादी, पड़दादा-पड़दादी ऐसे थे, ऐसी ज्ञान की बात बताते थे, इतना प्रेम करते थे और बच्चे भी बड़े होकर इसी का अनुसरण करते हैं। लोग कहते हैं कि ये तो धर्माचार्यों द्वारा बनाए गए धार्मिक संस्कार हैं। बात ठीक है, अगर ये न बनाए गए होते तो पूवर्जों को, पितरों को पूजने की परंपरा कैसे वर्षों से ऐसे गतिमान रहती! इसी भारतीय संस्कृति के कारण अकेलापन नहीं होता।

दिल्ली सोशल वेलफेयर की चेयरमैन सुरेंद्र कौर थीं। उन्होंने मुझे बताया था कि एक बार वे अमेरिका के वृद्धाश्रमों में भाषण देने के लिए गई थीं। उनके पहनावे को देखकर वहाँ रह रहे लोगों ने कहा कि आप भारत की रहनेवाली लगती हैं। उन्होंने कहा कि हाँ। वे लोग बोले कि आपके यहाँ तो वृद्धजन घरों में रहते हैं, हमारी तरह वृद्धाश्रम में नहीं। सुरेंद्र कौर बोलीं कि यहाँ वृद्धाश्रम में सब सुविधाएँ हैं। कोई कमी नहीं है। घर जैसा ही है। वे बोले कि यह मत कहिए, यहाँ बेशक सुविधाएँ हैं, पर अपनों के बिना हम यहाँ लाशों की तरह जी रहे हैं। आप अपनी संस्कृति को बनाए रखिए। आज भी गाँव में जाइए। बड़े-बुजुर्ग चौपाल में बैठे मिलेंगे। वही तो उनका घर है। आजकल नया शब्द चला है—हैंग आउट। तो वह उनका हैंग आउट होम ही तो है। वे वहाँ हैंग आउट यानी 'ऐसे ही घूमने' तो जाते हैं। वहाँ सब मिलकर आराम से बैठते हैं, हुक्का घूमता हुआ हर किसी के पास जाता है, राजनीति पर चर्चा होती है, दुनिया जहान की बातें होती हैं, उधर घर की बहुएँ बच्चों से कहती हैं कि जाओ, वहाँ बाबा बैठे हैं, उनको चाय दे आओ। अपने बाबा से पहले फलाँ

हवेली वाले बाबा को चाय देना। उनके यहाँ कोई उनकी देखभाल करनेवाला नहीं है। ऐसे बुजुर्गों के लिए कभी इस घर से तो कभी उस घर से पहले खाना जाता है। हमारे यहाँ कहाँ है अकेलापन! और जो मानसिक तनाव है, उसका हमारी संस्कृति में सबसे अच्छा इलाज है—योग।

योग भारतीय संस्कृति की एक अमूल्य देन है। शारीरिक और मानसिक रूप से स्वस्थ रहने की एक अनुपम शैली है—योग। भारत में तो ये प्राचीन काल से मानवीय जीवन के चलन में है, पर पहली बार 21 जून, 2015 को विश्वपटल पर इसे मान्यता ही नहीं दी, इसे वैश्विक स्तर पर अपनाया भी गया। इसे विश्व स्तर पर अपनाने की पहल भारत के प्रधानमंत्री श्री नरेंद्र मोदी ने 27 सितंबर, 2014 को संयुक्त राष्ट्र महासभा में अपने भाषण से की थी। उन्होंने कहा था—'योग भारत की प्राचीन परंपरा का एक अमूल्य उपहार है। यह दिमाग और शरीर की एकता का प्रतीक है, मनुष्य और प्रकृति के बीच सामंजस्य है, विचार, संयम और पूर्ति प्रदान करनेवाला है तथा स्वास्थ्य और भलाई के लिए एक समग्र दृष्टिकोण को भी प्रदान करनेवाला है। यह केवल व्यायाम ही नहीं है, बल्कि अपने भीतर एकता की भावना, दुनिया और प्रकृति की खोज का साधन भी है। हमारी बदलती जीवन-शैली में यह चेतना बनकर हमें जलवायु परिवर्तन से निपटने में मदद कर सकता है। तो आएँ एक अंतरराष्ट्रीय योग दिवस को गोद लेने की दिशा में काम करते हैं।'

श्री नरेंद्र मोदी के द्वारा संयुक्त राष्ट्र महासभा में प्रस्ताव रखने के बाद 21 जून को 'अंतरराष्ट्रीय योग दिवस' घोषित किया गया। 11 दिसंबर, 2014 को संयुक्त राष्ट्र के 177 सदस्यों द्वारा 21 जून को 'अंतरराष्ट्रीय योग दिवस' को मनाने के प्रस्ताव को मंजूरी मिली। प्रधानमंत्री मोदीजी के इस प्रस्ताव को 90 दिन के अंदर पूर्ण बहुमत से पारित किया गया, जो संयुक्त राष्ट्र संघ में किसी दिवस प्रस्ताव के लिए सबसे कम समय है।

सर्वप्रथम हमने 192 देशों के राजदूतों के साथ 21 जून, 2015 को योग दिवस मनाया था। इन देशों में यह मनाया गया, जो हर साल व्यापकता लेता जा रहा है। बहुत से देशों के प्रमुखों ने कहा कि योग से हमें अंतरमौन मिलता है, पर मैंने कहा कि अंतरमौन नहीं, अंतरानंद मिलता है। योग हमारी संस्कृति का मूलाधार है। योग का अर्थ ही है—जोड़ना। अब जो योग करेगा, वह भला तोड़ने के विषय में कहाँ से सोचेगा, हिंसा कैसे करेगा, योग करनेवाला तोड़ने की नहीं, जोड़ने की बात करता है। हिंसा तोड़ती है, योग जोड़ता है। जब योग

करेंगे और आप अंदर से शांत हो जाएँगे तो हिंसक प्रवृत्ति तो अपने आप समाप्त हो जाएगी। अब डॉक्टर भी योग करने को कहते हैं। दिल्ली के अखिल भारतीय आयुर्विज्ञान संस्थान में योग का कार्यक्रम होता है। दिल व अन्य रोगियों के लिए सरलता से की जानेवाली योग की क्रियाएँ बनाई गई हैं। अवसादग्रस्त लोगों को भी योग करने को कहा जाता है। अब तो बड़ी-बड़ी कंपनियाँ अपने यहाँ योग विशेषज्ञ नियुक्त करती हैं। अपने कर्मचारियों को शारीरिक और मानसिक तौर पर स्वस्थ रखने के लिए रोज योग करवाया जाता है। हर जगह छोटे-बड़े योग के संस्थान बन गए हैं।

मानसिक तनाव का समाधान हमारी संस्कृति में है, अकेलेपन का समाधान हमारी संस्कृति में है, आतंकवाद का समाधान हमारे सर्वधर्म समभाव में है, हिंसा का समाधान हमारे विश्व बंधुत्व भाव में है और वैश्वीकरण का समाधान हमारे वसुधैव कुटुंबकम् में है।

वैश्वीकरण का एक और पहलू भी है। विवाद भौतिक संपदा का है। अगर किसी ने कोई पदार्थ पृथ्वी से निकाल लिया तो वह उसका मालिक हो गया, उसे पेटेंट करवा लेगा, यानी उस पर एकस्व अधिकार जमा लेगा, उसकी रॉयल्टी खाएगा। लेकिन भारतीय संस्कृति में ऐसा नहीं है। हमारे ऋषि-मुनियों ने जो भी ज्ञान दिया—वेद, पुराण,उपनिषद् आदि में, लोककल्याण के लिए समर्पित कर दिया।

जब मैं स्वास्थ्य मंत्री थी तो कुछ लोग मेरे पास आए और कहा कि हमारा यह जो आयुर्वेद का ज्ञान है, यह तो हमारी धरोहर है, इसका तो पेटेंट करवा लीजिए! तो मैंने जवाब दिया कि जब भगवान धन्वंतरि ने इसे मानवता के लिए समर्पित किया है तो क्या हम इसे बाजार में बेचने जाएँगे! इतना बड़ा अपराध हम नहीं कर सकते, हम उनका अपमान नहीं कर सकते।

जिस समय इंटरनेट खुलने की बात हो रही थी, उस समय मेरे पास अतिरिक्त विभाग के तौर पर संचार विभाग भी था। तब दो विचारधाराएँ थीं। कुछ कहते थे कि इंटरनेट खोलो, तो दूसरे कहते थे नहीं खोलो। जो कहते थे कि खोलो, उनका तर्क था कि अगर ऐसा नहीं किया तो देश पिछड़ जाएगा। जो देश औद्योगिक क्रांति में नहीं आए, वे आज पिछड़े हुए देश हैं। जो आज संचार क्रांति में नहीं होंगे, वे भविष्य के पिछड़े देश होंगे। जो दूसरी विचारधारा वाले थे, उनका तर्क था कि हम तो टेलीविजन से ही परेशान हैं। पता नहीं, क्या-क्या गंदगी दिखाई जाती है! इसमें कम-से-कम इतना तो सुकून है कि रिमोट हमारे हाथ में है, कुछ

भी गंदगी आए तो हम उसे रिमोट से रोक सकते हैं, बच्चों को उससे बचा सकते हैं। पर इंटरनेट से तो हम लाचार हो जाएँगे। बच्चे एकांत में क्या गंदगी देख रहे हैं, हमें पता ही नहीं चलेगा! उस समय मैं अत्यंत दुविधा में थी। दोनों विचारधारा वालों के अपने-अपने तर्क थे और दोनों ही तर्क उचित भी थे। समझ नहीं आ रहा था कि क्या करूँ? मेरी आदत है कि मैं अक्सर नीति-वाक्य जहाँ भी दिख जाते हैं, उनको पढ़ती जरूर हूँ। ऐसे में मुझे गुरुदेव रविंद्रनाथ का एक मुक्तक दिखाई दिया। वह बांग्ला भाषा में था, पर हिंदी में भी उसका अनुवाद था। उन्होंने लिखा था—'मैंने इस भय से अपने घर के द्वार बंद कर लिये कि कहीं बुराई मेरे घर में प्रवेश न कर जाए। तभी अच्छाई मेरे सामने आकर खड़ी हुई और बोली—फिर मैं कहाँ से आऊँगी!'

तब मुझे लगा कि जब हम अपना घर बनाते हैं तो चोरी के डर से दरवाजे भी लगवाते हैं, दरवाजे पर प्रहरी भी बैठाते हैं, बाहर जाते हैं तो ताला लगाते हैं। हम सावधानी बरतते हैं। तो अगर आज हमने गंदगी के डर इंटरनेट नहीं खोला तो जो ज्ञान हमारे यहाँ से जाना है, वह कैसे जाएगा! हमारे यहाँ तो अपार ज्ञान का भंडार है। ऐसा ज्ञान, जो दुनिया को दिशा दिखला सकता है। तो हमने इंटरनेट खोलने का निर्णय लिया। आज आप देख सकते हैं कि दुनिया की हर जानकारी इंटरनेट पर है। हमारे शास्त्रों के सभी मंत्र, श्लोक अर्थ सहित, पूजा विधि···सब इंटरनेट पर हैं। आप वीडियो चलाकर पूजा की तैयारी कर सकते हैं, बिना पंडितजी के पूजा विधि-विधान से कर सकते हैं। पूजा डॉट कॉम भी है। आपको देश से बाहर महामृत्युंजय जाप करवाने हैं या कोई अन्य पूजा करवानी है तो इंटरनेट के माध्यम से घर बैठे करवा सकते हैं। भारत से धर्माचार्य वीडियो कॉन्फ्रेंसिंग के द्वारा आपकी पूजा संपन्न करवा देंगे। वे बोलते जाएँगे, आप वैसा करते जाएँगे। आज इंटरनेट पर अथाह ज्ञान है।

हमारी संस्कृति को लोग आज इंटरनेट के माध्यम से जान रहे हैं। हमारा दायित्व है कि हम दुनिया को बताएँ कि हर समस्या का समाधान हमारी संस्कृति में है, पर दुःखद पहलू यह भी है कि हम खुद अपनी इस महान संस्कृति से दूर होते जा रहे हैं। कुछ ही हैं, जो इसे जीवित रखने का प्रयास निरंतर करते रहे हैं। शायद उन्हीं के प्रयास से हमारी संस्कृति भी विश्व में अपना अस्तित्व व पहचान रखे हुए है। हम नदियों को नदियाँ नहीं कहते, माँ कहते हैं, उनकी पूजा करते हैं। गंगा नदी को ले लीजिए, हम उसे माँ कहते हैं, उसमें स्नान कर पुण्य के भागी बनते हैं, अपने पाप धोते हैं, इसे जीवनदायिनी मानते हैं तो मोक्ष-प्राप्ति के लिए इसी में अस्थियों

का विसर्जन करते हैं, पर हम उसके प्रति अपने दायित्व को निभाते नहीं, गंदा कर देते हैं। यही यमुनाजी का हाल है। आज गंगा और यमुना की सफाई कितनी बड़ी चुनौती बनी हुई है।

बुजुर्गों का सम्मान और उनकी देखभाल हमारी परंपरा रही है। आज इस पर आँच है। हम काबिल बनकर या बेहतर जीवन के लिए शहरों में बस जाते हैं। यहाँ छोटा सा मकान, फ्लैट लेते हैं, पर दिल उससे भी छोटा कर लेते हैं और अपने बुजुर्गों को कहते हैं कि आप गाँव में ही रहिए, यहाँ तो हमारे लिए ही जगह कम है। जो माँ-बाप छोटे से कमरे में रहकर, अपने पेट को काटकर, अपनी इच्छाओं को मारकर अपने तीन-चार बच्चों का पालन-पोषण करते हैं, उनके लिए शिक्षा के हर साधन जुटाते हैं, उनकी हर इच्छा को पल में पूरा करते हैं, वही बच्चे कुछ बन जाने के बाद कहते हैं कि तुम्हें पास रखने के लिए न हमारे पास बड़ा घर है, न ही देने को वक्त है। ऐसी स्थिति क्यों हुई! क्योंकि जो संस्कार हमें मिले, वे हम अपने बच्चों को नहीं दे पाए।

हम अपनी जिस संस्कृति पर गर्व करते हैं और अंतरराष्ट्रीय मंचों पर दावे से कहते हैं कि इसके माध्यम से हम विश्व की सभी समस्याओं का समाधान कर सकते हैं, हम स्वयं उसको भूल गए! हम खुद उसको आत्मसात नहीं कर पाते! जहाँ मैंने अपनी संस्कृति के मूलाधारों का उल्लेख किया है, विश्व की समस्याओं का समाधान इनसे कैसे हो सकता है, इस पर गहनता से बताया है, वहीं मैं आपको चेतावनी दे देना चाहती हूँ कि अगर हम अपनी संस्कृति, अपने संस्कारों से इसी तरह दूर होते गए तो धीरे-धीरे हम भी उन्हीं समस्याओं से घिर जाएँगे, जिनसे आज विश्व घिरा हुआ है। बेहतर होगा कि हम समय रहते सँभल जाएँ, अपने संस्कारों का पोषण करें, इन्हें अपने आचरण में ढालें और अपने बच्चों के व्यवहार में इनका समावेश करें।

संकल्प संस्था इन संस्कारों को बढ़ा रही है, न केवल आमजन में, बल्कि देश के आनेवाले प्रशासकों के व्यवहार में भी। यह सुखद व सराहनीय है। यहाँ बैठे युवा, जो कल देश के प्रशासक बनेंगे, उन्हें बताना चाहती हूँ कि वे एक संवेदनशील प्रशासक बनें, क्योंकि प्रशासक का सबसे बड़ा गुण संवेदना ही है। भारत का नागरिक अगर सबसे ज्यादा दु:खी है तो वह प्रशासकों की संवेदनहीनता से है। संवेदनहीन प्रशासन हमारे देश के विकास के अवरोध की सबसे बड़ी जड़ है। प्रशासनिक पद पर जाना मात्र पद या रुतबा पाना नहीं है, यह ईश्वर का दिया जनसेवा का एक उपहार है, एक मौका है। हमारी तो संस्कृति भी कहती है—'नर

सेवा, नारायण सेवा।' अगर आप अपने कर्तव्य के प्रति संवेदनशील बनते हैं तो आप राष्ट्र के प्रति, राष्ट्र के नागरिकों के प्रति ईमानदार और निष्ठावान बनते हैं। मानवीय सेवा के पुण्य के साथ आप सम्मान और प्रशंसा के अधिकारी बनते हैं।

□

QR कोड मोबाइल कैमरे से स्कैन करके यू-ट्यूब पर पूरा व्याख्यान सुना जा सकता है।

रमेश पतंगे

वरिष्ठ पत्रकार, लेखक, मौलिक विचारक और संघ स्वयंसेवक

वर्ष 1947 को पुणे में जनमे श्री रमेश पतंगे ने बॉम्बे विश्वविद्यालय से अर्थशास्त्र और राजनीति में स्नातकोत्तर डिग्री प्राप्त की है। उन्होंने मुंबई से प्रकाशित मराठी साप्ताहिक 'विवेक' और मासिक पत्रिका 'उद्योग कृषि' में संपादक के रूप में कार्य किया। राष्ट्रीय स्वयंसेवक संघ के एक वरिष्ठ कार्यकर्ता और विचारक श्री रमेश पतंगे दलित समस्याओं पर गहनता से अपने विचार रखते रहे हैं। वे सामाजिक समरसता मंच के संस्थापक और नेता भी रहे। श्री रमेश पतंगे ने अपने जीवन में कई उल्लेखनीय लेख लिखे हैं। उनकी मराठी पुस्तक 'मी मनु अनी संघ' में उनके संघ जीवन का अद्वितीय चित्रण दिखाई देता है। श्री रमेश पतंगे ने अभी तक 52 पुस्तकें लिखी हैं और लगभग 50 पुस्तकों का संपादन किया है। वे वरिष्ठ पत्रकार, लेखक और मौलिक विचारक हैं।

राष्ट्रीय स्वयंसेवक संघ का अल्पसंख्यकों के प्रति दृष्टिकोण

जब हम गैर–हिंदुओं के प्रति संघ के रवैये की चर्चा करते हैं तो सबसे पहला सवाल तुरंत मन में उठता है कि आखिर हम किसे गैर–हिंदू कह सकते हैं? हिंदू धर्म में ऐसे संप्रदाय और आंदोलन हुए, जो स्वयं को गैर–हिंदू कहने लगे। उदाहरण के लिए ऐसा प्रतीत होता है। बौद्ध, सिख और जैन हिंदू समुदाय में शामिल होने के इच्छुक नहीं हैं।

यह मुख्य रूप से इस देश के धार्मिक अल्पसंख्यकों को उपलब्ध विशेष सुरक्षा और विशेषाधिकारों का लालच है, जो इस स्थिति के लिए जिम्मेदार है। एक उदाहरण के रूप में रामकृष्ण मिशन के मामले को यहाँ उल्लेख किया जा सकता है। यह मिशन इस दलील पर अदालत में गया कि उन्हें हिंदू समाज में शामिल नहीं किया जाना चाहिए, क्योंकि वे रामकृष्णवादी हैं, न कि हिंदू। इस मामले में ऐतिहासिक फैसला देते हुए अदालत ने याचिका को खारिज करते हुए कहा कि रामकृष्ण मिशन के अनुयायी हिंदू थे। राष्ट्रीय स्वयंसेवक संघ की दृष्टि से हम सभी संप्रदायों को हिंदू मानते हैं। वे सभी सनातन धर्म की अलग–अलग शाखाएँ हैं। माना कि उनकी पूजा के तरीके अलग–अलग हैं, पर वे एक ही संस्कृति की शाखाएँ हैं और इसलिए सांस्कृतिक रूप से वे हिंदू हैं। सांस्कृतिक संबंध उन्हें एक साथ बाँधते हैं।

डॉ. बाबासाहेब आंबेडकर ने हिंदू कोड बिल में जो कानूनी परिभाषा दी है, उसमें बौद्ध, सिख और जैन शामिल हैं। इसलिए हिंदू कोड बिल उन सभी पर लागू होता है। यदि उनमें से कोई भी इसे चुनौती देता है तो यह साबित करने की जिम्मेदारी कि विधेयक उन पर लागू नहीं होता है, उस संबंधित संप्रदाय की है। डॉ. आंबेडकर ने उन सभी को हिंदू धर्म की विभिन्न शाखाओं के रूप में देखा है।

---

* 28–29 सितंबर, 2019 तीन मूर्ति भवन, तीन मूर्ति मार्ग, दिल्ली

फिर हमारे देश में ऐसे कौन से लोग हैं, जिन्हें गैर-हिंदू कहा जा सकता है? मुस्लिम, ईसाई, पारसी और यहूदी धार्मिक समूह हैं, जो अपनी-अपनी पूजा-पद्धति का पालन करते हुए गैर-हिंदुओं की श्रेणी में शामिल किए जा सकते हैं। इनमें से यहूदी आबादी का बड़ा हिस्सा उस देश के अस्तित्व में आने के बाद इजराइल चला गया। अब भारत में रहनेवाले यहूदियों की संख्या नगण्य है।

पारसी देश के पश्चिमी छोर पर पाए जाते हैं और उनका निवास-स्थान गुजरात और मुंबई तक सीमित है। हालाँकि पारसी हिंदू नहीं हैं और उनकी पूजा की अपनी पद्धति है, फिर भी उन्होंने संस्कृति, भाषा और पोशाक शैलियों के मामले में राष्ट्र के साथ अपनी पहचान बनाई है। उन्होंने विदेशी शक्तियों के खिलाफ हमारे संघर्षों में समृद्ध योगदान दिया है और उद्योग व व्यापार के क्षेत्र में अग्रणी रहे हैं। उनके कारण धर्म के नाम पर देश के सामने कोई समस्या खड़ी नहीं की।

वर्ष 1943 में एक सुझाव को (विभिन्न विधानसभाओं में अलग पंजीकरण के लिए) लगभग दो हजार प्रमुख पारसियों द्वारा हस्ताक्षरित एक प्रतिनिधित्व में जोरदार तरीके से खारिज कर दिया गया था और पुष्टि की गई थी कि 'सिस्टर समुदायों के हाथों में हमारे हित सुरक्षित हैं।' इस प्रकरण को याद करते हुए संविधान सभा के एक प्रमुख पारसी सदस्य श्री आर.के. सिधवा ने कहा कि यदि अल्पसंख्यकों को स्थायी सुरक्षा उपायों के संदर्भ में सोचने के लिए प्रोत्साहित किया जाता है तो अल्पसंख्यक समुदाय के प्रतिनिधियों के मन में एक प्रकार की शाश्वत प्रवृत्ति विकसित होगी कि सुरक्षा उपाय हमेशा के लिए रहेंगे और इन छोटे समुदायों के लिए प्रमुख समुदायों के करीब आना मुश्किल होगा, सभी भारतीयों के राजनीतिक जीवन का अंतिम चरण एक राष्ट्र होना चाहिए, कोई समुदाय नहीं।

आर.एस.एस. के पाँचवें सरसंघचालक स्व. श्री के.एस. सुदर्शन 'हिंदू राष्ट्र क्यों?' में कहते हैं, "यह वास्तव में हिंदू राष्ट्र का आह्वान है।"

दुर्भाग्य से मुसलमानों और ईसाइयों के बारे में ऐसा नहीं कहा जा सकता है, जिनका धर्मांतरण द्वारा अपने धर्मों के विस्तार का इतिहास रहा है। मुस्लिम आक्रमणकारियों ने बड़ी संख्या में हिंदुओं का बलपूर्वक धर्मांतरण करवाया। ईसाई मिशनरियों ने भी इसका अनुसरण किया। बेसिन और गोवा में हिंदुओं को जबरन धर्मांतरित करने के दौरान मुसलमानों और ईसाइयों द्वारा किए गए अत्याचारों की कहानियाँ आज भी ताजा हैं। इन धर्मों के बारे में सोचते समय इतिहास का यह पल हमारे दिमाग में हमेशा मौजूद रहेगा। इसे भुलाया नहीं जा सकता।

हमें मुसलमानों और ईसाइयों की समस्याओं को समझना होगा, जो गैर-

हिंदुओं की समस्याएँ हैं। पूर्व के हिंदू, जो इस्लाम और ईसाई धर्म में परिवर्तित हो गए थे, उन्हें न केवल पूजा के अपने तरीके बदलने के लिए मजबूर किया गया था, उन्हें अपना पहनावा, अपना नाम, अपनी संस्कृति, अपने जीवन-मूल्य और अपनी जीवन-शैली भी बदलनी पड़ी। उनका धर्म-परिवर्तन यदि विशुद्ध रूप से धार्मिक होता तो उनकी पूजा पद्धति तक ही सीमित होता, जैसाकि चीन के मामले में हुआ था। जब चीन ने बौद्ध धर्म ग्रहण किया, केवल चीनी लोगों की पूजा का तरीका बदल गया। उनके पहनावे, उनके नाम, उनकी भाषा, उनके सामाजिक, सांस्कृतिक और नैतिक मूल्य वही बने रहे। यहाँ हमारे देश में इस्लाम और ईसाई धर्म में परिवर्तन का मतलब केवल आस्था का परिवर्तन नहीं था, इसका एक अर्थ राष्ट्रीयता में परिवर्तन भी था और यही उनकी सभी समस्याओं का मूल कारण था।

डॉ. आंबेडकर के अनुसार, "इस्लाम या ईसाई धर्म में शामिल होने से दलित वर्ग न केवल हिंदू धर्म से बाहर हो जाएँगे, बल्कि हिंदू संस्कृति से भी बाहर हो जाएँगे। इस्लाम या ईसाई धर्म में धर्मांतरण से दलित वर्गों का अराष्ट्रीयकरण हो जाएगा।" (डी.एच. कीर—'डॉ. आंबेडकर, जीवन और मिशन' (दूसरा संस्करण), पृष्ठ 278-9, लोकप्रिय प्रकाशन, मुंबई, 1962)

हमारी एक प्राचीन और चिरस्थायी राष्ट्रीय सभ्यता है। हम इसे हिंदू सभ्यता कहते हैं। इसमें पूजा-प्रार्थना, दर्शन, धर्म और संस्कृति के तरीके शामिल हैं। इनका अनुसरण करनेवाले सभी लोगों को शाश्वत रूप से हिंदू कहा जाता है। जब हमारे 'रूपांतरित भाई' जो धर्मांतरण से पहले हमारे जैसे थे, राष्ट्र-विरोधी रुख अपनाते हैं तो यह गंभीर समस्या पैदा करता है। धर्म-परिवर्तन के बाद पोशाक की आदतों, भाषाओं और जीवन-मूल्यों में बदलाव से विखंडन की प्रवृत्ति पैदा होती है, जिसके बाद अलग राज्य की माँग होती है। देश से अलग होने की माँग उठाई जाती है। हमारे देश के इतिहास का एक महत्त्वपूर्ण पहलू यह है कि जब भी इसके किसी हिस्से में हिंदुओं को अल्पसंख्यक वर्ग में धकेला जाता है तो वह हिस्सा या प्रांत देश से अलग हो जाता है। उदाहरणत: अफगानिस्तान, बलूचिस्तान, उत्तर-पश्चिम प्रांत, पश्चिम पंजाब और पूर्वी बंगाल भारत से अलग हो गए, क्योंकि वहाँ के हिंदू अल्पसंख्यक हो गए थे। कश्मीर और उत्तर-पूर्व में भी यही दृश्य सामने आ रहा है। हमने अपने लोगों को इस अत्यंत गंभीर खतरे के प्रति जगाने के लिए निरंतर प्रयास किए हैं। इससे बौखलाए हमारे देश के तथाकथित धर्मनिरपेक्षतावादी, जो तुष्टीकरण के समर्थक हैं, ने हमारे खिलाफ दुष्प्रचार करना शुरू कर दिया। उनका यह झूठा और मिथ्या प्रचार है कि हम मुस्लिम विरोधी या ईसाई विरोधी हैं।

धर्मनिरपेक्षतावादियों के इस दुष्प्रचार के बावजूद कि हम मुस्लिम और ईसाई विरोधी हैं, लोगों को इस गंभीर खतरे के प्रति जगाना अत्यंत आवश्यक है। मुसलमानों और ईसाइयों की समस्या केवल आस्था और पूजा-पद्धति की समस्या नहीं है। उनकी उपासना और दर्शन के तरीके भिन्न हो सकते हैं। वे अल्लाह या क्राइस्ट की पूजा कर सकते हैं। उनके विशुद्ध धार्मिक विश्वास से हमारा कोई सरोकार नहीं है। हिंदू धर्म मोक्ष की विधा की बहुलता को स्वीकार करता है। स्वामी विवेकानंद के शब्दों में—"हिंदू धर्म धर्मों की संसद है।" हिंदू धर्म के अनुसार, किसी भी देवता की सबसे कठोर और सबसे अव्यवस्थित पूजा भी अंततः परमपिता के पास जाती है।

गुरुजी गोलवलकर ने भी अपने लेखों और साक्षात्कारों में इस बात पर बार-बार जोर दिया है। डॉ. गिलानी को दिए एक साक्षात्कार में गुरुजी कहते हैं—"हिंदू धर्म के दर्शन और शिक्षाओं के अनुसार मुस्लिम, ईसाई और अन्य पूजा-पद्धति का पालन करनेवाले लोग हमारे समान हैं। परमेश्वर की प्राप्ति सभी धर्मों का सार्वभौमिक लक्ष्य है और प्रत्येक मनुष्य को अपनी पसंद के अनुसार मोक्ष प्राप्त करने का अधिकार है। ऐसा नहीं है कि केवल हिंदू धर्म ही मोक्ष का मार्ग है। मैं आपको यहाँ श्रृंगेरी के पूर्व शंकराचार्य डॉ. चंद्रशेखर भारती से संबंधित एक किस्सा बताना चाहता हूँ। एक बार एक अमेरिकी ने उनसे संपर्क किया और कहा, 'मैं हिंदू धर्म में धर्मांतरण करके अपना धर्म बदलना चाहता हूँ। मैं ईसाई धर्म से खुश नहीं हूँ।'

"शंकराचार्य ने उत्तर दिया, 'मुझे आपके हिंदू धर्म में परिवर्तित होने से कोई फर्क नहीं पड़ता। लेकिन मुझे बताओ कि आप ईसाई धर्म से क्यों तंग आ चुके हैं? क्या आप कभी एक ईमानदार ईसाई रहे हैं? पहले ऐसा बनने का प्रयास करें। कुछ समय के लिए किसी भी दुर्भावना के बिना ईसाई धर्म का अभ्यास करें और यदि आप तब भी इससे नाखुश होते हैं तो मैं आपको हिंदू बना दूँगा। हम गैर-हिंदुओं को हिंदू धर्म में खींचने के लिए उत्सुक नहीं हैं। हम धर्मांतरण में विश्वास नहीं करते। धर्मांतरण राजनीतिक और आर्थिक लाभों के कारण होता है। हम धर्मांतरण को उचित नहीं मानते। हम कहते हैं कि यह हमारे जीवन का तरीका है। इसे तभी स्वीकार करें, जब आप इसके साथ चलकर लक्ष्य तक पहुँचने के लिए आश्वस्त हों।"

ईसाई और मुस्लिम आस्था-पूजा की बाधाओं को पार कर जाते हैं और फिर राष्ट्र-विरोधी परिप्रेक्ष्य में सामाजिक और राजनीतिक तनाव पैदा करते हैं। ऐसा नहीं है कि केवल हम ही इसके बारे में जानते हैं। कई दिग्गजों ने इस बड़े खतरे को रेखांकित किया है। मैं यहाँ दो उदाहरण दूँगा। डॉ. बाबा साहेब आंबेडकर ने अपनी पुस्तक 'थॉट्स ऑन पाकिस्तान' संदर्भ-टू नेशन थ्योरी में स्पष्ट शब्दों में कहा है

कि यदि मुसलमानों को भारत में रहने दिया गया तो वे हमारे लिए खतरे का एक स्थायी स्रोत होंगे, इसलिए भारत की मुस्लिम आबादी को पाकिस्तान भेज दिया जाना चाहिए। डॉ. आंबेडकर को 1936 में लाहौर में होनेवाले जाति उन्मूलन संघ सम्मेलन में इस विषय पर एक व्याख्यान देना था, लेकिन बैठक नहीं होने के कारण भाषण को एक पुस्तक के रूप में प्रकाशित किया गया था, जिसे 'एनीहिलेशन ऑफ कास्ट' कहा गया। उन्होंने आगे कहा कि आदिवासी और एनिमिस्ट हिंदू समाज के लिए कोई समस्या पैदा नहीं करेंगे। उन्हें हिंदू समाज द्वारा उपेक्षित किया जाता है और वे जंगली जानवरों की तरह जीने को मजबूर हैं। लेकिन अगर इन आदिवासियों और एनिमिस्टों को इस्लाम या ईसाई धर्म में परिवर्तित कर दिया गया तो वे हिंदू राष्ट्र के लिए खतरा होंगे।

गैर-हिंदुओं को राजनीति की मुख्यधारा में लाना बेहद मुश्किल काम है। पूर्व में ऐसे प्रयास विशेष रूप से अध्यात्म के क्षेत्र में किए जाते थे। गुरु नानक और संत कबीर ने इस तरह के एकीकरण के लिए प्रयास किया, लेकिन उनके प्रयास व्यर्थ साबित हुए। कबीर हिंदू थे या मुसलमान, यह विवाद का विषय है। हालाँकि उनके भक्त हिंदू हैं। मुसलमान उनकी शिक्षाओं का पालन नहीं करते हैं, न ही वे उनका सम्मान करते हैं।

राजनीतिक क्षेत्र में महात्मा गांधी ने मुसलमानों को मुख्यधारा में लाने का प्रयास किया। उन्होंने हिंदुओं को सलाह दी कि वे मुसलमानों को 'छोटा भाई' मानें और उनकी विभिन्न माँगों को स्वीकार करें। गांधीजी के इस रवैये को उनकी तुष्टीकरण की नीति के रूप में देखा जाता है। यह उनकी एक बड़ी विफलता थी। मुसलमानों की माँगें बढ़ती चली गईं, जिसका अंत देश के विभाजन के रूप में हुआ। इस तुष्टीकरण नीति के संदर्भ में गुरुजी गोलवलकर महाभारत में बकासुर की कथा का उल्लेख करते थे—"बकासुर की माँगें लगातार बढ़ती गईं और वह समय आ गया, जब उसे भोजन की एक गाड़ी, एक आदमी और एक बैल की आवश्यकता थी। अंत में यह तुष्टीकरण समाप्त हो गया, जब भीम ने बकासुर का वध कर दिया।" समस्याओं को हमारे बल पर हल करने की आवश्यकता है, न कि घोर तुष्टीकरण से। बकासुर की कहानी को शाब्दिक रूप से लेने की आवश्यकता नहीं है। जो हमसे माँग करता है, उसे नष्ट करने का सवाल ही नहीं है। कहानी का नैतिक यह है कि हमें ऐसी समस्याओं के समाधान के लिए समर्पण का सहारा नहीं लेना चाहिए।

पाकिस्तान की माँग का समर्थन करनेवाले मुसलमान भारत में ही रहे। ईसाई

आंदोलन को भी पूर्ण सफलता नहीं मिली। इन लोगों के लिए राष्ट्रवाद की प्रवृत्ति को अपनाना बेहद मुश्किल था। धर्मनिरपेक्षता की अवधारणा उन्हें समायोजित करने के लिए ही उभरी है। हालाँकि यह अवधारणा भ्रम की स्थिति पैदा करनेवाली थी। क्या यह धर्म का त्याग था या सभी धर्मों के आवास का रूप? यह व्यावहारिकता थी या भौतिकवाद? यह सैद्धांतिक स्तर पर था। व्यावहारिक स्तर पर और वास्तविकता में इसका अर्थ अल्पसंख्यकों का तुष्टीकरण था। कुछ लोगों ने इस संदर्भ में बहुसंख्यक सांप्रदायिकता का मजाक उड़ाया। बहुसंख्यक सांप्रदायिकता एक हास्यास्पद अभिव्यक्ति है। किसी भी देश में बहुमत संबंधित राष्ट्र का मूल होता है। यह सांप्रदायिक कैसे हो सकता है? धर्मनिरपेक्षता ने अल्पसंख्यकों को वीटो का अधिकार दिया। अल्पसंख्यकों ने इस वीटो का इस्तेमाल समान नागरिक संहिता, परिवार नियोजन, गोहत्या पर प्रतिबंध, धर्म परिवर्तन पर प्रतिबंध का विरोध करने के लिए किया। वीटो के इस प्रयोग के कारण बुनियादी समस्याएँ अनसुलझी रहीं।

राष्ट्रीय स्तर पर गैर-हिंदुओं की समस्या से निपटने के लिए अनेक प्रयास और प्रयोग हुए हैं। प्रयास की रूपरेखा उन लोगों द्वारा बनाई और कार्यान्वित की गई थी, जो खुद को धर्मनिरपेक्षतावादी कहते हैं।

"सबसे पहले यह स्वीकार किया जाना चाहिए कि हिंदुओं और मुसलमानों के बीच एकता लाने का हरसंभव प्रयास किया गया है और वे सभी विफल रहे हैं।" (डॉ. बाबासाहेब आंबेडकर, 'राइटिंग्स एंड स्पीचेस', खंड-8, पृष्ठ-305)

नए प्रयोग अब बहुत जरूरी हैं। हम सभी को एक महत्त्वपूर्ण बात ध्यान में रखनी चाहिए कि अब हिंदुत्व एक ताकत है। अब इस समस्या से हिंदू समाज को हिंदुत्व के संदर्भ और परिप्रेक्ष्य में निपटना होगा। हिंदुत्व अब इस देश में एक ताकत बन गया है। सामाजिक और राजनीतिक संदर्भ पुस्तकों में इसे शीर्ष स्थान दिया जाता है। यह राष्ट्रीय जीवन के सभी क्षेत्रों में प्राथमिकता का स्थान रखता है। इस देश में राजनीतिक परिवर्तन हिंदुत्व के आधार पर ही होगा। सभी राष्ट्रीय समस्याओं को हिंदुत्व के संदर्भ में हल करना होगा और इस सूची में मुस्लिम और ईसाई समस्या सबसे ऊपर है।

भारतीय ईसाइयों या भारतीय मुसलमानों को बाहर निकालने का सवाल ही नहीं उठता। वे इस भूमि का हिस्सा हैं। पारसी, जिनकी जड़ें वर्तमान ईरान में हैं, इस देश के सम्मानित नागरिक के रूप में स्वीकार किए जाते हैं। कोई कारण नहीं है कि हिंदू गैर-हिंदुओं के साथ वैसा व्यवहार करें।

मुसलमानों और ईसाइयों के बड़े पैमाने पर धर्मांतरण व्यावहारिकता से परे

है। लेकिन निश्चित रूप से उन लोगों के लिए दरवाजे खुले रखे जाने चाहिए, जो अपने मूल धर्म हिंदू धर्म की ओर लौटना चाहते हैं। विश्व हिंदू परिषद् ने प्रयाग में अपने सत्र में एक प्रस्ताव पारित किया है कि जो हिंदू अन्य धर्मों में परिवर्तित हो गए, वे हिंदू धर्म में वापस आ सकते हैं। हालाँकि हिंदू धर्म में अनिवार्य रूप से पुन: धर्मांतरण के विचार को त्याग दिया जाना चाहिए। केवल उन लोगों के धर्मांतरण की प्रक्रिया को सरल बनाया जाना चाहिए, जो अपनी इच्छा से अपने धर्म में लौटना चाहते हैं। दूसरों को आस्था और उपासना की पूरी स्वतंत्रता दी जानी चाहिए और उनकी धार्मिक स्वतंत्रता को बरकरार रखते हुए उन्हें हमारी सांस्कृतिक और राष्ट्रीय मुख्यधारा में आत्मसात करने का प्रयास किया जाना चाहिए।

इस समस्या को हिंदुत्व के दृष्टिकोण से यहाँ अभी और सोचने की क्या जरूरत है ? इस विषय पर विचार करते हुए हमें तीन बिंदुओं को ध्यान में रखना होगा।

हमारी सभ्यता समावेशी और व्यापक है। अनादि काल से इसने अनगिनत विचार, प्रक्रियाओं, धार्मिक संप्रदायों, दर्शन, नस्लों, जातियों और भाषाओं को आत्मसात किया है। यह प्रक्रिया मुसलमानों और ईसाइयों के आगमन तक जारी रही। दुर्भाग्य से मुसलमानों और ईसाइयों ने हमारे सांस्कृतिक जीवन को आत्मसात नहीं किया। यहाँ हमारी संस्कृति हार गई। पाकिस्तान का गठन न केवल हमारी राजनीतिक हार थी, बल्कि एक प्रमुख सांस्कृतिक उलटफेर भी था।

हमें अपनी सांस्कृतिक विरासत पर गर्व है और इसे मजबूत करना तथा बढ़ाना हमारा परम कर्तव्य है। इस सांस्कृतिक पराजय से सबक लेते हुए हमें गैर-हिंदुओं को अपनी सांस्कृतिक मुख्यधारा में लाने और उन्हें अपनी महान एवं गौरवशाली सभ्यता में आत्मसात करने के लिए अधिक-से-अधिक प्रयास करने चाहिए।

हमारी सांस्कृतिक परंपरा के बारे में हमें यह ध्यान रखना चाहिए कि हमारे देश में गैर-हिंदुओं की आबादी 16 प्रतिशत है, यानी हर 100 भारतीयों में से 16 व्यक्ति गैर-हिंदू हैं। यह हमारे हित में नहीं है कि उन 16 गैर-हिंदू लोगों में से अधिकांश हमारी संस्कृति के शत्रु बन जाएँ और वे विदेशी ताकतों से प्रेरणा लें। हमारी सांस्कृतिक परंपरा के प्रति उनकी शत्रुता स्थायी तनाव, संघर्ष, दंगे पैदा करेगी और जीवन और संपत्ति के लिए खतरा पैदा करेगी। लोकतंत्र हमारे देश का हिस्सा है और सरकार के लोकतांत्रिक रूप में सभी नागरिकों को समान अधिकार, वयस्क मताधिकार और विधायी सीटों के लिए लड़ने का अधिकार है। मुसलमानों और ईसाइयों की विदेशी निर्भरता राजनीतिक अस्थिरता की स्थिति पैदा करेगी और यह किसी के हित में नहीं होगी।

इन तीन बिंदुओं के मध्य हमें हिंदुत्व के दृष्टिकोण से गैर-हिंदुओं की समस्या से निपटने की रणनीति बनानी चाहिए। हमें अपनी ताकत और अपने आसपास के सामाजिक और राजनीतिक माहौल को ध्यान में रखना चाहिए। जुलाई 1996 में कुछ मुस्लिम बुद्धिजीवियों की सुदर्शनजी से ऐसी ही बातचीत हुई थी। इस बातचीत की खबरें सभी अखबारों में छप चुकी हैं। आप सभी ने इन्हें पढ़ा होगा। इस संवाद ने एक तरह से संकेत दिया कि गैर-हिंदू अब हमारे विचारों और दृष्टिकोणों को समझने का प्रयास कर रहे हैं।

पारस्परिक इस्लामी भाईचारा एक बड़ा भ्रम है। बोस्निया में मुसलमानों का नरसंहार हुआ, अमेरिकी हमलावरों ने इराक को तबाह कर दिया, रूसी सेना ने अफगानिस्तान पर हमला किया। कोई संयुक्त मुस्लिम प्रतिरोध नहीं देखा गया। मुस्लिम एकता एक मृगतृष्णा है। यह हमेशा एक मृगतृष्णा ही रहेगी। मुसलमानों का दृष्टिकोण वैश्विक नहीं, बल्कि विशुद्ध रूप से राष्ट्रीय है। यद्यपि कई मुस्लिम देश हैं, प्रत्येक को अपनी विरासत पर गर्व है और इसकी रक्षा करने को तैयार भी हैं। ऐसा ही ईसाइयों के साथ भी है।

मुसलमान सोचते हैं कि उन्होंने इस देश पर कुछ समय तक शासन किया है। यह सच नहीं है। तुर्की, अफगानी, ईरानी और लंबे समय तक मुगलों ने इस देश पर शासन किया। वे आपस में भी लड़ते रहे। भारत में मुसलमानों को आज यह याद रखने की जरूरत है कि उन्हें मुस्लिम शासकों द्वारा इस्लाम में लाया गया था।

मुसलमानों का तीसरा भ्रम राजनीतिक दलों से जुड़ा है। भारत में कोई भी राजनीतिक दल मुसलमानों को प्रभावी सुरक्षा प्रदान नहीं कर सकता। केवल हिंदू समाज ही मुसलमानों को सुरक्षा प्रदान कर सकता है। राजनीतिक दल अपने राजनीतिक लाभ के लिए उनका शोषण करते हैं और उन्हें अनुचित सौदेबाजी में उलझाकर रखते हैं। वोटबैंक की राजनीति मुसलमानों के लिए बेहद खतरनाक है।

"यहाँ यह इंगित करने की आवश्यकता है कि भारत एक धर्मनिरपेक्ष राज्य बना हुआ है। इसलिए नहीं कि आबादी का पाँचवाँ हिस्सा मुस्लिम, सिख या ईसाई है या धर्मनिरपेक्ष शब्द संविधान में निहित है, बल्कि इसलिए कि दस में से नौ हिंदू अल्पसंख्यकों के खिलाफ हिंसा में विश्वास नहीं करते हैं।"—एम.जे. अकबर, भारत—भीतर की घेराबंदी। (पेंगुइन, यू.के., 1985, पृ. 24)

ईसाइयों को भी इस प्रकार के ज्ञानोदय की आवश्यकता है। हालाँकि उनमें अलगाववादी प्रवृत्ति उतनी स्पष्ट नहीं है, जितनी मुसलमानों में है। धर्म-परिवर्तन कर ईसाई बननेवालों के लिए पश्चिमी सांस्कृतिक लक्षण, भाषाएँ, पहनावे और जीवन-

शैली आकर्षण बनती है। उन्हें भारतीय संस्कृति का तिरस्कार करना और उसे खत्म करना सिखाया जाता है। विदेशी मिशनरी स्थानीय ईसाइयों के दुश्मन हैं। वे विभिन्न बौद्धिक चालों और छल से ईसाइयों के बीच विश्वासघात तथा अलगाव के बीज बोने का प्रयास करते हैं। ईसाइयों को बिना कुछ बोले इसे समझाने की जरूरत है।

इस तरह से मुसलमानों और ईसाइयों को प्रबुद्ध करने की कोशिश करते हुए, हमें उन्हें बताना चाहिए कि धर्म परिवर्तन उनके पूर्वजों और उनकी संस्कृति को नहीं बदलता है। धर्मांतरितों को पूजा के तरीकों की स्वतंत्रता को स्वीकार करते समय उन्हें बिना किसी लाग-लपेट के कहा जाना चाहिए कि उन्हें अपने पहनावे, अपनी भाषा, अपनी सांस्कृतिक परंपराओं और अपनी जीवन-शैली को नहीं बदलना चाहिए। सिंध के एक नेता जी.एम. सैयद कहते थे कि उनका राष्ट्रीय नायक मोहम्मद-बिन-कासिम नहीं था, जो भारत का पहला मुस्लिम आक्रमणकारी था। उनका राष्ट्रीय नायक सिंध का हिंदू राजा दाहिर था, जिसे कासिम ने मार डाला था। उन्होंने बार-बार यह भी कहा कि वे केवल 40 साल के लिए पाकिस्तानी थे और 1300 साल के लिए मुसलमान थे, लेकिन वे 5000 साल से सिंधी थे।

सांस्कृतिक स्तर पर संयुक्त कार्यक्रम आयोजित करने की आवश्यकता है। एक-दूसरे के परिवारों और घरों में आना-जाना होना चाहिए। संस्कृति सद्भाव पैदा करती है और मनुष्यों को एक-दूसरे से बाँधती है। सांस्कृतिक कार्यक्रम 'सांस्कृतिक दृष्टिकोण' विकसित करते हैं। यदि सांस्कृतिक स्तर पर ईद, होली और क्रिसमस जैसे त्योहार मनाए जाते हैं तो यह परंपरा सांस्कृतिक खाई को पाटने में महत्त्वपूर्ण साबित होगी।

सामाजिक और मानवीय सेवा एकता स्थापित करने का एक महत्त्वपूर्ण साधन है। हमारे पास सेवा की भावना है और हम आपदाओं में और सामाजिक संकट को दूर करने के लिए कई राहत कार्य करते हैं। बीमारों की सेवा बहुत खुशनुमा अनुभव प्रदान करती है। इस तरह की सेवाएँ ईसाइयों और मुसलमानों को, जहाँ भी आवश्यकता होती है, प्रदान की जानी चाहिए।

नेतृत्व से ही समाज की संरचना बनती है। नेतृत्व तीन प्रकार का होता है—राजनीतिक, धार्मिक और बौद्धिक। राजनीतिक नेतृत्व को तीन प्रकारों में विभाजित किया जा सकता है—जन्मजात नेतृत्व, परिस्थितियों से निर्मित नेतृत्व और समाज पर थोपा गया नेतृत्व।

मुसलमानों में नेतृत्व या तो उन पर थोपा जाता है या यह परिस्थितियों से उत्पन्न होता है। इस सदी में मुसलमानों के बीच कोई दूरदर्शी नेता नहीं पैदा हुआ।

मोहम्मद अली जिन्ना का नेतृत्व अंग्रेजों और कांग्रेस की करतूतों का परिणाम था। जिन्ना के जीवन को समझने के लिए गहन अध्ययन की आवश्यकता है।

"जब से महात्मा गांधी ने बीस के दशक में रूढ़िवादी और पुनरुत्थानवादी खिलाफत आंदोलन का समर्थन करने का फैसला किया है, तब से सभी राजनेताओं ने मौलाना और मुफ्तियों को लुभाना जारी रखा। यह समय है, जब राष्ट्र ने मुसलमानों के बीच एक नए और दूरंदेशी नेतृत्व का समर्थन करने तथा प्रोत्साहित करने का फैसला किया है।" (मुस्लिम नेतृत्व : मृत्यु, 6 दिसंबर, 1992। शांति के बिना आराम। सुल्तान शाहीन। एशियाई युग, 7 दिसंबर, 1996)

मुसलमानों के बीच राष्ट्रीय नेतृत्व पैदा करने के प्रयास करने होंगे। धार्मिक नेतृत्व को संबंधित लोगों के बीच से ही उभरना चाहिए। बौद्धिक नेतृत्व को राष्ट्रवादी विचारों के साथ निवेशित किया जाना चाहिए। कम्युनिस्टों और धर्मनिरपेक्षतावादियों ने अपनी विचारधाराओं के प्रचार-प्रसार को सुगम बनाने के लिए मुसलमानों के बीच बौद्धिक नेतृत्व को आकार दिया। मुजफ्फर हुसैन और वाहिदुद्दीन खान जैसे कुछ अपवादों को छोड़कर मुसलमानों में कोई राष्ट्रवादी-बुद्धिजीवी नेता नहीं है।

जहाँ तक गैर-हिंदुओं की समस्याओं का संबंध है, परिवार के विभिन्न संगठनों की जिम्मेदारी बहुत बड़ी है। हमारे अनुसार, हिंदुत्व का अर्थ अल्पसंख्यक विरोधी होना नहीं है। लेकिन हमें इसे अपने कार्यों से साबित करना होगा। हिंदुत्व का हमारा अर्थ हमारे कार्यक्रमों के माध्यम से दिखाना चाहिए और संघ परिवार के सदस्य संस्थानों द्वारा इस विचार का फैलाव किया जाना चाहिए। आज हम देखें तो शाखा के माध्यम से संघ का कार्य हिंदू समाज तक सीमित है। वर्तमान में संघ शाखा में गैर-हिंदुओं को शामिल करने की कोई योजना नहीं है। फिलहाल अब तक ऐसी योजना की कोई जरूरत भी नहीं पड़ी है।

संघ परिवार की सदस्य संस्थाओं को अपने विशेष क्षेत्रों की शब्दावली को स्वीकार करना होगा, भले ही हिंदुत्व सभी संस्थाओं के मूल में है। इसे विशिष्ट शब्दावली की आवश्यकताओं के अनुसार प्रस्तुत किया जाना चाहिए। हिंदुत्व की प्रस्तुति और उसके मुहावरे हर क्षेत्र में बदलेंगे। फिर भी समाज में हमारी छवि संघवालों की होगी।

परिवार के लिए काम करते समय भी घटकों की संबंधित पहचान को ध्यान में रखा जाना चाहिए। अखिल भारतीय विद्यार्थी परिषद् (ए.बी.वी.पी.) की चिंता छात्रों को लेकर है। ए.बी.वी.पी. उन्हें छात्रों के रूप में देखती है। यह हिंदू और गैर-हिंदू के बीच भेदभाव नहीं करता है। भारतीय मजदूर संघ (बी.एम.एस.) कर्मचारियों से

सरोकार रखता है। इसलिए वहाँ किसी की भी पहचान एक कर्मचारी के तौर पर होती है। बी.एम.एस. यह पूछताछ नहीं करता है कि कर्मचारी हिंदू है या गैर-हिंदू। भाजपा सरकार सभी लोगों को देश के नागरिक के रूप में देखती है। यह हिंदू, मुस्लिम और ईसाई के बीच अंतर नहीं करती है।

हमें अपने व्यवहार से सही हिंदुत्व को सामने लाना होगा। केवल विचार ही किसी की राय नहीं बदलते। इसलिए हिंदुत्व को न केवल बौद्धिक, बल्कि संपर्क, सहयोग और सहवास (साथ रहने) के माध्यम से भी प्रकट करना होगा। हमारे व्यवहार के माध्यम से प्रकट होनेवाला हिंदुत्व सही मनोवैज्ञानिक परिवर्तन लाएगा।

□

आदित्यनाथ योगी

मुख्यमंत्री, उत्तर प्रदेश

श्री आदित्यनाथ योगी ने सन् 1992 में हेमवती नंदन बहुगुणा गढ़वाल विश्वविद्यालय, श्रीनगर से गणित में बी.एस-सी. की परीक्षा उत्तीर्ण कर इसी विश्वविद्यालय से एम.एस-सी. की। इसी दौरान वे अखिल भारतीय विद्यार्थी परिषद् में शामिल हुए। आदित्यनाथ योगीजी महंत अवैद्यनाथजी के व्यक्तित्व से इस प्रकार प्रभावित हुए कि सन् 1994 में उन्होंने संन्यास ग्रहण कर लिया। आदित्यनाथ योगीजी ने पहली बार सन् 1998 गोरखपुर लोकसभा सीट से जीत दर्ज की। वे संसद में सबसे कम उम्र के सांसद थे और उस समय उनकी आयु केवल 26 वर्ष की थी।

आदित्यनाथ योगीजी ने कई किताबें लिखी हैं, जिसमें यौगिक षट्कर्म, हठयोग, राजयोग और हिंदू राष्ट्र नेपाल आदि शामिल हैं। उन्होंने वर्ष 2014 में देश के सबसे बड़े राज्य उत्तर प्रदेश के मुख्यमंत्री के रूप में कार्यभार संभाला। वे अपनी प्रशासनिक क्षमता के लिए विख्यात हैं। वे कानून व्यवस्था पर नियंत्रण रखनेवाले उत्कृष्ट प्रशासक के रूप में जाने जाते हैं। इसके चलते वे चुनौतियों का सामना करते हुए वर्ष 2022 में दुबारा उत्तर प्रदेश के मुख्यमंत्री निर्वाचित हुए। आदित्यनाथ योगीजी प्राचीनतम ध्यान प्रणाली के केंद्र और नाथ पंथ के एक प्रमुख दार्शनिक संप्रदाय के प्रमुख हैं।

संस्कृति, अध्यात्म और प्रशासन

कार्यपालिका में प्रशासनिक तंत्र की बड़ी भूमिका होती है। प्रशासनिक अधिकारी व कर्मचारी अगर भारत और भारतीयता के अपनत्व का भाव नहीं रखते हैं तो इसके दुष्परिणाम हमें व्यवस्था के अलग-अलग क्षेत्रों में अव्यवस्था, अराजकता, रिश्वतखोरी, भ्रष्टाचार आदि के अलग-अलग रूप में देखने को मिलते हैं। एक सिविल सेवक से ईमानदारीपूर्ण अपने कर्तव्य का पालन करने के साथ अपने कर्तव्य को अपना पवित्र कर्म, व्यवस्थित जीवन जीने की, पारदर्शी कार्य करने की, एक सत्यनिष्ठ व्यक्ति होने की उम्मीद की जाती है, पर यह सब अगर आजादी के बाद हमारी प्रशासनिक व्यवस्था का हिस्सा होता तो आज भारत की तस्वीर अलग ही होती। देश उच्चता के शिखर पर पहुँचा होता। पर देर से सही, संकल्प जैसी संस्थाओं ने आगे आकर यह प्रयास आरंभ किया। सिविल सेवा क्षेत्र से जानेवाले विद्यार्थियों के शिक्षा व प्रशिक्षण तैयारी करवाने की जो शुरुआत की, आज इसके सकारात्मक परिणाम भी आ रहे हैं।

आज जो सिविल सेवा क्षेत्र में जा रहे हैं, उनको ध्यान में रखना होगा कि उनके पास शक्ति भी होगी और प्रलोभन भी। उनको एक लंबा सफर तय करना है। उनको तय करना है कि वे व्यक्तिगत और प्रशासनिक अधिकारी के रूप में अपनी छवि कैसी बनानी है। जो प्रशासनिक अधिकारी लोगों के हितों की पूर्ति और उनकी समस्याओं का समाधान अपना व्यक्तिगत दायित्व मानकर ईमानदारीपूर्वक करते हैं, वे एक लंबे कालखंड तक लोगों के दिलों में श्रद्धा व अपनत्व का भाव बनाए रखते हैं। जो प्रशासक लोगों को उनके लिए बनाई गई सरकारी कल्याणकारी योजनाओं को उन तक नहीं पहुँचाते, लोगों के हितों को नहीं देखते, अपनी शक्ति का दुरुपयोग करते हैं, लोग उनसे छुटकारा पाना चाहते हैं। प्रशासन और समाज में उनकी छवि नकारात्मक बन जाती है। उनके पास जब तक शक्ति है, तब तक संभव है कि लोग

* संकल्प व्याख्यानमाला 2020

दिखावे का सम्मान उन्हें दें, पर मन से सम्मान कभी नहीं देंगे। भले ही मुख पर प्रशंसा करें, पीछे से बुराई ही करेंगे।

एक प्रशासनिक अधिकारी अपने दायित्व की शुरुआत सकारात्मक दिशा में भी कर सकता है और नकारात्मक दिशा में भी। ये दो रास्ते उसके पास होते हैं। अगर अधिकारी का पक्ष रचनात्मक है तो वह सकारात्मक ऊर्जा के साथ जीवन भर सम-विषम परिस्थितियों में सफलतापूर्वक कार्य करेगा। अगर पक्ष नकारात्मक है तो वह व्यक्ति यश-अपयश, मान-सम्मान, धर्म-अधर्म और सही-गलत के बोध की शक्ति खो देता है और इसकी कीमत उसे भविष्य में चुकानी ही पड़ती है। परिणाम अंततः बुरा ही होता है। गलत रास्ते से आया धन घर की सुख-शांति हर लेता है। वह परिवार संतान को भी पदभ्रष्ट कर देता है, क्योंकि व्यक्ति का आचरण उसके पारिवारिक परिवेश पर निर्भर करता है।

यहीं से शुरुआत होती है कि अध्यात्म का महत्त्व व्यक्ति के जीवन में है या नहीं! मनुष्य और पशु में अंतर यही है कि मनुष्य संवेदनशील है, अच्छे-बुरे को जानने का सामर्थ्य रखता है। चेतना के आयाम को बढ़ाने की क्षमता है तो मनुष्य में है। मनुष्य इस सृष्टि का एक सर्वश्रेष्ठ आध्यात्मिक जीव है। अगर अध्यात्म न हो, तो हम चेतना के आयाम को विस्तार नहीं दे पाएँगे। अध्यात्म हमें सदैव सकारात्मक और रचनात्मक कार्य करने की प्रेरणा देता है। सकारात्मक ऊर्जा लोक-कल्याण कार्य करने के लिए प्रेरित करती है। अच्छे-बुरे का ज्ञान यहीं से प्रारंभ होता है। जब प्रारंभ में ही यह ज्ञान हो जाए तो निंदनीय बुरे कार्य करने की संभावना न के बराबर हो जाती है। जब दिशा और लक्ष्य स्वस्थ होते हैं तो व्यक्ति अर्थ, यश और पुण्य का अधिकारी स्वतः ही बन जाता है। उसको इसके लिए कोई प्रयत्न नहीं करना पड़ता।

पं. दीनदयाल उपाध्यायजी ने जब जगतगुरु शंकराचार्य की आत्मकथा लिखना प्रारंभ किया तो उनकी संवेदनाओं को रेखांकित किया—"जब हम संन्यास लेते हैं तो भिक्षा हेतु जाना होता है। हम केवल एक ही घर पर भिक्षा के लिए जाते हैं, मिले या न मिले। हमें इसी से संतुष्ट होना होता है। इसमें देनेवाले का भी और लेनेवाले का भी अहंकार-बोध समाप्त होता है। यह कोई व्यवसाय नहीं है, एक भाव है।"

एक बार की बात है। आदि शंकराचार्य एक द्वार पर जाते हैं और 'भिक्षां देहि' की आवाज लगाते हैं। अंदर से जब तक घर की मालकिन भिक्षा लेकर आती, ठीक उसी समय पास की झोंपड़ी से एक कराहते व्यक्ति की आवाज शंकराचार्य के कानों में पड़ जाती है। वे सोचते हैं···इतना बड़ा घर है, धन-संपन्न है और सामने झोंपड़ी में व्यक्ति की कराहट! आदि शंकराचार्य का अंतःकरण वेदना से भर जाता है। वे वहाँ

से चलने को होते हैं, तभी घर का द्वार खुला और स्त्री भिक्षा सामग्री लेकर आई। उसे देख आदि शंकराचार्य ने भिक्षा पात्र आगे किया, पर जैसे ही स्त्री ने भिक्षा उसमें डालने को हाथ आगे किया, शंकराचार्य ने पात्र पीछे खींच लिया।

स्त्री ने कहा कि पात्र आगे कीजिए तो शंकराचार्य ने कहा कि मैं भिक्षा नहीं ले सकता। स्त्री ने कहा, 'क्यों?' आदि शंकराचार्य ने कहा, 'मैं भाव से भिक्षा लेने आया था, पर आपके मन में भिक्षा देने का भाव नहीं है। जब आपके सामने एक व्यक्ति भूख से कराह रहा है तो आपके मन में संवेदना क्यों नहीं जागी? उसके प्रति भी आपका कोई दायित्व है। आप दायित्व-बोध नहीं कर पातीं। इसका अर्थ है कि आप संवेदनहीन हैं। 'जैसा खाए अन्न, वैसे हो जाए मन' आपके द्वारा दिए गए अन्न से कहीं मैं भी संवेदनाहीन न हो जाऊँ, यह भय मुझे लगने लगा है। यह संन्यास धर्म के विपरीत होगा। इस कारण मैं भिक्षा ग्रहण नहीं कर सकता।' और वे खाली हाथ लौट जाते हैं।

यह संवेदना का भाव प्रत्येक प्रशासनिक सेवा से जुड़े व्यक्ति के मन में होना चाहिए। प्रशासनिक पद पर बैठे व्यक्ति को हमेशा आभास रहना चाहिए कि हम जनता के लिए बनाए गए हैं, जनता हमारे लिए नहीं बनाई गई है। इस दृष्टि से हमारा एक सामान्य जन के प्रति, समाज और राष्ट्र के प्रति जो कर्तव्य है, उसके इतर मुझे पद पर रहते हुए कुछ नहीं सोचना है। यह भाव होना चाहिए प्रशासनिक व्यक्ति के मन में, तभी वह अपने कर्तव्य को निष्ठापूर्ण और सत्यनिष्ठा से निभा सकता है। अगर यह भाव नहीं है तो उसे अपने पद पर बने रहने का अधिकार नहीं है। प्रशासनिक अधिकारी का स्वभाव स्वहित नहीं, सर्वहित का होना चाहिए। तभी वह खुद और लोगों के प्रति न्याय भाव रख पाएगा।

यहाँ यह भी महत्त्वपूर्ण है कि जब अपनी संस्कृति, परंपरा और समाज के प्रति कर्तव्य भाव के साथ ही अपनत्व का भाव नहीं होता है तो हम निष्ठापूर्ण अपने कर्तव्य का पालन नहीं कर पाते। संस्कृति किसी भी व्यवस्था की आत्मा होती है। आत्मा के बिना शरीर की कल्पना नहीं की जा सकती। आत्मा एक जीवंत भाव है। आचार्य चाणक्य ने इस भाव को जिस रूप में प्रस्तुत किया, वह उदाहरणीय है।

चंद्रगुप्त मौर्य ने सिकंदर के दंभ को तोड़ने का कार्य किया था। सिकंदर के सेनापति सेल्यूकस को अपनी पुत्री हेलेना का विवाह चंद्रगुप्त मौर्य के साथ करने को मजबूर होना पड़ा था। उस समय की संधि के कुछ महत्त्वपूर्ण पल हैं, जो गौरवशाली भारत के प्रमाण हैं।

जब भारत के इस स्वर्णिम कालखंड को देखने के लिए सिकंदर स्वयं पाटलिपुत्र

आता है। उसके मन में एक भावना जाग्रत होती है कि भारत इतना महान और विस्तरित कैसे है? इसके पीछे कारण क्या है? तब उसने देखा कि प्रत्येक जन के मन में निष्ठापूर्वक कर्तव्य का एक भाव था। सिकंदर के मन में भाव जगा कि आचार्य चाणक्य से भेंट की जाए। वे राजधानी से दूर जंगल में आचार्य चाणक्य के आश्रम में पहुँचे।

वहाँ देखा कि आचार्य चाणक्य अपनी छोटी सी कुटिया में जमीन पर बिछे आसन पर अपने राजकीय कार्य में व्यस्त थे। अपने शासकीय उत्तरदायित्वों का निर्वहन कर रहे थे। सिकंदर चंद्रगुप्त मौर्य का ससुर भी था और राजकीय अतिथि भी। आचार्य चाणक्य राज्य के प्रधानमंत्री थे तो इस नाते आचार्य चाणक्य ने उसका अभिवादन किया। फिर उससे आसन पर बैठने का आग्रह किया और कर रहे कार्य को विराम देकर उस दीपक को बुझा दिया, जिसकी रोशनी में वे कार्य कर रहे थे।

फिर एक नए दीपक को जलाया और पूछा, 'मैं आपकी क्या सेवा कर सकता हूँ?' सिकंदर के मन में जिज्ञासा उत्पन्न हुई कि जब मैं आया तो पहले से जल रहे दीपक को बुझाकर आचार्य ने नया दीपक क्यों जलाया! तब उसने पूछा, 'आचार्य! मेरे आने पर आपने पहले से जल रहे दीपक को बुझाकर यह नया दीपक जलाया, ऐसा करने के पीछे आपका भाव क्या है?'

आचार्य चाणक्य ने कहा, 'तब मैं शासकीय कार्य कर रहा था तो जलनेवाले दीपक के तेल में शासकीय धन का उपयोग कर रहा था। आप आए तो मैंने उसे बुझा दिया। क्योंकि आप मेरे अतिथि हैं और व्यक्तिगत कार्य से पधारे हैं। मैं व्यक्तिगत रूप से आपसे भेंट कर रहा हूँ, ऐसे में मैं शासकीय धन का दुरुपयोग कैसे कर सकता हूँ! इसी कारण मैंने खुद के अर्जित धन से दूसरा दीपक जलाया।'

तब सिकंदर ने कहा, 'मैं समझ गया कि भारत महान क्यों है!'

भारत की महानता का उदाहरण आचार्य चाणक्य ने दिया। शासकीय सुचिता का एवं प्रशासनिक पारदर्शिता का जो उदाहरण आचार्य चाणक्य ने प्रस्तुत किया, ऐसे पल प्रत्येक प्रशासनिक अधिकारी के सेवाकाल के दौरान आते हैं और आनेवाले प्रशासनिक अधिकारी के सेवाकाल में भी आएँगे। हर प्रशासनिक अधिकारी को चाहिए कि निष्ठापूर्ण इस आचरण को आत्मसात करें। तभी समाज एवं राष्ट्र के प्रति वे अपने कर्तव्य का सत्यनिष्ठा से पालन कर पाएँगे।

यह मानवीय प्रवृत्ति है और स्वाभाविक है कि उच्च पद पर बैठने के बाद व्यक्ति के मन में अपने-पराए का भाव पैदा होता है। यहाँ अगर उसे कर्तव्य-बोध रहे तो केवल अपनत्व का भाव ही मन में रहेगा। ऐसे में जिस क्षेत्र में वह कार्यरत

है, वहाँ के लोगों को अपने परिवार का अंग मानकर बंधुत्व भाव से न्यायपूर्ण उनके हित का हरसंभव ध्यान रखेगा।

विश्व में शासन-प्रशासन की अलग-अलग शासन पद्धतियाँ रही हैं और वर्तमान में हैं, पर आदर्श राज्य शासन पद्धति अगर मानी गई तो केवल रामराज्य की मानी गई। रामराज्य में अपने-पराए का कोई भाव नहीं था। रामराज्य में तीनों प्रकार के दु:खों—दैहिक, दैविक और भौतिक ताप का व्यवस्था में कोई स्थान नहीं था।

महाकाव्य रामायण के अनुसार, श्रीराम जब लंका में रावण का वध कर अयोध्या लौटते हैं, तब वे रामराज्य की स्थापना करते हैं। अयोध्या के राजा श्रीराम ऐसे राज्य की रचना करते हैं, जहाँ संपूर्ण प्रजा आनंदित एवं सुखी है। आज के समय में हमें रामराज्य की व्याख्या अत्यंत काल्पनिक प्रतीत होती है। यह कल्पना सहस्रों वर्षों पश्चात भी जीवित है, इसका यही अर्थ हो सकता है कि किसी समय ऐसा रामराज्य अस्तित्व में था, भले ही वह चिरकाल तक न रहा हो।

तुलसीदासजी रामराज्य का सार निम्न दोहे में प्रस्तुत करते हैं—

बरनाश्रम निज निज धरम निरत बेद पथ लोग।
चलहिं सदा पावहिं सुखहि नहि भय सोक न रोग॥

जब प्रत्येक व्यक्ति अपने वर्ण एवं आश्रम के धर्म के अनुसार जीवन व्यतीत करता है अथवा जब प्रत्येक व्यक्ति जीवन के विभिन्न चरणों के अनुसार अपने निहित कार्य उसी प्रकार करता है, जैसाकि वेदों में परिभाषित है, जहाँ कहीं भी किसी भी प्रकार का भय न हो, दु:ख न हो तथा रोग न हो, वही रामराज्य है।

गीता में कहा गया है—

कर्मण्येवाधिकारस्ते मा फलेषु कदाचन।
मा कर्मफलहेतुर्भुर्मा ते संगोऽस्त्वकर्मणि॥

अर्थात् तेरा कर्म करने में ही अधिकार है, उसके फलों में कभी नहीं। इसलिए तू फल की दृष्टि से कर्म मत कर और न ही ऐसा सोच कि फल की आशा के बिना कर्म क्यों करूँ!

जब श्रीकृष्ण का उपर्युक्त भाव कोई शासकीय व्यवस्था में स्थापित करता है, जब उसके अंत:करण में यही भाव होता है, उसके आचरण में भी यही होता है। अक्सर मन में भाव पैदा होता है कि हम यह कार्य करेंगे तो यह लाभ मिलेगा। कर्म के साथ कामना भी पैदा होती है। कामना हमेशा क्रोध और उत्तेजना को जन्म देती है। उत्तेजना पथ से पृथक कर देती है।

प्रशासक जब शासन व्यवस्था में भेदभाव करने लग जाएगा⋯परिवार, धर्म,

जाति और भाषा के आधार पर, तब वह कभी भी निष्ठा और विश्वास का प्रतीक नहीं बन सकता।

हमारी संस्कृति सदा निष्काम की प्रेरणा देती है। हमने इसे अपने जीवन का हिस्सा बनाया है। निष्काम भाव रामराज्य पर आधारित है। यह अनेक प्रकार के दुःखों से मुक्ति का भी एक मार्ग है। अगर कोई भी सिविल सेवक इस निष्काम भाव के साथ अपने दायित्व का निर्वहन करता है तो उसके जीवन में कभी कोई कठिनाई नहीं आ सकती। उसकी कार्य-पद्धति पर कभी कोई प्रश्नचिह्न खड़ा नहीं कर सकता। अगर कोई प्रशासक आमजन को उसकी कल्याणकारी योजना से वंचित करता है तो उसकी आत्मा को दुःखी करता है। वह वाणी से चाहे उसको शाप न दे, पर वह उसके शाप से बच नहीं पाएगा। उसका जीवन कुछ समय के लिए बेहतर हो सकता है, पर पूरा जीवन हताशा-निराशा में व्यतीत होता है, क्योंकि आत्मा ही परमात्मा है। अगर हम अपनी आत्मा को मैली करते हैं तो यह हमारे लिए भी पापकर्म है और परमात्मा का भी अपमान है। हम कभी परमात्मा की कृपा का पात्र नहीं बन सकते।

कोई भी व्यक्ति अकेला कार्य नहीं कर सकता। इसमें सबका साथ होता है, तभी सबका विकास होता है। तभी तो हमारी संस्कृति कहती है—'वसुधैव कुटुंबकम्।' आज भी हम इसी भावना से कार्य करते हैं। इसी सोच के साथ वैश्विक संबंध का निर्वहन करते हैं। यही भावना हर राजनीतिज्ञ, हर प्रशासनिक अधिकारी में होगी तो देश का जनमानस सुखी-समृद्ध होगा और देश विकास का अतुल्य उदाहरण बन जाएगा।

मुझे प्रसन्नता है तथा गर्व है कि एक छोटे कालखंड के दौरान संकल्प संस्था ने भारतीयता, भारतीय संस्कृति और परंपराओं से जोड़कर अनेक सिविल सेवक तैयार किए हैं। यह सराहनीय कार्य है। इसे अब व्यापक रूप देने की आवश्यकता है। यह संस्था कम समय में ही युवा वर्ग के विश्वास का प्रतीक बनी। आज अधिकांश युवा इससे जुड़ना चाहते हैं। यह इसकी सफलता की सकारात्मक उपलब्धि है।

आज की और आनेवाले कल की चुनौतियों को ध्यान में रखकर संकल्प संस्था युवाओं का मार्गदर्शन करती रहेगी, ऐसा मेरा विश्वास है।

□

QR कोड मोबाइल कैमरे से स्कैन करके यू-ट्यूब पर पूरा व्याख्यान सुना जा सकता है।

डॉ. कृष्ण गोपाल

सह-सरकार्यवाह, राष्ट्रीय स्वयंसेवक संघ

डॉ. कृष्ण गोपाल राष्ट्रीय स्वयंसेवक संघ के सह-सरकार्यवाह हैं। डॉ. कृष्ण गोपाल ने आगरा विश्वविद्यालय से वनस्पति विज्ञान में स्नातकोत्तर किया और वैज्ञानिक व औद्योगिक अनुसंधान परिषद् से डॉक्टरेट की उपाधि प्राप्त की है। वे मूल रूप से मथुरा (उत्तर प्रदेश) के निवासी हैं। उत्तर प्रदेश के विभिन्न स्थानों में उन्होंने संघ कार्य किए और बाद में उन्होंने संघ कार्य हेतु पूर्वोत्तर राज्यों में निवास किया। उन्होंने नौ वर्ष तक पूर्वोत्तर राज्यों में क्षेत्रीय प्रचारक के रूप में कार्य किया। तदुपरांत वर्ष 2012 में उनको राष्ट्रीय स्वयंसेवक संघ का सह-सरकार्यवाह नियुक्त किया गया। वर्ष 2015 से वर्ष 2021 तक उन्होंने राष्ट्रीय स्वयंसेवक संघ की ओर से राजनीतिक क्षेत्र का भी समन्वय किया। एक गंभीर अध्येता, चिंतक और विचारक के रूप में उन्होंने देश में पहचान बनाई है।

सामाजिक समरसता एवं भारत की संत परंपरा

भारत मात्र कोई भूभाग नहीं है। एक संस्कृति है, एक ऋषि-परंपरा है। तभी यह अनंत काल से प्रवहमान है, नूतन है, सनातन है। भारत पाश्चात्य जगत् के किसी देश की तरह नहीं है, किसी भूभाग की तरह नहीं है। यह मौलिक है, स्थापित नहीं किया गया है। देश की वर्तमान दुर्दशा का बड़ा कारण यही है कि हमने अपनी संस्कृति को भूल देश को पाश्चात्य जगत् की नकल कर देश के रूप में मान लिया। किसी भी देश के केंद्रीय आधार में राजनीति रहती है, राजा रहता है, सरकार रहती है, सेना रहती है, प्रशासन रहता है। यह ढाँचा खंडित होता है तो देश टूट जाता है, नष्ट हो जाता है। फिर किसी नए आधार पर नए देश के रूप में पुनः अस्तित्व में आ जाता है।

किसी देश के विघटन का आधार भाषा हो सकती है, संबंध हो सकते हैं, आर्थिक अभाव हो सकता है, संस्कृति हो सकती है, रीति हो सकती है, प्रथा हो सकती है और भौगोलिकता हो सकती है। इन्हीं के आधार पर एक बड़ा वर्ग वर्तमान व्यवस्था से यह कहकर कि हम तुमसे भिन्न हैं, हमारे बीच असमानता है, हम तुम्हारे साथ रह नहीं सकते, हमारे बीच बहुत से द्वेष है, इसलिए हमारा अलग हो जाना ठीक है और वह बल, छल या शांति से अलग हो जाता है, फिर एक नया देश जन्म लेता है। किसी भी एक आधार पर, किसी भी एक बात पर एक नया देश बन जाता है।

भारत इसके ठीक विपरीत है। भारत का जो आधार है, वह राजा, शासन, सरकार, सेना या कोई प्रशासनिक व्यवस्था नहीं है। भारत का आधार अध्यात्म है। आज इसी की चर्चा करेंगे। चूँकि आधार अध्यात्म है तो अध्यात्म ही दिशा-निर्देश

---

* संकल्प व्याख्यानमाला 2016

करता है। अध्यात्म ही सभी बातों को निर्धारित करता है। अध्यात्म ही सभी बातों में अपनी सुगंध देता है, तभी राष्ट्र चलता है। इसलिए हमारा ध्येय है—सत्यमेव जयते। हम सत्य आत्मसात करते हैं, सत्य कहने की इच्छा रखते हैं, सत्य कहने का सामर्थ्य रखते हैं, क्योंकि हम आध्यात्मिकता से प्रेरित हैं, राजनीति से नहीं। यही कारण है कि इस देश की जो आधारभूमि है, वह अध्यात्म है।

दूसरा सिद्धांत है, इस आधारभूमि का बिंदु! हमने माना है—'एको देवः सर्वभूतेषु गूढः सर्वव्यापी सर्वभूतान्तरात्मा।'

ईश्वर सर्वत्र है। ईश्वर सब जगह है। वह एक होते हुए भी सर्वव्यापी है। वह सबके अंदर होते हुए भी समान है। वह विद्वान के अंदर, देव के अंदर, राजा के अंदर, रंक के अंदर, उत्तरभाषी के अंदर, दक्षिणभाषी के अंदर, स्त्री-बालक-पुरुष के अंदर और पशु-पक्षी, पेड़-पौधों के अंदर भिन्न नहीं है, समान है।

तीसरा सिद्धांत यह है कि हम स्व की नहीं, सर्व की बात करते हैं। भारत का अध्यात्म केवल अपनी बात नहीं करता, भारत का अध्यात्म सर्व की बात करता है। सभी के मंगल की बात करता है। सारी सृष्टि की बात करता है। तभी तो हम कहते हैं—'भवतु सर्व मंगलम् (सब का भला हो)। सर्वे भवन्तु सुखिनः (सभी सुखी हों)।'

चौथा सिद्धांत है कि विरोध, विविधता और विभिन्नता के बावजूद हममें मौलिक एकता है कि ईश्वर की व्याप्ति सर्वत्र है। यदि हमारे विचार किसी से नहीं मिलते तो भी कोई दिक्कत नहीं है। हम कहते हैं, आपकी असहमति पर हम सहमत हैं। अत्यधिक मतभेद के बाद भी सामंजस्य के सूत्र, आत्मीयता के धागे बनाने का काम भारत करता है।

रावण कैसा है, हम जानते हैं। कंस कैसा है, हम जानते हैं। अपनी माटी, अपनों के साथ विश्वासघात करनेवाला जयचंद कैसा है, हम जानते हैं। लेकिन इसके बावजूद रावण, कंस और जयचंद को हमने अपना ही माना है। बेगाना नहीं माना। रावण मरता है तो उसका संस्कार अच्छे से करते हैं। कंस मरता है, उसका संस्कार अच्छे से करते हैं, क्योंकि वे अपने ही हैं। वे दिशा-भ्रमित हो गए थे, पर अपने थे और अपने हैं, इसलिए हम उनके सुख की कामना ही करते हैं। हमारी दृष्टि है—सारी सृष्टि एक ही है। इस छोटे से वाक्य ने भारत के मन को इतना विस्तीर्ण कर दिया है कि हमारा आँगन इतना बड़ा हो गया है कि कोई भी इसमें समा सकता है। हमारी दृष्टि खंडित नहीं है। यह तोड़ती नहीं, जोड़ती है।

हमारी आध्यात्मिक पृष्ठभूमि के उपरोक्त चार मुख्य आधार हैं। भारत का

कोई भी मत, पंथ, संप्रदाय और दर्शन सामान्यतया इनसे इतर नहीं जाता। हाँ, ईश्वर की धारणा के बारे में मतभेद हो सकते हैं, पर कोई भी दर्शन, मत, पंथ और संप्रदाय इन मौलिक विचारों के विपरीत जाने की हिम्मत नहीं करता, बल्कि इनके अनुरूप ही खुद को सिद्ध करने की कोशिश करता है। चाहे जैन हैं, बौद्ध हैं, सिख हैं, नाथ हैं, वैष्णव हैं, आर्य समाजी हैं, डेरापंथी हैं, दिगंबर हैं, नामधारी हैं और ज्ञानेश्वर को माननेवाले हैं, सबका लक्ष्य एक ही है। मार्ग भिन्न हो सकते हैं, विचारों में भिन्नता हो सकती है, पर मौलिकता विपरीत नहीं है। आप जनजातीय क्षेत्र में चले जाएँ, इन चार बातों को वे भी मानते हैं।

यह सिद्धांत भारत की आधारभूमि है। इस आधारभूमि पर भारत का दर्शन हजारों साल से निरंतर प्रवाहमान है। हाँ, वैदिक परंपरा में थोड़ी सी विकृति आई। कर्मकांड बढ़ गया, तो हम मौलिक तत्त्व से ऊपर आ गए। फिर लगा कि यह भी कठिन हो गया। कर्मकांड भी नहीं तो बौद्ध मत आ गया। जैन मत भी और आगे बढ़ा। हजारों, लाखों, करोड़ों लोग इस मत को लेकर आगे बढ़े। जब लगा कि इसमें भी विकृति आ गई तो समस्या खड़ी हो गई। बदले रूप में परंपराएँ आगे बढ़ीं, पर अध्यात्म को नहीं छोड़ा। अध्यात्म को पकड़े रखा। बड़ी-से-बड़ी, सुंदर-से-सुंदर सर्वांगपूर्ण व्यवस्थाएँ भी एक दिन बिगड़ जाती हैं। उनका भी अवमूल्यन हो जाता है और विकृतियाँ आ जाती हैं। काल सबको खा लेता है। अपने यहाँ भी ऐसा ही हुआ।

ऋग्वेद में हम देखें तो ऋषि भी हैं और ऋषिकाएँ भी हैं। 23 महिलाएँ ऋषिकाएँ हैं। आपमें से बहुत लोगों को आश्चर्य होगा कि वे वेद की ऋचाओं का साक्षात्कार करनेवाली ऋषिकाएँ हैं! एक काल ऐसा भी आया कि यह मान्य हो गया कि महिलाएँ वेद नहीं पढ़ सकतीं। यह मौलिकता नहीं है, यह अवमूल्यन है। महिलाओं का यज्ञोपवीत होता था। गार्गी हैं, यमि हैं, यशस्वती हैं, जिनका यज्ञोपवीत हुआ था। महिलाएँ वेद नहीं पढ़ेंगी, यह भी हमने देखा। शूद्र वर्ग के ऋषि भी दुर्लभ हो गए। शूद्र यज्ञोपवीत से भी वंचित हो गए। यह क्या है? विचलन है, अवमूल्यन है, विकृति है। किसी कारण यह आई होंगी। परंपरा से हटकर कोई व्यक्ति खड़ा होता है तो नई परंपरा खड़ी होती है। वह उसे अपने ढंग से परिभाषित करता है और उसको लाकर खूँटे से बाँध देता है, मतलब समाज की एक सुंदर व्यवस्था किसी कारण से बिगड़ गई।

अब फिर से समाज में खड़ा होकर कोई उस समाज को फिर मौलिक व्यवस्था से बाँध देता है तो उसका नाम अध्यात्म है। पिछले एक हजार वर्ष से हमने नाम लिया संत, हमने नाम लिया संन्यासी, हमने नाम लिया साधु, हमने नाम लिया

वैरागी, हमने नाम लिया नाथ, हमने नाम लिया योग···कोई सा भी नाम लीजिए, भाव एक ही है। वह आध्यात्मिकता है। हर कोई जीवन में अध्यात्म के भाव को लेकर ही आगे बढ़ा। गोरखनाथ आध्यात्मिक थे। इस देश में नाथों का प्रवाह बहुत रहा। आज आपको नाथ ऐसे नहीं दिखते होंगे, लेकिन नाथ बड़े विद्वान थे। परंपरा समय-समय पर अपने अंदर से ऐसे लोगों को प्रकट करती है, जो मौलिकता को पकड़ते हैं, विकृति को निकालते हैं। उस परंपरा पर आज हम चर्चा करेंगे।

समाज में यह जो बड़ी विकृति आई और कर्मकांड इतना बढ़ गया कि लगा कि एक बड़ा संकट खड़ा हो गया। महँगा कर्मकांड बोझ लगने लगा। फिर बुद्ध और महावीर का जन्म हुआ। बुद्ध मौलिक दर्शन से दूर नहीं जाते, लेकिन बुद्ध ने लोकभाषा का प्रयोग किया। उस समय सारा साहित्य संस्कृत में ही लिखा और बोला जाता था। ज्ञानियों की भाषा संस्कृत ही थी। लेकिन बुद्ध को लगा कि मैं जो बोल रहा हूँ या बोलूँगा, वह अगर संस्कृत में होगा तो लोगों को समझ में आएगा ही नहीं। बुद्ध ने संस्कृत पढ़ी थी, बुद्ध ने आश्रम में जाकर अच्छे तरह से अध्ययन किया था। लेकिन बुद्ध ने उस समय की जो सामान्य भाषा थी, जो सामान्य बोलचाल की भाषा थी, आमजन की भाषा थी, उसमें बोला। यही समय की आवश्यकता थी। तभी लोगों ने बुद्ध को सुना और आत्मसात किया। महावीर ने भी उसी भाषा को चुना, क्योंकि वह आमजन की भाषा थी।

विकृति आई तो समाज में भी ऊँच-नीच का भाव आ गया था। अस्पृश्यता का भाव आ गया था। स्पर्श करने से पाप होता है, अपवित्र होता है, यह विचार आ गया था। बुद्ध ने इसको दूर किया। संपूर्ण बुद्ध वाङ्मय में कहीं पर भी हमको अस्पृश्यता शब्द नहीं मिलेगा। ऊँच-नीच थी, छोटी जाति है, बड़ी जाति है, का भाव आ गया था। बुद्ध ने इसके विपरीत संघर्ष किया और समानता का ऐसा दर्शन, ऐसा व्यवहार दिया कि दुनिया के लाखों-करोड़ों लोग बुद्ध के साथ चल पड़े। लाखों को प्रतिसाद मिला। भारत ही नहीं, कोरिया, जापान, मंगोलिया, वियतनाम, चीन, भूटान, म्याँमार, लंका, अफगानिस्तान—पूरा-का-पूरा पूर्वी यूरोप बुद्धमय हो गया था। गवाही के रूप में बुद्ध की हजारों मूर्तियाँ अभी भी निकलती हैं।

समय ने फिर करवट ली। जब बौद्ध मत में भी संकट आ गया और भिन्न-भिन्न प्रकार की वृत्तियाँ आ गईं तो वैदिक मत फिर आगे बढ़ा। ऐसे में शंकराचार्यजी दिशा देने सामने आते हैं। शंकराचार्यजी भिन्न-भिन्न प्रकार की हजारों प्रकार की पूजा को समेटकर केवल पाँच में ले आए—शक्ति, सूर्य, गणेश, विष्णु व शिव। कहा कि इन पाँच की पूजा पर्याप्त है। इतने में ही सिमट जाओगे। वे हजारों प्रकार

की पूजाओं को, हजारों प्रकार के कर्मकांडों को मिटाकर शंकर से जोड़ते हैं। लेकिन शंकर भी कहते हैं कि सच्चिदानंद एक ही हैं। माता-पिता, भाई-बहन, बंधु-भगिनी, रिश्तेदार-नातेदार, ये सब जितने भी दिखते हैं, उनमें सच्चिदानंद एक ही हैं। ये मूर्तियाँ तो मात्र माध्यम हैं। सच्चिदानंद एक ही हैं।

शंकराचार्य (आचार्य शंकर) के एक सुंदर शास्त्रार्थ का वर्णन है, जो काशी में एक चांडाल के साथ समाज से दूर श्मशान में होता है। दरअसल वे केरल से लंबी पदयात्रा करके नर्मदा नदी के तट पर स्थित ओंकारनाथ पहुँचे। वहाँ गुरु गोविंदपाद से योग शिक्षा तथा अद्वैत ब्रह्म ज्ञान प्राप्त करने लगे। तीन वर्ष तक आचार्य शंकर अद्वैत तत्त्व की साधना करते रहे। तत्पश्चात् गुरु आज्ञा से वे काशी विश्वनाथजी के दर्शन के लिए निकल पड़े। जब वे काशी जा रहे थे कि एक चांडाल उनकी राह में आ गया। उन्होंने क्रोधित हो चांडाल को वहाँ से हट जाने के लिए कहा तो चांडाल बोला, 'हे मुनि! मेरा और आपका शरीर व अन्न दोनों आत्मा से ही बने हैं। इसमें कैसा भेदाभेद? कौन किसको दूर हटा रहा है, कौन? प्रभु बताइए तो सही। आप शरीरों में रहनेवाले एक परमात्मा की उपेक्षा कर रहे हैं, इसलिए आप अब्राह्मण हैं। अतएव मेरे मार्ग से आप हट जाएँ।'

चांडाल की देववाणी सुन शंकराचार्य अति प्रभावित हुए। शंकराचार्य कहते हैं कि जिसकी प्रज्ञा इतनी तेज है, जिसकी प्रज्ञा इतनी विश्लेषणात्मक, इतनी ज्ञानमय है, जिसकी मनीषा इतनी पवित्र है, ऐसे चांडाल को मैं गुरु मानने को तैयार हूँ। शंकराचार्य ने कहा, 'आपने मुझे ज्ञान दिया है, अतः आप मेरे गुरु हुए।' यह कहकर शंकराचार्य ने उन्हें प्रणाम किया तो चांडाल के स्थान पर शिव तथा चार देवों के उन्हें दर्शन हुए।

शंकराचार्य देश भर में घूमते-घूमते एक ही बात कहते रहे, 'जो भी कुछ दिख रहा है, वह अद्वैत है। किसी भी प्रकार का द्वैत ठीक नहीं है। किसी भी प्रकार का विभाजन ठीक नहीं है।'

यह बात तो सही है कि समाज में विकृति तो आ रही है। पर विकृति का शोधन कैसे करना है, समाज को विकृति से कैसे निकालना है, यह समस्या है। समाज में विकृति तो आती है। हजारों साल का इतिहास भी विकृति दर्शाता है। आचार्य शंकर के बाद काल और अधिक कठिन हो गया। इसके बाद हमको संतों की परंपरा दिखी। पर इस्लाम के आक्रमण ने विकृतियों का रूप और भयावह कर दिया। इस्लाम एक ऐसा समुदाय है, जो घोर असहिष्णु है। वह किसी भी प्रकार से अपने मत को स्थापित करने के लिए कटिबद्ध होकर भारत में प्रवेश करता है और यह

काम वह दुनिया के बहुत से देशों में कर चुका है। सारे-के-सारे समाज को इस्लाम में ले आना, यह उसका परम कर्तव्य है इसलिए वह मंदिर तोड़ देता है, गुरुकुल भी तोड़ देता है, विश्वविद्यालय भी तोड़ देता है, पुस्तकालयों को आग लगा देता है। महिलाओं का अपहरण करता है, लोगों को मतांतरित करता है। अमतांतरितों से टैक्स लेता है, नहीं देते हैं तो उनकी हत्या कर देता है। हम 800-900 वर्षों का एक पूरा कालखंड देखते हैं। यह महा विकट काल है, सारी दुनिया के इतिहास में भारत का यह काल सबसे कठिन काल है।

भारत का एक स्वर्णिम काल रहा है। इतना बड़ा साहित्य दुनिया के किसी भी देश में संघर्ष और पराजय के समय में नहीं लिखा गया, भारत में ही लिखा गया। विकृतियाँ भी आईं और विकृतियों से संघर्ष करनेवाले लोग भी खड़े हुए। उदाहरण के लिए—राम का विवाह, लक्ष्मण का विवाह, शत्रुघ्न का विवाह, कृष्ण का विवाह, बुद्ध का विवाह; यहाँ एक आयु में होता है। कोई एक भी बाल विवाह की घटना भारत में कहीं दिखती ही नहीं। इस्लाम आया, बाल विवाह आ गया। रात्रि में विवाह-परंपरा हमारे देश में नहीं थी। रात्रिकाल निशाचरों का होता है। ऐसे में कोई भी शुभ कार्य भला कैसे हो सकता है! इस्लाम आया तो विवाह मजबूरी के कारण रात्रि में होने लगे। चूँकि दिन के समय इस्लाम पंथियों द्वारा लूटपाट होती, दुल्हन को बलात् उठाकर ले जाते। भारत में पर्दा प्रथा नहीं थी। एलोरा की गुफा देखी है, रामायण देखी है, महाभारत देखा है; पर्दा प्रथा है ही नहीं। महिलाएँ पर्दे में नहीं हैं। इस्लाम आया, भारत में पर्दा आ गया। जो-जो क्षेत्र इस्लाम के ज्यादा अधीन रहे, उनमें पर्दा प्रथा बढ़ी और इसने एक परंपरा का रूप ले लिया। जैसे—हरियाणा, पंजाब, राजस्थान, उत्तर प्रदेश आदि में पर्दा प्रथा बढ़ी। देश तो एक ही था, फिर मणिपुर में पर्दा प्रथा क्यों नहीं है! उत्तरांचल में कोई पर्दा नहीं है। पूरे उत्तर-पूर्व में कोई पर्दा है ही नहीं। ऐसे ही यह सती प्रथा कहाँ से आ गई! कहाँ से चली? इस्लाम आया, अपनी अस्मत बचाने को हजारों की संख्या में महिलाएँ अग्नि में जलने लगीं।

वेद पढ़ने पर प्रतिबंध क्यों आ गया था! वह इसलिए कि इस्लाम आ गया था। उसने वेद पर प्रतिबंध लगा दिया था। लड़कों के पढ़ने पर ही संकट था तो लड़कियाँ वेद कैसे पढ़तीं! लड़कों के ही गुरुकुल नष्ट कर दिए गए थे। सारी दुनिया में बड़े व भारी जलपोत चलानेवाले भारत के व्यापारी थे। समुद्री यात्रा प्रतिबंधित हो गई थी। समुद्र यात्रा पर जाना हुआ तो प्रायश्चित्त करना पड़ता था। के.पी. जायसवाल बड़े भारी विचारक थे, विदेश गए तो प्रायश्चित्त किया। गांधीजी भी जब विदेश जा रहे थे तो उस समय जो आदमी गांधीजी को उधार पैसा देनेवाला था, उसने मना कर

दिया कि मैं नहीं दूँगा। चूँकि पैसा विदेश जाना था। अपवित्र हो जाएगा। यहाँ तक कि गांधीजी की बिरादरी ने ही प्रतिबंध लगा दिया कि कोई अगर उन्हें छोड़ने जाएगा तो उस पर सवा रुपया जुर्माना लगेगा। गांधीजी के भाई छोड़ने गए तो गांधीजी की बिरादरी ने बुलाकर उन पर सवा रुपया दंड लगाया, जो देना पड़ा।

किसी का जूठा पानी क्या पी लिया, किसी जहाज में भोजन क्या कर लिया, किसी ने गोमांस का छोटा सा टुकड़ा नदी में क्या फेंक दिया, पूरा-का-पूरा गाँव दंड का भागी बन जाता था। शेख अब्दुला का दो पीढ़ी पहले का परिवार तो ब्राह्मण है, जिन्ना का दो-तीन पीढ़ी पहले का परिवार हिंदू है। मुफ्ती साहब का दो-तीन पीढ़ी पहले का परिवार हिंदू है, लेकिन वर्जनाओं के कारण धर्म बदलना पड़ा। हिंदू समाज पहले सारी दुनिया को स्वीकार करता था, आज सारी दुनिया में अपने को स्वीकार कराना चाहता है। इस्लाम ने कठोर दीवार खड़ी की। प्रतिबंध आ गए, वर्जनाएँ आ गईं। मैं मानता हूँ कि प्रतिबंधों के कारण ही यह समाज बचा, नहीं तो बचता ही नहीं। चला जाता, सब चला जाता। कुछ नहीं बचता। इतनी कठोर दीवार थी, उसको भेदना भी मुश्किल था।

दुनिया में ऐसा उदाहरण आपको कहीं मिलेगा क्या, जो राजा के यहाँ झाड़ू लगाता है, वह राजा के यहाँ पानी नहीं पीता और यह नियम सारे देश में था। कश्मीर से लेकर कन्याकुमारी तक, पंजाब से लेकर असम तक। नवाब थे, शासक थे, राजा थे, लेकिन उनकी सेवा करनेवाला उनका कर्मचारी उनके यहाँ खाना नहीं खाता था, पानी नहीं पीता था। समाज ने अपने ऊपर भी ये वर्जनाएँ लगाई थीं। ये प्रतिबंध हमने अपने ऊपर लगाए थे। ये आवश्यक भी थे। तभी बचा समाज। नहीं तो नहीं बचता। आज उसके ऊपर टीका-टिप्पणी और भी तरह की हो सकती है, लेकिन आज जब ये विकृतियाँ आ गईं तो उन्हें दूर कौन करेगा!

संत दूर करने के लिए आते हैं, वे समय-समय पर इन प्रतिबंधों के विरोध में भी लड़ते हैं। वे इन बुराइयों के विरोध में भी लड़ते हैं। विरोध की परंपरा में पहले संत रामानुजाचार्य हैं। वे दक्षिण में पैदा हुए। तमिलनाडु में श्रीरंगम में थे, पर कुलोथुंगा चोल के कारण संत रामानुजाचार्य को श्रीरंगम छोड़ने के लिए मजबूर होना पड़ा और वे कर्नाटक आ गए। बाद में वे मेलकोट आए, जहाँ उन्हें एंथिल में चेलुवननारायण स्वामी की मूर्ति मिली। उन्होंने मेलकोट में मंदिर को फिर से स्थापित किया, लेकिन महसूस किया कि कोई उत्सव मूर्ति (मूर्ति, जिसे जुलूस के लिए निकाला जाता है) नहीं है। तब भगवान रामानुजाचार्य के सपने में आए और उन्हें बताया कि वे एक मुस्लिम राजा के महल में थे। वह मंदिर तोड़कर उस मूर्ति

को ले गया। तो रामानुजाचार्य कुछ शिष्यों के साथ दिल्ली गए। उन्होंने उस मूर्ति को राजा से माँगा, राजा ने कहा कि आप मूर्ति को ले जा सकते हैं, लेकिन उस मूर्ति की पूजा करने का काम तो मेरी बेटी कर रही है। उसका नाम बीबी नचियार था। रामानुजाचार्य चले गए तो बीबी नचियार को ध्यान आया कि बाबा हमारी मूर्ति लेकर चला गया है तो पीछे-पीछे वह भी आ गई। वह भी मंदिर तक पहुँच गई और उसने रामानुजाचार्य को कहा कि मैं भी मंदिर में रहूँगी। रामानुजाचार्य ने कहा कि तुम भी रहो। वह आजीवन कृष्ण की भक्ति में ही रही। जब वह स्वर्गवासी हो गई तो उसकी समाधि वहीं बना दी।

रामानुजाचार्य ने भेद नहीं माना। रामानुजाचार्य ने सभी जाति-बिरादरी के लोगों को पूजा-व्यवस्था में सम्मिलित कर लिया। भिन्न-भिन्न प्रकार की रूढ़ियों को रामानुजाचार्य ने दूर कर दिया और नया भाष्य लिखा। उन्होंने गीता, ब्रह्मसूत्र, उपनिषद् तीनों पर अपना भाष्य लिखा है। जो इन पर भाष्य लिखता है, वह आचार्य कहलाता है। भक्ति का जो आंदोलन है, उसे संत लोग चलाते हैं। यह तब कठिन कार्य था। अधिकांश भारत में तो अपना राज्य चला ही गया था, मूर्ति भी नहीं थी, मंदिर भी टूट गए थे। गुरुकुल भी बचे नहीं, बड़े-बड़े आश्रम गए, विश्वविद्यालय गए, आश्रय देनेवाले ही चले गए। बचानेवाले चले गए। जहाँ हिंदू जाकर इकट्ठे होते थे, वे बड़े-बड़े मंदिर चले गए। अब क्या करें! मंदिर छोटे-छोटे घर में आ गए। बड़े-बड़े गुरुकुल गए तो पुनर्रीक्षण का जो अपना केंद्र था, वह गरीब बन गया।

रामानुजाचार्य इस भक्ति के आंदोलन को उत्तर भाग में ले आते हैं। रामानुजाचार्य की परंपरा बड़ी प्रचंड है। रामानुजाचार्य बड़े भारी विद्वान हैं, लेकिन रामानुजाचार्य समन्वयवादी हैं। जब स्नान करने जाते हैं, तब ब्राह्मणों के कंधों पर हाथ रखकर जाते हैं। जब स्नान करके लौटते हैं, तब शूद्रों के कंधों पर हाथ रखकर लौटते हैं। रामानुजाचार्य ने कहा कि कोई जाति-भेद मानने योग्य नहीं है। भक्ति में सबको अधिकार है। भक्ति में कोई छोटा और बड़ा नहीं हो सकता। उनको गुरु ने एक मंत्र दिया था—'ओम नमो नारायणाय:।' गुरु ने उनसे कहा कि इस मंत्र को तुम किसी को बताना नहीं, क्योंकि मंत्र दीक्षा कान में देते हैं। तब रामानुजाचार्य मंदिर पर चढ़कर चिल्लाने लगे, 'सब आ जाओ। मुझको मंत्र प्राप्त हो गया है। आप सब जाप कर सकते हैं।'

रामानुजाचार्य के इस कृत्य पर गुरु बोले, 'अरे नरक में जाओगे, मंत्र ऐसे नहीं दिया जाता है।'

'मैं नरक में जाने के लिए तैयार हूँ। ये सब तो स्वर्ग में जाएँगे अब। अब यह मंत्रदीक्षा का अधिकार भी सबको है।' रामानुजाचार्य बोले।

रामानुजाचार्य की परंपरा में रामानंद पैदा हुए। वे काशी के गंगा घाट पर बैठकर भक्ति करते थे। वे मूर्ति नहीं रखते थे, लेकिन राम के आराधक थे। वे युगानुकूल शास्त्रों की व्याख्या करते और उनकी एक परम शिष्य परंपरा खड़ी हो जाती। आपको आश्चर्य होगा कि रामानंद तो ब्राह्मण थे, लेकिन इस परंपरा में गैर-ब्राह्मण बड़ी संख्या में थे। ब्राह्मण भी थे, लेकिन गैर-ब्राह्मणों ने बड़ी प्रसिद्धि पाई। कबीर थे, रैदास थे, उसमें धन्ना थे और महिलाएँ भी थीं। रामानंद एक ऐसे क्रांतिकारी संत थे, जो पहली बार हिम्मत करते हैं कि प्रभु की प्रार्थना संस्कृत के इतर भी लिखी जा सकती है।

ये बारहवीं-तेरहवीं शताब्दी के हैं। आप लोगों ने एक आरती सुनी होगी, 'आरती कीजै हनुमान लला की।' यह कब की है? यह तेरहवीं-शताब्दी की है। यह हिंदी की पहली आरती है। वे संस्कृत के प्रकांड विद्वान थे, लेकिन संस्कृत के विद्वान होते हुए भी ऐसी आरती लिखते हैं, जिसको सामान्य जन बोल सके। आज सात सौ साल बाद भी हम लोग बोलते हैं। टी.वी. पर सुन लेते हैं, कैसे भी बज जाती है तो लोग सुन लेते हैं। सामान्यजन संस्कृत के मंत्रों को नहीं जानते। सामान्यजन हिंदी जानते हैं। उनकी शिष्य-परंपरा में कबीर पैदा होते हैं तो कबीर ही संत हैं। कबीर गृहस्थ संत थे। कबीर कपड़ा बुनते और घर चलाने के लिए उसकी बिक्री करते थे। संत होकर भी भिक्षा माँगने नहीं जाते थे। कबीर जुलाहे थे, मुसलमान के घर में पालन-पोषण हुआ है, इसलिए मुसलमान महिला से विवाह हुआ। लेकिन कबीर राम के भक्त थे। वैष्णव भक्त थे, अपने को वैष्णव कहते थे।

कबीर अपने आप को 'राम का कुत्ता' कहते थे—'कबीर कुत्ता राम का, मुतिया मेरे नाऊँ। गले राम की जेवड़ी, जित खेंचे तित जाऊँ।' कबीर ने अपने आप को मुसलमान कभी नहीं कहा। जुलाहा कहा, वैष्णव कहा। कबीर राम की बात करते थे, योग-साधना की बात करते थे। वे पूछते थे बड़ी हिम्मत से—'अरे, तुम बड़ी जाति के। हम नीची जाति के, ऐसा कैसे हुआ, जरा बताओ हमको। जो तुम खाते हो, वह हम खाते हैं। जैसे तुम्हारा जन्म हुआ, वैसे ही मेरा जन्म हुआ। तुम उच्च कुलवर्णीय हो गए, हम निम्न कुलवर्णीय हो गए। कारण क्या है?' वे लाठी लेकर पूछते, खड़ी भाषा में पूछते। कभी-कभी उनकी भाषा कर्कश हो जाती, जिसने बहुतों को नाराज कर दिया। कबीर की भाषा कैसी भी रही हो, लेकिन कबीर बात तो सच कहते थे। इसलिए आज भी मान्यता पाते हैं।

कबीर एक ऐसे संत हैं, जिसको मंच नहीं, जिसको अधिकार नहीं, जिसको सामाजिक न्याय भी नहीं, उसको वे मंच, वाणी, न्याय और अधिकार—सब दे देते हैं। कबीर कहते हैं—'आओ मेरे पास, आओ न। चिंता मत करो, आ जाओ।' कबीर लोकजीवन की वाणी बोलते थे। कबीर एक अच्छा परिवार कैसा होना चाहिए, इसकी बात करते थे। आज भी कबीर ईमानदारी का, प्रामाणिकता का संदेश देते हैं। कपड़ा बुनते और सोचते कि मेरे रामजी पहनेंगे, मेरे रामजी ले जाएँगे, रामजी माने ग्राहक। कबीर कपड़ा बुनकर मार्केट में लाते। वे कपड़ा बेचते, उससे घर चलाते। कबीर संसार में अध्यात्म का सुंदर संदेश देते हैं। वे कहते हैं—"आध्यात्मिक भाव से घर चलाओ, आध्यात्मिक भाव से जीवन चलाओ। इसमें बेईमानी नहीं होनी चाहिए, भ्रष्टाचार नहीं होना चाहिए। कुरीतियों को छोड़ दो। पाखंड छोड़ दो। अगर तुम बेईमानी करते हो तो गंगा नहाने से क्या होनेवाला है।"

कबीर एक सुधारवादी आंदोलन चलाते हैं और उसमें एक नया नेतृत्व देते हैं। बाद में गुरु नानक देव आए, पर इसकी आधारशिला कबीर रखते हैं। गुरुग्रंथ साहब में बहुत से शब्द कबीर के आते हैं। ये शिष्य किसके हैं, ये शिष्य रामानंद के हैं। कबीर के शिष्य रैदास हैं, जो जूता सीते हैं और भक्ति करते हैं—'प्रभु जी, तुम चंदन हम पानी।' हम कौन हैं, हम पानी की तरह हैं। पानी का कोई मूल्य नहीं है। पानी चाहे जहाँ मिल जाए। आप चंदन हैं, लेकिन ध्यान रखिए प्रभु, आप हमारे साथ नहीं मिलेंगे, तो आपकी कोई कीमत नहीं होगी। पानी के बिना चंदन की क्या कीमत है! उसकी सुगंध तो पानी के साथ घिसने पर ही आती है।

रैदास कहते हैं—'प्रभु जी, तुम मोती हम धागा।' मोती की कीमत है, धागे की क्या कीमत है। लेकिन यदि धागा नहीं होगा तो गले में मोती कौन पहनेगा! हम हैं तो भी आप गले में विराजमान हैं। रैदासजी ऐसी भाषा बोलते हैं तो लोगों को बात समझ में आती है। मनुष्य भगवान के कारण से ही महानता प्राप्त करता है। अध्यात्म का एक ऐसा सुंदर भाव रैदास देते हैं कि मीराबाई चित्तौड़ से दौड़कर आती हैं, दरवाजे पर खड़े होकर भगवान का भजन गाती हैं। समरसता का संदेश लाती हैं।

मीराबाई बड़े सिसोदिया कुल के राणा की कुलवधू हैं। लेकिन रैदास के घर के दरवाजे पर भिक्षा माँगती हैं कि आप मुझे अपनी शिष्या बना लीजिए। रैदास ने कहा, 'तुम तो बहुत बड़े घर की हो।' वे कहती हैं, 'बड़े घर की क्या हूँ?' रैदास और मीराबाई के शास्त्रार्थ की चर्चा भी होती है। लेकिन यह शास्त्रार्थ ज्ञान का नहीं है, भक्ति का है। उत्तर की ऐसी बड़ी भारी संत परंपरा धीरे-धीरे युद्ध में खड़ी हो जाती है।

उसमें तुलसीदास आते हैं। रामानंद की परंपरा में शिष्य नहीं हैं। ये तीन पीढ़ी बाद पैदा होते हैं। वे संस्कृत के बड़े भारी विद्वान थे। तुलसीदास संस्कृत के बहुत बड़े विद्वान होने के बाद भी लोकभाषा में काशी के गंगा घाट पर बैठकर 'रामचरितमानस' लिखते हैं। तुलसी जानते थे कि समय बड़ा विकट है, कठिन है। बहुत तरह के संघर्ष रहे। राजा भी बचा नहीं। प्रजा में भी कोई संदेश देनेवाला बचा नहीं। मंदिर बचे नहीं, गुरुकुल बचे नहीं। जाएँ तो कहाँ जाएँ! कौन सा आदर्श समाज के सामने रखें!

राम का चरित्र अच्छा है। राम का परिवार अच्छा है। राम का परिवार त्यागमय है। राम का जीवन स्वार्थी जीवन नहीं है। राम का जीवन एक आदर्श पति, आदर्श पिता, आदर्श पुत्र और आदर्श भाई का है। ऐसा सुंदर राम का जीवन है। राम का राज्य सुंदर राज्य है। मैं उनकी भक्ति करता हूँ। राम का आदर्श हो सकता है।

राम एक अन्य प्रकार के राम हैं। तभी तो कबीर मूर्तिपूजा नहीं करते। तुलसी दशरथ नंदन राम को एक आदर्श के रूप में देखते हैं और रामचरितमानस लिख देते हैं। हनुमान चालीसा लिख देते हैं। रामचरितमानस में जो पात्र हैं, उनमें कुंभकरण भी है, रावण भी है, विभीषण भी है और नल, नील, सुग्रीव, हनुमान तथा जंगल के सब बंधु-बांधव भी हैं। तुलसी के मानस में सब हैं। वह निषाद भी है, जिसे एक छोटी बिरादरी का माना जाता है। वसिष्ठ उसको गले लगाते हैं, राम उसको गले लगाते हैं, भरत उसको गले लगाते हैं। निषाद भी हिम्मत से कहता है कि महाराज, मैं उतराई नहीं लूँगा। लेकिन मैं आपसे यह वचन लेता हूँ कि जब मेरी बारी आए तो आप मुझे उतार देना, वही मेरी उतराई होगी। भक्ति के भाव में तुलसी ने एक ऐसे वातावरण का निर्माण किया है कि राम आराध्य हो गए। राम घट-घट व्यापी हो गए। राम का चरित्र घर-घर पहुँच गया।

हम देखते हैं कि राम उत्तर भारत में प्रसिद्ध हो गए, जिसकी कोई कल्पना भी नहीं कर सकता। इतनी प्रसिद्धि तुलसी ने पाई और रामचरितमानस ने पाई। घर-घर रामजी का अखंड पाठ चलने लगा। रामचरितमानस याद हो गया। लोगों को हनुमान चालीसा याद हो गई, लेकिन तुलसी को इतने से संतोष नहीं था। तुलसी एक कदम और आगे बढ़ जाते हैं। वे रामकथा का मंचन करते हैं। आपमें से अगर कोई काशी जाए तो देखे कि रामनगर की रामलीला कैसी होती है। वह आज भी उसी परंपरा से होती है। रामलीला पंचवटी में होती है, फिर कहीं और चली जाती है और फिर लंका चली जाती है। पूरी रामलीला स्थानांतरित होती है। दस-दस हजार लोग आते हैं, सुनते हैं। समाज तो एक ही है। उस सारे समाज के साथ रामलीला खेलते-खेलते

तुलसीदासजी एक ही नारा लगवाते हैं—'बोलिए, राजा रामचंद्र की जय।' उनके आराध्य राजा राम हैं। क्यों राजा राम हैं? उन्हें राजा राम ही क्यों चाहिए? राजा तो अकबर भी था, औरंगजेब भी था। उनको अपना राजा चाहिए। तुलसी हिंदू-मानस के अंदर राजा राम की कितनी सुंदर प्रतिष्ठा कर देते हैं। सारे समाज को मिला लेते हैं। कोई कपड़ा धोनेवाला है, सफाई करनेवाला है, जूता सिलनेवाले है, हर छोटा-बड़ा काम करनेवाले हैं। सब रामलीला में पात्र बनते हैं। तुलसी सामाजिक समरसता का इतना सुंदर दर्शन कराते हैं, जोकि कल्पना के पार है। उन्होंने राम के आदर्श को जन-जन में स्थापित कर दिया। पराजित समाज के आईने में आत्मग्लानि से भरे निराशापूर्ण समाज के अंदर अपने राजा, अपने धर्म, अपने व्यवहार, अपने सामाजिक और पारिवारिक जीवन की मान्यताओं को प्रतिष्ठापित करने का काम तुलसी करते हैं। यह बहुत ही अभूतपूर्व काम था।

यहाँ संतों की बड़ी जमात चलती है। आपको यह सुनकर आश्चर्य होगा कि ये संत अब धीरे-धीरे हर बिरादरी में चले गए हैं। मतलब हर बिरादरी से आने लगे हैं। कोई भी जाति ऐसी नहीं है, जिसमें स्वाभिमान के साथ संत खड़े नहीं हो गए हों। इन संतों ने किसी राजा की दरबारी नहीं की। ये चाटुकारिता में नहीं हैं। राजा की प्रशंसा में लिखनेवाले ये लोग नहीं हैं।

एक बार तुलसीदास को लेने के लिए रहीम आ गए। रहीम ने कहा, 'चलो, अकबर के दरबार में चलते हैं। हमारी बहुत अच्छी जान-पहचान है। वहाँ हमारी अच्छी पहुँच है।' रहीम तो दरबारी थे। सेना का सारा काम रहीम देखते थे। रहीम बहुत विद्वान थे। वे 8-9 भाषाओं के जानकार थे। लेकिन आपको जानकर हैरानी होगी कि रहीम रामभक्त भी थे, रहीम शिवभक्त भी थे, रहीम कृष्णभक्त भी थे। रहीम ने कई भाषाओं में लिखा है। रहीम ने संस्कृत में लिखा है, रहीम ने फारसी में लिखा है, अरबी में लिखा है, हिंदी में लिखा है, ब्रजभाषा में लिखा है। जहाँगीर के समय में जहाँगीर ने रहीमजी को कहा कि आप अंग्रेजी भी सीख लें तो रहीम ने अंग्रेजी भी सीखी थी। खैर, वह अलग बात है। तो रहीम ने जब कहा तुलसी को कि चलो, दरबार में चलते हैं तो तुलसी कहते हैं—'हम चाकर रघुवीर के। हम तो रघुवीर के चाकर हैं। हमारा पट्टा राम के दरबार में लिखा हुआ है। हम उनके दरबार में बैठते हैं। तुम जाओ, तुम रहो वहाँ।'

बड़े-बड़े संतों ने राजाओं के दरबार में जाने से मना कर दिया। वे नहीं गए। संतों को बुलाया फतेहपुर सीकरी में तो उन्होंने मना कर दिया। पालकी भिजवाई तो उन्हें आना पड़ा और आने के बाद क्या बोलते हैं—'आवत जात पनहिया टूटें,

बिसरत हरि को नाम। संतन को कहा सीकरी सौं काम।'

फतेहपुर सीकरी में अकबर की राजधानी थी। वे संत बोलते हैं कि यहाँ हमारा क्या काम है। हमें यहाँ काहे को बुलाया है। आने-जाने से हमारी पनहिया टूट जाती है और प्रभु का नाम भी भूल जाता है। हम लोग अपने प्रभु का ध्यान करते-करते आ रहे हैं। एक कदम और आगे बोलते हैं—'जिनके मुख देखत घिन उपजत है, तिनको हम कह करें प्रणाम।' जिनके मुँह देखने से घृणा होती है, उनको हमें प्रणाम करना पड़ता है। है गजब की हिम्मत। ये संत किसी के गुलाम नहीं हैं। किसी की नौकरी-चाकरी में लगे हुए नहीं हैं, इसलिए बड़ी परंपरा उत्तर प्रदेश में चली। अयोध्या, मथुरा और वृंदावन में चली, जहाँ संतों ने अपना आध्यात्मिक प्रशिक्षण जारी रखा। इतने भयंकर अत्याचार, आक्रमण के बाद भी इनके कमंडल का पानी नहीं सूखा, इनका भक्ति का आंदोलन कमजोर नहीं पड़ा। इनके भक्तों की परंपरा बढ़ती रही। इनके आश्रम में से लोग निकलते रहे, जाते रहे, आते रहे। कीर्तन गाते रहे। इसी परंपरा को हम सारे देश में देखते हैं।

अब जरा पंजाब में आ जाएँ। पंजाब में देखें तो 'आंदो' नाम के एक संत महाराष्ट्र से आए। वह गुरु नानक देवजी से दो सौ साल पहले आए थे। आंदो वैष्णव संत थे, दर्जी जाति के थे। पूरे पंजाब में 20-22 वर्षों तक घूमते रहे। भक्ति का आंदोलन चलाया। बाद में गुरु नानक देव आ गए। जब गुरु नानक देव आ गए तो लोगों ने देखा कि बड़ा अत्याचार है। बाबर का आक्रमण हो रहा है तो पापुलोई चंदलोई काबुल से आया है। पाप की बारात लेकर आया है। सारा हिंदू धर्म भयभीत हो गया है। धर्म आदि सब छुप गए। कुछ बचा नहीं। ये जो नानक देव हैं, ये खड़े होते हैं और पंजाब में एक नई आवाज लगाते हैं। नानक देव ने किसी के साथ भेदभाव नहीं किया। सबको एक साथ धर्मशाला में बुला लेते थे। एक साथ सबका भजन होता। अब एक साथ यह संगत चलती। कई जगह से रोटी माँगकर ले आते। धीरे-धीरे ये धर्मशालाएँ प्रवचन के स्थल गुरुद्वारों में बदलने लगीं, अर्थात् जातिगत भेदभाव नानक देव ने समाप्त कर दिया। नानक देव की संगत में, नानक की पंगत में भेदभाव नहीं है, सब एक हैं।

यह परंपरा आगे बढ़ती है। हम देखते हैं, गुरु अर्जुन देव आ गए। अर्जुन देव ने कहा कि अब संकट का काल है। अब केवल प्रवचन से बात नहीं बनेगी, अपने पास तलवार भी रखो। अर्जुन देव के बाद पंजाब की यह संत-परंपरा गुरु-परंपरा में बदल जाती है। लोग दो-दो तलवार रखने लग गए। एक का नाम मिरी है, एक का नाम पीरी है। एक परमार्थ के लिए है और एक शक्ति के लिए है। एक शास्त्र की

प्रतीक है और एक शस्त्र की प्रतीक है। जो महाकाल है, वही सतश्री अकाल है। दो नहीं है, ईश्वर अकाल ही है। ईश्वर का काल कौन नापेगा।

देश के सारे संतों और भक्तों की वाणियों को लेकर गुरुग्रंथ साहब की रचना की गई और इस तरह यह गुरु-परंपरा आगे बढ़ी। हम नौवें गुरु का बलिदान भी देखते हैं, लेकिन हम आध्यात्मिक और धार्मिक भाव को कम होते हुए नहीं देखते। हम खालसा की सृजना देखते हैं। खालसा की सृजना, भावरस की सृजना परंपरा का अभूतपूर्व आविष्कार है। समाज संकट में था। आए दिन पश्चिम दिशा से आक्रमण होता था। अंतिम आक्रमण अब्दाली का था, जोकि बड़ा आक्रमण था। गजनी-गोरी से लेकर 700-800 वर्षों तक लगातार आक्रमण चला। समस्या क्या थी, कभी पूरा समाज लड़ता ही नहीं था। एक विशेष वर्ग ही लड़ता था। जो उच्च वर्गीय था, वही घोड़े चढ़ सकता था, वही सिर पर पगड़ी बाँध सकता था। सबको लड़ने का अधिकार नहीं था। गुरु गोविंदजी ने बड़ा कड़ाहा मँगाया। कड़ाहे में बताशे डालकर अमृत बनाया। बड़ा भारी यज्ञ किया और वह अमृत यानी प्रसाद सबको दिया। पहले पाँच लोग आए, जो 'पंच-प्यारे' कहलाए। वे सिख कहलाए। कोई रसोइया था, कोई कुछ था तो कोई कुछ था, लेकिन अब सब पगड़ी बाँधकर सिख हो गए। बड़ी तलवार रखने लगे, भाला रखने लगे। सब घोड़े पर बैठने के लायक थे।

इस्लाम अखाड़े में खड़ा था। इस्लाम के अखाड़े में हमको अपना पहलवान चाहिए, उस अखाड़े में लड़ने लायक मन चाहिए, लड़ने लायक बुद्धि चाहिए, लड़ने लायक शक्ति चाहिए। वह जोर से बोलता था—'अल्लाह हो अकबर।' तब सिख ने और जोर से नारा लगाया—'बोले सो निहाल।' इस्लामी लोग एक साथ बैठकर खाना खाते थे। हिंदुओं को गाली देते थे, तुम क्या लड़ोगे हमसे। अलग-अलग तुम्हारा चूल्हा। हजारों चूल्हों में से आग निकलती थी, आधी जगह धुआँ निकलता दिखता था। वह मुसलमान हँसता था, 'ये क्या लड़ेंगे हमसे! एक साथ खाना नहीं खा सकते। खाना बना नहीं सकते। एक-दूसरे को खिला नहीं सकते।'

गुरु गोविंद सिंहजी ने कहा, 'हम साथ खा सकते हैं, खिला सकते हैं और बना सकते हैं।' एक लंगर शुरू हो गया। लोग आते थे, कौन किस जाति का है, बिरादरी है, यह भेद खत्म हो गया। उन्होंने पगड़ी बनाई, दाढ़ी रख ली। कहा कि चिंता न करें, आ जाओ। इस्लाम हिंदू को चिढ़ाने को गाय काटता था, उन्होंने कहा कि सूअर काट सकते हो, चलो सूअर को भक्ष घोषित कर दिया गया। वह पाँच बार नमाज पढ़ता था, पाँच बार यहाँ भी प्रार्थना शुरू हो गई। वह खलीफा था, यहाँ गुरु था। चिंता न करो, आ जाओ। हर मुद्दे पर ठीक भाषा में जवाब देनेवाली

यह परंपरा दिखने लगी। गुरु गोविंद सिंह सैनिक भी थे और धर्म के रक्षक भी। सब अध्यात्म केंद्रित हो गया। दिन में चार बार, पाँच बार प्रभु का नाम लिया जाने लगा। यह सुंदर परंपरा खड़ी हुई तो हम आगे बढ़े। अगर यह परंपरा न होती तो यह पंजाब पूरा जाता, दिल्ली में पाकिस्तान की सीमा होती। पाकिस्तान को वहीं रोकना, पाकिस्तानियों के आक्रमण का उत्तर देना, यह गुरु-परंपरा के कारण से ही संभव हो सका।

हम एक कदम आगे बढ़ महाराष्ट्र की ओर आएँ तो यहाँ बड़े भारी संत थे—एकनाथ, तुकाराम और रामदास। इन्हीं में ऐसे संत बहुत सारे थे, जो कुम्हार, राका, बंका, समता, माली और महार थे। भिन्न-भिन्न जातियों के थे। ज्ञानेश्वर के शिष्य भक्ति में लीन थे। 'विट्ठल, विट्ठल, विट्ठल, विट्ठल' करके भजन गाते थे। गीता का भाष्य करते थे। समर्थ राम गुरुदास ने ऐसे अखाड़े शुरू किए, जैसे तुलसीदास ने सारे उत्तर प्रदेश में शुरू किए थे। राम के मंदिर बना दिए, हनुमान के मंदिर बना दिए। हनुमान के हजारों मंदिर महाराष्ट्र में बन गए। उन्होंने जो भक्ति की व्याख्या की है, वह माला लेकर भागने की नहीं है। हाँ, भगाने की है। मौका पड़ा तो राज्य भी प्राप्त कर लेने की है। शिवाजी महाराज खड़े होते थे तो उनके पीछे पूरे महाराष्ट्र की एक आध्यात्मिक शक्ति खड़ी होती थी। वे तुकाराम, एकनाथ, गोरा, कुम्हार, ये सब तैयार करते थे। ऐसा मराठा साम्राज्य खड़ा होता है, जो पाकिस्तान से होते हुए अफगानिस्तान तक जाता है। इसके मूल में आध्यात्मिक जागरण ही है।

हम कर्नाटक में देखें तो वहाँ पशुवेश्वर हुए, कनकदास हुए। कनक तो शूद्र थे, भेदभाव रहित, कृष्ण के भक्त। पशुवेश्वर ने वीर पशुवेर पंत चलाया। ये ब्राह्मण परिवार के थे, सब जातियों में उठते-बैठते थे। यह देखकर माँ-बाप ने घर से बाहर निकाल दिया तो निकल गए। ऐसे वीर कर्नाटक में बहुत हैं। शस्त्र धारक लोग हैं, भेदभाव नहीं मानते। शादी में, विवाह में, पूजा में, कर्मकांड में, किसी में भी भेदभाव नहीं मानते।

तमिलनाडु में वैष्णव भक्त थे, शूद्र परिवार के थे। यह जो भक्ति का आंदोलन था, सारे देश में था। केरल में देखिए, वे भी भाष्य करते हैं, ग्रंथों का··गीता, महाभारत, रामायण सबका। सबको बुला लेते हैं। आगे की परंपरा में देखें तो नारायण गुरु केरल में हुए। उनके भक्त शूद्र हैं, लेकिन मंदिर स्थापित करते हैं, संस्कृत पढ़ने के लिए प्रोत्साहित करते हैं। संत कंबन ने तमिल में रामायण लिखी। हम देखेंगे, यह परंपरा सारे देश में है। उड़ीसा में पंचशखा हैं, आंध्र में वेमना हैं, बंगाल में चैतन्य महाप्रभु हैं, एक से बढ़कर एक हैं।

चैतन्य महाप्रभु संस्कृत के महाप्रज्ञ हैं, किंतु एक छोटा सा मंत्र धारण किया—'हरि ओम'। सैकड़ों-हजारों को लेकर कीर्तन करते। और कुछ नहीं, 'हरि बोल-हरि बोल हरि' का उच्चारण एक घंटे तक चलता। वे धर्म प्रचार के लिए विदेश गए, तब भी भक्तों की यह दिनचर्या रही। वहाँ का जो मौलवी था, उसको शिकायत हो गई कि देखो, यह तो सबको हिंदू बना रहा है, बदमाश है, ठीक करो इसको। उसने फतवा जारी कर दिया कि कोई यहाँ 'हरि बोल' नारा नहीं लगाएगा। चैतन्य महाप्रभु कई दिनों बाद देश लौटे, तो भक्तों ने बताया कि प्रभु यह क्या हो गया। हरि बोलने पर प्रतिबंध लग गया। उन्होंने पूछा कि किसने लगाया? मौलवी ने लगाया। चैतन्य प्रभु बोले कि कल देखेंगे।

दूसरे दिन वे घर से बाहर निकले। लोगों को बाहर निकाला। पाँच-दस लोग हो गए और जोर-जोर से मृदंग बजाने लगे, ढोल-मंजीरे बजाने लगे। बीच में चैतन्य महाप्रभु 'हरि ओम' बोलते आगे बढ़े तो सभी लोग घरों से निकल आए। हजारों लोग हो गए। मौलवी साहब के घर पर पहुँच गए। मौलवी साहब के घर के बाहर जोर-जोर से कीर्तन चलने लगा। मौलवी साहब ने दरवाजा खोला। घर के बाहर आँगन में कीर्तन चलता देखा तो खुद भी उसमें खो गए। थोड़ी देर बाद कीर्तन में बीच में आ गए और जोर-जोर से बोलने लगे—'हरि बोल, हरि बोल, हरि बोल।' मौलवी साहब की भी शुद्धि हो गई। वे भी हिंदू हो गए। चैतन्य के अनुयायी हो गए। इन संत लोगों ने हजारों लोगों को वापस हिंदू धर्म में लाने का काम किया। अकेले रामानंद ने पैंतीस हजार लोगों की शुद्धि की और शुद्धि के नए मंत्र दिए। सुल्तान के आसपास हजारों राजपूत मुसलमान हो गए थे, रामानुज के कारण से फिर से हिंदू हो गए।

असम में देखें, तो वहाँ एक बड़े संत हुए—शंकरदेव। राम-कृष्ण के भक्त थे। असमिया भाषा में उन्होंने भजन लिखे। उनके भजनों की महिमा थी कि दस हजार से ज्यादा नामघर असम में हैं, जहाँ जाति का भेद नहीं है। वहाँ घर में दरवाजा ही नहीं होता। नामघर में केवल छत होती है। आओ बैठो, भजन करो, कीर्तन करो। शंकरदेव ने ऐसी कृष्ण भक्ति जगाई कि पहाड़ों पर रहनेवाले भिन्न-भिन्न जातियों के लोग भी कृष्णभक्ति में डूब गए। मणिपुर घाटी में लोग कृष्ण की भक्ति में डूब गए। कृष्णभक्ति में कौन ले गया वहाँ! चैतन्य के शिष्य ले गए।

यह भक्ति सारे देश में प्रकट होने लगी। कोई प्रांत, कोई भाषा, कोई जाति, कोई वर्ग नहीं बचा, जहाँ इस भक्ति के कारण लोग खड़े न हुए हों। ग्रियर्सन और बर्नेट दो बड़े विद्वान हैं। वे कहते हैं कि हम समझ नहीं पाए कि यह भक्ति का

आंदोलन कैसे खड़ा हुआ! इसका नेतृत्व कौन कर रहा था, समझ में नहीं आ रहा? बरसात के दिनों में जैसे आकाश में एक कोने से दूसरे कोने में बिजली की चमक चली जाती है, ऐसे ही भक्ति आंदोलन एक कोने से दूसरे कोने तक चला जाता था। हर जाति-वर्ग में प्रचारित-प्रसारित हो गया था। हर प्रांत, हर भाषा में था। हजारों लोगों ने अपनी-अपनी भाषा में अध्यात्म को शुरू कर दिया। भक्ति लोगों के जीवन में उतर आई।

भक्ति सैकड़ों गुण लेकर आती है, अकेली नहीं आती। भक्ति विनम्रता लाती है, भक्ति करुणा लाती है, भक्ति दया लाती है, भक्ति क्षमा लाती है और भक्ति धैर्य लाती है। भक्ति धर्म का प्रतिस्थापन मन के अंदर करती है। भक्ति वाला व्यक्ति दूसरे को कभी दु:खी नहीं देख सकता। भक्त अपनी चिंता कम करता है, दूसरों की चिंता ज्यादा करता है। क्योंकि वह दूसरे के अंदर हरि को देखता है, नारायण को देखता है, वह शिव को देखता है। भक्ति सारे भेदों को समाप्त करके अभेद की सृष्टि करती है। सारी विकृतियों को दूर करके एक सर्वांग सुंदर समाज की सृष्टि करती है। भक्ति अभूतपूर्व क्षमता रखती है। भक्ति अध्यात्म की नई परिभाषा के रूप में इस देश में प्रकट हुई थी।

अध्यात्म की एक अलख लेकर हमारे ऋषि निकले थे। अध्यात्म की अलख लेकर बुद्ध और महावीर चले थे। अध्यात्म को लेकर आचार्य शंकर चले थे। यहाँ तक भक्ति नहीं थी, भक्ति थोड़ी कम थी। रामानुज के बाद भक्ति उदय हुई। भक्ति ने ही इस देश को कर्ममय बनाया है। भक्ति अकर्म का संदेश नहीं देती। भक्ति कर्ता है। कबीर कपड़ा बुनता है, रैदास जूता बनाता है, सब अपना-अपना काम करते हैं। भक्ति ने अकर्मण्यता नहीं दी, भक्ति ने कर्मठता दी है। भक्ति आंदोलन ने इस देश के आयाम बदल दिए। निराश हुए समाज में एक विश्वास पैदा कर दिया। आशा पैदा कर दी, मंच दे दिया। लोग इकट्ठे होने लगे। जो रामलीला में 'राजा राम की जय' बोलते थे, वे जरूरत पड़ने पर स्वतंत्रता के आंदोलन में आगे आए। जो लोग 'विट्ठल, विट्ठल, विट्ठल' बोलते थे, वे मराठा साम्राज्य की स्थापना के लिए आगे आ गए। भक्ति ने सारे देश में एकता स्थापित कर दी।

दक्षिण के संत उत्तर आए, उत्तर के संत दक्षिण गए। पश्चिम के संत पूर्व में गए तो पूर्व के संत पश्चिम में आए। सारे देश में द्वादश लिंग की स्थापना के लिए घूमनेवाले, वैष्णव कीर्तन करनेवाले, केदारनाथ और बदरीनाथ जानेवाले कौन लोग थे! संत लोग थे। अपने साथ वे अनुयायियों को ले जाते थे। रामेश्वरम् में भी अनेक संत हुए। यह भक्ति सामान्य चीज नहीं है। इसने सांस्कृतिक एकता को, भौगोलिक

एकता में आए अध्यात्म को राष्ट्रीयता का नया स्वरूप दे दिया। आप सबको आश्चर्य होगा, भक्ति के इस पुण्य प्रवाह में इस्लाम भी दूर नहीं रहा। हजारों लोग इस भक्ति के आंदोलन में डूब गए। रसखान मुसलमान थे। मुसलमानों के घर में जन्म लिया था। उन्होंने देखा कि भक्ति में कितना आनंद है। हजारों की संख्या में मुस्लिम संत पैदा हुए इस देश में। उनका अध्ययन करेंगे तो एक नया अध्याय होगा। रसखान नाम का पठान दिल्ली में ही रहता था। वह चला गया बरसाने में, तो कृष्ण का भक्त हो गया। उन्होंने कहा कि मैं दूसरा जन्म लेता हूँ तो इस गोकुल गाँव में ही मेरा जन्म हो जाए। जन्म पशु का हो, पक्षी हो, अगर पत्थर होता हूँ तो मैं उसी में शामिल हो जाऊँ। ये कौन हैं, ये मुसलमान हैं।

रहीम का जिक्र भी पहले आया था। रहीम भी ऐसे ही मुसलमान थे। मुसलमान थे, लेकिन कृष्ण की इतनी भक्ति करते कि जिसकी सीमा नहीं। जहाँगीर से रहीम का झगड़ा हो गया तो जहाँगीर ने कहा कि तुम चले जाओ। मक्का-मदीना चले जाओ, कहीं चले जाओ, जाओ यहाँ से। उसने भगा दिया तो कहाँ गए रहीम! चित्रकूट चले गए। लोगों ने कहा कि चित्रकूट में काहे आ गए? रहीम जवाब देते हैं, 'यहाँ राम भी आए थे और चित्त में रम रहे रहिमन अवध नरेश।' रहीम कहते हैं, 'जा पर विपदा पड़त है, सो आवत ये ही देश।' एक बार रहीम ने गंगा के बारे में बोला कि गंगा विष्णु के चरण से निकलती है, शिव के सिर पर विराजमान हो जाती है, छोड़कर चली जाती है। हे भगवान, हमको गंगा न बनाना। रहीम कहते हैं, 'अच्युत चरन तरंगिनी, सिव सिर मालति माल। हरि न बनाओ सुरसरी, कीजौ इंदव-भाल॥'

रहीम परम पावन और सर्वसक्षम गंगा माता से प्रार्थना करते हैं कि आप भगवान विष्णु के चरणों में तथा भगवान शिव के सिर पर विराजती हैं। हे माता! यदि आप कृपा करके मेरा उद्धार करें तो मुझे विष्णु नहीं शिव स्वरूप प्रदान करना, ताकि मैं आपके चरणों में रखने के पाप का भागी बनूँ। आपको अपने सिर पर धारण करने का सौभाग्य प्राप्त कर पाऊँ।

रहीम कहते हैं—'हे गंगा मैया, हमसे नाराज न हो जाना। हमने लिख तो जरूर दिया, लेकिन जब मेरा अंतिम समय आए तो मेरे स्मरण में तुम बनी रहना। जब मैं प्राण छोड़ूँ तो तुम रहना। मेरे मन में, मेरे हृदय में। जब मेरे प्राण हर रहे हों, तब तुम मेरा साथ न छोड़ना।'

ऐसी पावन है इस देश की संस्कृति, अध्यात्म! मुसलमान भी राम को, कृष्ण को, गंगा को पूजता है। एक व्यक्ति ने रहीम से पूछा, 'यह हाथी सिर पर मिट्टी

क्यों डालता है। यह किस कारण मिट्टी अपने पर डालता है ?' तो रहीम जवाब देते हैं—'जेही रज मुनि पत्नि तरि तो ढूँढ़त गजराज।' राम के चरण के स्पर्श से राम के पैर में लगी, जो मिट्टी थी, उससे अहिल्या तर गई थी। यह गजराज उस मिट्टी को ढूँढ़ रहा है। यदि रहीम भारतीय संस्कृति के अनुसार पले-बढ़े न होते तो क्या ऐसा लिखते! ताज बीबी नाम की एक महिला थी। उसको औरंगजेब की भतीजी बताते हैं। वह ऐसी कृष्णभक्त हो गई कि सब छोड़कर वृंदावन आ गई। कृष्णभक्ति पर उसने बहुत काव्य लिखे।

यह जो अध्यात्म की पुण्यधारा है, संतों का जो भक्ति का आंदोलन है, इसने किसी को छोड़ा नहीं। शाहजहाँ ने अपने बेटे औरंगजेब के जन्म पर बड़ा पुण्यदान किया था, लेकिन लड़का ऐसा निकल गया कि बुढ़ापे में उसने शाहजहाँ को आगरा के लाल किले में बंदी बनाकर रखा। एक लोटा पानी देता और कहता कि इसी में स्नान कर लो, इसी को पी लेना। सम्राट् की ऐसी दशा! शाहजहाँ ने राम की भक्ति में कविता लिखी थी। वह कहता है कि जब उसका जन्म हुआ, मैंने कितना दान दिया और उसका नाम रखा था—नवरंग बिहारी। हाँ, उसका नाम औरंगजेब नहीं था, नवरंग बिहारी था। इन 700-800 वर्षों में जो साहित्य लिखा गया, वह अभूतपूर्व है। हजारों ग्रंथ लिखे गए। अंग्रेज जानते थे कि यह अध्यात्म आंदोलन, भक्ति आंदोलन एक बड़ा आंदोलन है, जो फिर से लोगों के अंदर समा गया तो पूरे देश में खड़ा हो जाएगा। इसलिए उन्होंने इसको महत्त्व नहीं दिया। वामपंथियों को भी लगा कि इसमें खतरा है। वामपंथियों ने भी इस भक्ति आंदोलन को जितना महत्त्व देना चाहिए था, वह नहीं दिया। सूर के पद बाहर करो, तुलसी को बाहर करो, मीरा को बाहर करो। ये सब पाठ्यक्रम से बाहर किए। यह सोचकर कि यह भक्ति-आंदोलन भारत में एकता का आधार है, क्योंकि भक्त विभाजन की बात ही नहीं करता। इसमें महिलाएँ भी हैं, शूद्र भी हैं, पिछड़े भी हैं, ब्राह्मण भी हैं। सब भाषाभाषी हैं, पूरब-पश्चिम, उत्तर-दक्षिण भेद है ही नहीं।

कट्टरपंथियों ने मुसलमानों को भड़काया कि तुम्हारा क्या हाल हो रहा है, क्योंकि वे देख रहे थे कि मुसलमान खुद मंदिरों में जाने लगे हैं। जिन मंदिरों को हमने तोड़ा, फिर से मूर्तियाँ बनने लगी हैं। हालिये एक कविता लिखता है। मुसलमानों को सावधान करता है। कहता है कि हिंदुओं से दूर रहो। जो हिंदू बोलता है, उसका उल्टा करो। इनके पास मत जाओ। इनके पास बैठो मत। हमें वाइजों (धार्मिक उपदेश देनेवाले) ने यह तालीम दी है कि जो काम दीनी है, वही करें। वे दिन को कहें दिन तो तुम रात समझो। उनकी कोई बात ठीक मत समझो। इस

तरह वे लोग बेचैन हो गए। इसलिए यह संत आंदोलन था, भक्ति आंदोलन था। यह अपने आप में विलक्षण क्षमताओं को लेकर आगे बढ़ रहा था। ग्रीक लोग, हूण लोग, कुषाण लोग आए और इस भारत की आध्यात्मिक धारा के अंदर समा गए। ये लोग तुर्क से आए। सारा भारत आध्यात्मिक अनुष्ठान पर भक्ति आंदोलन के साथ एक रूप होकर खड़ा हो गया। यह भक्ति आंदोलन सारी बुराइयों को नष्ट कर देने में समर्थ था।

लेखक रामविलास शर्मा वामपंथी हो गए थे। उन्होंने बहुत पुस्तकें लिखीं। अंतिम दिनों में उन्होंने एक बड़ा लेख लिखा। उन्होंने लिखा कि भक्ति आंदोलन बड़ा समर्थ है। आज भी भारत की बहुत समस्याओं का समाधान करने का सामर्थ्य भक्ति आंदोलन रखता है, बशर्ते प्रगतिवादियों से इसे बचाना होगा। वे वामपंथी थे। वामपंथी होते हुए भी कह रहे हैं कि भक्ति आंदोलन को बढ़ाना होगा, अन्यथा पूर्वी संतों को उत्तरी भारत से भिड़ा देंगे। वैष्णवों को शैवों से भिड़ाएँगे। मुस्लिम संतों से हिंदू संतों का झगड़ा करा देंगे। वैष्णव और शैवों का झगड़ा हो जाएगा। मुसलमान और हिंदू का, निर्गुणिया और सगुणिया का झगड़ा करा देंगे। इनसे बचकर चलें। भक्ति आंदोलन से ही देश की समस्याओं का समाधान हो सकता है। चूँकि उसका आधार अध्यात्म है।

अध्यात्म इस देश की सनातन धरोहर है। अध्यात्म इस देश की आधारभूमि है। जब कभी कठिन काल आता है, तब अध्यात्म अपने नए रूप में प्रकट होता है। कभी बुद्ध और महावीर, कभी शंकर और रामानुज, कभी संत और साधु के रूप में। इस देश को बचाना होगा, देश को आगे बढ़ाना होगा, हिम्मत से आगे आना होगा। समस्याओं से लड़ना होगा। निश्चित ही अध्यात्म अपना नया रूप लेकर आगे बढ़ेगा। इतना सामर्थ्य इस देश में है।

□

QR कोड मोबाइल कैमरे से स्कैन करके यू-ट्यूब पर पूरा व्याख्यान सुना जा सकता है।

संतोष तनेजा
अध्यक्ष, संकल्प फाउंडेशन

राष्ट्रवादी भावना और बुनियादी मानवीय मूल्यों के प्रति पूर्ण प्रतिबद्धता के साथ कॅरियर के रूप में देश की प्रशासनिक सेवाओं को अपनाने के लिए विद्यार्थियों को तैयार करने के लिए श्री संतोष तनेजा ने गहन विचार के बाद एक ऐसे संगठन की आवश्यकता को महसूस किया, जो प्रशासनिक सेवा के माध्यम से सामाजिक परिवर्तन कर सके। उन्होंने 1986 में संकल्प संस्था की स्थापना कर अपने विचार को सार्थकता प्रदान की। उनके विचारों को आकार देने में कुछ समान विचारधारा वाले मित्र शामिल थे।

संकल्प बेहतर प्रशासक बनने के लिए आत्मविश्वास और दृढ़ संकल्प की भावना को प्रेरित करने का प्रयास करता है और 'विश्वसनीयता', 'संवेदनशीलता' एवं 'उत्कृष्टता' का ध्येय लेकर आगे बढ़ रहा है। श्री संतोष तनेजा राष्ट्रीय स्वयंसेवक संघ के स्वयंसेवक हैं और प्रचारक भी रह चुके हैं। पिछले कई वर्षों मे भारतीय भाषाओं के उत्थान के लिए भी संकल्पित होकर कार्य कर रहे हैं। उनके प्रयासों से व्यावसायिक शिक्षा में भारतीय भाषाओं की दृष्टि से महत्वपूर्ण सामाजिक परिवर्तन हुआ है। उन्होंने सिविल इंजिनियरिंग में बी. टेक किया व डी.डी.ए. और हडको जैसी संस्थाओं में लंबे समय तक कार्य किया। आप चीफ इंजिनियर के रूप में हडको से सेवानिवृत्त हुए।

व्यावसायिक शिक्षा का माध्यम बनें भारतीय भाषाएँ

देश में ऐसे जो अन्याय हो रहे थे, जो बर्दाश्त से बाहर हैं, उनमें से एक अन्याय है—भारतीय भाषाओं में शिक्षा का अभाव। जैसे प्रधानमंत्री श्री मोदीजी ने जन-धन योजना के अंतर्गत पूरे देश में समाज के अंतिम पंक्ति में बैठे लोगों के बैंक में खाते खुलवा दिए, यह कोई साधारण बात नहीं है। देश में हुआ एक बड़ा चमत्कार है। अब किसी भी राज्य सरकार, किसी भी लोककल्याण में कार्यरत संस्था और किसी भी सरकारी योजना के लाभ के हकदार तक पैसा भेजना न केवल आसान हो गया, पारदर्शी भी हो गया। साथ ही यह भी सुनिश्चित हो गया कि पूरा-का-पूरा पैसा लाभार्थी तक पहुँचेगा, कोई बीच में उनका हक नहीं मार पाएगा। जबकि पूर्व प्रधानमंत्री स्व. राजीव गांधी ने स्वीकार किया था कि हम केंद्र से किसी को एक रुपया भेजते हैं तो उस तक 15 पैसे पहुँचते हैं, यानी हकदार का हक एक तरह से पूरा-का-पूरा बिचौलिए हड़प कर जाते हैं। अब पूरा-का-पूरा पैसा उन लोगों तक पहुँचता है, जिन्हें अपने अधिकारों का ही नहीं पता, अधिकारों का उपयोग करना जानना तो बहुत दूर की बात है। अब जो परिवर्तन हुआ है, वह न केवल सरकार की गरीबी मिटाने की इच्छाशक्ति को दर्शाता है, वंचित के जीवन-स्तर में सुधार में सराहनीय कदम है।

ऐसे एक नहीं अनेक कार्य हुए हैं, जैसे गाँव-गाँव में घर तक शौचालय, बिजली का पहुँचना। हर घर तक पानी पहुँचे ये योजना भी तीव्र गति से चल रही है। सड़कों का जाल पूरे देश में प्रशंसनीय स्तर तक पहुँच गया है। गाँव का किसान अपनी आमदनी बढ़ाने के लिए कौन से वैज्ञानिक तरीके और क्या उपजाए साथ-ही-साथ उस पर ऋण कैसे कम हो। आपदाओं से निपटते हुए बीमा योजना

* 27-28 नवंबर, 2021, संसद मार्ग, दिल्ली

एवं सरकारी सहायता आदि अनेक योजनाएँ लागू की गई हैं। जिनसे आम आदमी को लाभ हुआ है, उसे उसका अधिकार मिला है, जीवन स्तर सुधरा है, जीवन सरल हुआ है। वास्तव में देश का परिदृश्य बदल रहा है। शिक्षा के क्षेत्र में भी छोटे लगनेवाले, पर महत्त्वपूर्ण कार्य हुए हैं। कभी परीक्षाओं में नकल आम बात हुआ करती थी। एक बार मैं उत्तर प्रदेश के मैनपुरी जिले में गया। मैंने एक व्यक्ति से जिज्ञासावश पूछा कि पहले जब यहाँ श्री कल्याण सिंहजी की सरकार थी तो परीक्षाओं में होनेवाली नकल पर लगाम लग गई थी। अब अखिलेशजी की सरकार है तो नकल की क्या स्थिति है? वह बोला कि नकल खूब और खुलकर होती है।

मैंने कहा कि क्या मतलब··· कितनी होती है! वह बोला कि अपने छोटे भाई के सारे पेपर मैं देकर आया हूँ। यह शायद नकल का अलग और सर्वोच्च प्रकार है। देश में शिक्षा की क्या स्थिति थी! शिक्षा को मजाक बनाकर रख दिया था। यों तो व्याख्यान इसी पर दिया जा सकता है, पर यह हमारा विषय नहीं है।

अब विषय पर आते हैं। आज का जो विषय है, उसको आप हृदय की गहराई तक लेकर जाएँ और मस्तिष्क के अंतिम कोने तक उसको समझने का प्रयास करें।

मैं नहीं, ये हमारे सरकारी आँकड़े कहते हैं कि आजादी को 75 साल पूरे हो जाने के बाद भी देश में ठीक से अंग्रेजी लिखने-पढ़नेवाले लोग 5 से 6 प्रतिशत ही हैं। इसे दुर्भाग्य कहें या इस पर हँसे या शर्मिंदा हों कि देश में ठीक से अंग्रेजी लिखने-पढ़नेवाले लोग 5 से 6 प्रतिशत ही हैं, जबकि हमारी पूरी शिक्षा व्यवस्था अंग्रेजी आधारित है। विद्यालयों से लेकर उच्च शिक्षा तक अंग्रेजी जरूरी है। तकनीकी शिक्षा जैसे डॉक्टरी, इंजीनिरिंग, आर्किटेक्ट, मैनेजमेंट, वकालत हो, यहाँ तक कि नर्स भी भारतीय भाषा में नहीं बन सकती। एक तरह से अंग्रेजी की वकालत करनेवालों ने पूरा शिक्षा क्षेत्र प्रतिबंधित कर दिया है। वे फिर भी अपने लक्ष्य तक नहीं पहुँच पाए, लेकिन लोगों में मानसिक विकृति पैदा करने में कामयाब रहे। टूटी-फूटी अंग्रेजी बोल और अंग्रेजियत दिखाकर लोग समाज में अपने को सभ्य और शिक्षित होने का दिखावा करने लगे। माना कि अंग्रेजी पढ़ना बाध्यता थी, पर लोगों ने अंग्रेजियत को भी अपना लिया। यह देश का दुर्भाग्य है।

मैं ट्रेन से उतर रहा था। देखा कि एक माँ पहले उतर गई, बेटा अभी उतरने को था तो माँ बोली, 'बेटा, वेट···वेट···!' मुझे बड़ा अजीब लगा कि हम कहाँ तक जाएँगे! बच्चा टूटी-फूटी, गलत-सलत अंग्रेजी बोल ले तो माँ-बाप गर्व से फूल जाते हैं। उनकी बाँछें खिल जाती हैं कि बहुत पढ़ लिया। इससे ज्यादा ज्ञानी तो कोई हो नहीं सकता! घरों में भी हम देखते हैं कि माँ-बाप छोटे बच्चों को

आधे–अधूरे अंग्रेजी के शब्द सिखाने की कोशिश करते हैं। भारतीय भाषा या अपनी स्थानीय भाषा सिखाने का जरा भी प्रयास नहीं करते। इसी का परिणाम है कि बच्चे न तो अंग्रेजी सीख पाते हैं और न अपनी भाषा ही ठीक से लिख–पढ़ पाते हैं। यह आधा–अधूरा ज्ञान किसी भी प्रकार लाभप्रद नहीं हो सकता। शिक्षा संस्थानों में भी डिग्रियाँ दी जाती हैं, ज्ञान नहीं। अंग्रेजी और अंग्रेजियत के माहौल में जो अंग्रेजी नहीं जानता, वह किसी सूट–बूट पहननेवालों, कथित सभ्य कहलानेवालों के किसी शादी या अन्य आयोजन में चला जाएगा तो उसके अंदर पहला भाव आएगा कि मैं अंग्रेजी नहीं जानता। किससे और क्या बात करूँगा, कैसे बात करूँगा! कोई मुझे प्रतिक्रिया देगा या नहीं देगा! वह हीन भाव से ग्रस्त हो जाता है।

हमने अपने देश का यह परिदृश्य खड़ा कर दिया! सामनेवाले का मूल्यांकन इस आधार पर होता है कि उसे अंग्रेजी आती है या नहीं आती? इस विषय पर चर्चाएँ बहुत होती हैं, पर कोई सार्थक समाधान की ओर ध्यान नहीं देता। आज हमारी मानसिकता में रच–बस गया है कि अंग्रेजी के बिना व्यक्ति ज्ञानतत्त्व हीन है। ऊँचे वर्ग की तो बात ही अलग है। आर्थिक रूप से कमजोर···रिक्शावाला, रेहड़ीवाला, पटरीवाला हो, खोमचेवाला हो या मजदूर हो···अगर वह महीने में हजार–डेढ़ हजार रुपए अपना पेट काटकर अपने बच्चे को अंग्रेजी माध्यम विद्यालय में पढ़ा सकता है तो जरूर पढ़ाएगा। कहने का तात्पर्य है कि वह भी अपने बच्चे को अपनी इच्छा से सरकारी हिंदी माध्यम विद्यालय में नहीं पढ़ाना चाहता। कोई एक ऐसा व्यक्ति बता दीजिए, जो अपने बच्चे को अंग्रेजी विद्यालय में पढ़ाने का खर्च हर तरह से उठाने में सक्षम है, पर वह बच्चे को हिंदी माध्यम के विद्यालय में पढ़ा रहा हो।

यहाँ श्री अजय सिरोहीजी बैठे हैं, ये भारत सरकार में संयुक्त निदेशक के पद पर कार्य कर रहे हैं। इनके पिताजी के देहांत पर गाँव में रखे गए ब्रह्म–भोज में जाना हुआ। वह गाँव क्या, बड़ा कस्बा है। वहाँ इन्होंने सरकारी विद्यालय दिखाते हुए बताया कि ये उसी विद्यालय में पढ़े थे। आज उस विद्यालय की दशा यह है कि वहाँ 5 अध्यापक और 6 विद्यार्थी हैं। मुझे बड़ा अजीब लगा। मैंने कहा कि क्यों सरकारी पैसा व्यर्थ खर्च हो रहा है! इस विद्यालय को बंद क्यों नहीं कर देते! ये अध्यापक करते क्या हैं! तो ये बोले कि ···चुनाव में ड्यूटी आदि! मैंने पूछा कि बच्चे यहाँ क्यों नहीं पढ़ने आते? कहाँ पढ़ने जाते हैं? तो बताया कि कस्बे के बाहर कई लोगों ने 3–4 कमरों के विद्यालय बनाकर वहाँ अंग्रेजी माध्यम का बोर्ड लगा रखा है। वहाँ हजार–डेढ़ हजार रुपए खर्च करके लोग अपने बच्चों को पढ़ने के लिए भेजते हैं, जबकि सरकारी विद्यालय में बेहतर सुविधा है, योग्य

अध्यापक हैं और शिक्षा भी नि:शुल्क है। यहाँ बच्चों को नहीं भेजते। कारण, लोगों की मानसिकता बन गई है कि अगर बच्चा अंग्रेजी माध्यम में नहीं पढ़ेगा तो उसका भविष्य कहाँ है! मैं रेहड़ी चला रहा हूँ, वह बैटरी रिक्शा चला लेगा!

यह भ्रमित संदेश व्याप्त हो गया है कि अंग्रेजी माध्यम में पढ़े बिना कोई भविष्य नहीं है। शिक्षा का सार ही ज्ञान नहीं, अंग्रेजी पढ़ना हो गया है। यह अवधारणा पूर्णतया असत्य है। पर कहते हैं न कि अगर असत्य को बार-बार कहा जाए तो वही सत्य सा लगने लगता है।

अब दूसरा पहलू देखें, ···राजस्थान, बिहार से लाखों मारवाड़ी लोग उत्तर-पूर्व के राज्यों में गए हुए हैं और वहाँ की भाषा में बोलकर व्यवसाय कर रहे हैं। वे स्थानीय लोगों से ज्यादा मजबूत स्थिति में हैं, ज्यादा बड़ा व्यवसाय कर रहे हैं। मेरा एक बेटा ऑस्ट्रेलिया में है। उसकी शुरू से पढ़ाई की हालत यह थी कि मैं सोचता था कि इसका क्या होगा! उसके भविष्य की चिंता रहती थी। वहाँ जाने के बाद वह अब कहता है कि वहीं स्थायी तौर पर बस जाऊँगा। अगर उसमें मेधा न होती तो वहाँ तक नहीं पहुँच पाता। वह अंग्रेजी में बहुत कमजोर था। हालत यह थी कि वह अंग्रेजी का पूरा वाक्य एक लय में नहीं पढ़ पाता था। मेरी पत्नी अंग्रेजी की अध्यापिका रही थीं··मुख्याध्यापिका पद से सेवानिवृत्त हैं। वे हर विषय, एक-एक वाक्य उसको पढ़कर समझाती थीं। सोचिए! वह यहाँ से उठकर वहाँ चला गया। वहाँ जैसे भी टेढ़ी-मेढ़ी अंग्रेजी बोलना सीख गया··लिखना भी सीख गया। किसके आधार पर! यहाँ तो अंग्रेजी सीखा ही नहीं था। उसके पास क्या था, जो वह ऐसा कर पाया! जिससे अंग्रेजों के देश में खुद को स्थापित कर पाया। उसके पास मारवाड़ी दिमाग था।

इस उदाहरण के द्वारा मैं यह बताने की कोशिश कर रहा हूँ कि हमारे यहाँ जो 95 प्रतिशत लोग हैं, इनके साथ जो अन्याय होता रहा, उसके लिए अगर सरकारें जिम्मेदार हैं, हमारी नीतियाँ जिम्मेदार हैं तो हम भी उतने ही जिम्मेदार हैं। क्योंकि हम सोते रहे, जागे क्यों नहीं? हम भी जिम्मेदार हैं। हमने बस अपना ही स्वार्थ साधा, समाज के प्रति उदासीन रहे। घर में काम करनेवाली, आपका ड्राइवर, दरवाजे पर खड़ा होनेवाला गार्ड, ऑटोरिक्शावाला, कैबवाला, दुकानदार आदि कौन लोग हैं! ये अधिकतर लोग हैं, जो अंग्रेजी नहीं जानते हैं। आज दिल्ली में कम-से-कम 5 लाख से ज्यादा लोग छोले-कुलचे का खोमचा लगानेवाले होंगे। उन्होंने एक या दो लोगों को सहयोगी के तौर पर रोजगार भी दिया हुआ है। खुद

रोजगार की दृष्टि से अपने पाँव पर खड़े हैं तो रोजगार प्रदाता भी हैं, जबकि ये अंग्रेजी नहीं जानते। कहने का मतलब है कि उनका आत्मविश्वास, उनकी मेधा, किसी भी परिस्थिति में खुद को खड़े रखने का विश्वास किसी अंग्रेजी पढ़े-लिखे से ज्यादा होगा।

राजनीति में देखें! जितने नेता हैं, क्या सभी अंग्रेजी पढ़े-लिखे हैं? कितने नेता ठीक से अंग्रेजी पढ़-लिख सकते हैं, अगर आँकड़ा देखेंगे तो शर्म आएगी। अगर इसी विषय को आधार मानना हो तो शर्म आएगी। पर शर्म क्यों आनी चाहिए! उनको अंग्रेजी नहीं तो अपनी भाषा तो आती है, अपनी बात लोगों तक पहुँचानी आती है, नेतृत्व करना आता है और शासन चलाना आता है। सुबह से रात तक तमाम प्रशासन के काम करते हैं। अभी मैं इंदौर गया हुआ था। वहाँ के कमिश्नर ने मुख्यमंत्री के साथ हुए एक अनुभव को साझा किया, जो इस प्रकार है कि मुख्यमंत्री के साथ हम प्रशासनिक अधिकारियों का सुबह आठ बजे से रात डेढ़ बजे तक बैठकों का दौर चला। मैंने सोचा कि अब आराम करेंगे। तभी मुख्यमंत्रीजी की तरफ से कहा गया कि अभी एक बैठक और कर लें। मैंने कहा कि सुबह से देर रात हो गई, फिर सुबह 8 बजे से बैठक है! तो कहा गया कि आराम करने का बहुत समय होगा। बुलाओ सबको। फिर बैठक शुरू हो गई। मैंने सोचा कि देर रात तक काम किया है तो अब सुबह 8 बजे तो क्या आएँगे! पर सुबह 8 बजे फिर मुख्यमंत्रीजी हाजिर थे। मुझे आश्चर्य था, पर यह आश्चर्य उस समय और बढ़ गया, जब पता चला कि मुख्यमंत्रीजी दूर क्षेत्र में एक बैठक भी कर आए हैं। मैं राजनीतिक लोगों की आलोचना नहीं कर रहा, मेरा उद्‌देश्य किसी की भी आलोचना करना नहीं है। मेरा कहने का अर्थ है कि इस देश में कितनी मेधा, कितना ऊर्जा, कितनी नेतृत्व क्षमता और कितना कुछ कर दिखाने की क्षमता है।

एक बड़े राजनेता हैं। राजनीति में नहीं हैं, पर अच्छे विचारक हैं। उन्होंने एक विषय लिया—'डेवलपमेंट ऑफ टेक्नोलॉजी एंड रिसर्च : इंडिया वर्सिस अदर कंट्रीज'। तो उन्होंने सात बार दोहराया कि चीन हमारे से कितना आगे है,···कितना आगे है···इस विषय पर कितना अनुसंधान हो रहा है···! मैं सोचने लगा कि इनका ध्यान इस बात पर कभी नहीं गया कि उनको 140 करोड़ में से छान करके जितनी मेधा है, उनको अपनी भाषा में ही अपनी मेधा सिद्ध करनी है। और हमारे यहाँ जो 7-8 प्रतिशत लोग ऐसे हैं, जो ठीक से अंग्रेजी पढ़-लिख सकते हैं, सिर्फ उन्हीं में से मेधा छनेगी। इन्हीं 7-8 प्रतिशत में से छनाई करके अनुसंधान कराएँगे, उस पर

तुर्रा यह कि उनकी भाषा में नहीं कराएँगे, दूसरी भाषा में कराएँगे। दिमाग किस भाषा में सोचता है! अपनी भाषा में। सोचने-समझने का कार्य हम अपनी भाषा में ही कर सकते हैं। 135 करोड़ चीनी बनाम 7-8 प्रतिशत भारतीय; जोकि अपनी नहीं, विदेशी भाषा में कार्य करेंगे, हम उनका मुकाबला करने चले हैं। अब अगर वे मुझे मिलें, तो यह जरूर कहूँगा कि तुलना ठीक से करो।

यह कहना भी उचित नहीं होगा कि भारतीय भाषाओं में पढ़नेवाले सभी डॉक्टर, इंजीनियर, आर्किटेक्ट आदि ही बनेंगे, पर अंग्रेजी का अवरोध लगाना अनुचित है। यह अवरोध हटेगा तो निश्चित तौर पर अनेक मेधाओं को उभरने का अवसर मिलेगा।

परिवर्तन एक दिन में नहीं होता, समय लगता है, पर इस विषय में देश के नई शिक्षा नीति घोषित होने के बाद अब तक जो काम हुआ है, संतोषजनक है। पाठ्यक्रमों को भारतीय भाषाओं में लागू करने का सरकार नीतिगत निर्णय ले चुकी है। अखिल भारतीय तकनीकी शिक्षा परिषद्, जितना सोचा जा सकता था, उससे ज्यादा गंभीरता और उत्साह से इस कार्य में लग गई है। इस कार्य में सरकार की गति भी तेज है। परंतु घोर अंधकार से अपने उद्देश्य को उजाले में लाने के लिए हमें हर स्तर पर और तेजी से कार्य करना होगा। हमारे देश में 15 प्रदेश ऐसे हैं, जो 4 करोड़ से ज्यादा की आबादी के हैं। उनको अपनी भाषा में तकनीकी पाठ्यक्रम चलाना है। पर तकनीकी शब्द वर्तमान में जैसे हैं, वैसे ही उपयोग में लाए जाएँगे।

हम अंग्रेजी के विरोध में नहीं जा रहे, लेकिन पढ़ाने की भाषा प्रदेश की होगी। पुस्तकें उनकी भाषा में होंगी। प्रश्न-पत्र प्रादेशिक भाषा में होंगे, पर जो तकनीकी शब्द व सूत्र हैं, वे अंग्रेजी में होंगे। इससे उन विद्यार्थियों के लिए रास्ता खुल जाएगा, जो 12वीं तक हिंदी या अपनी प्रादेशिक भाषा में पढ़े हैं और अब डॉक्टरी या इंजीनियरिंग पढ़ना चाहते हैं। अब उन पर अंग्रेजी की मोटी पुस्तकें थोपी नहीं जाएँगी। वे अपनी भाषा की पुस्तकों से डॉक्टरी या इंजीनियरिंग की पढ़ाई कर सकेंगे। जैसा मैंने कहा कि हम अंग्रेजी के विरोधी नहीं हैं। हम उदारवादी सोच के साथ आगे बढ़ रहे हैं। हम चार साल के पाठ्यक्रम में तकनीकी शिक्षा भारतीय भाषा में देने के साथ सेतुबंधन के तौर पर अंग्रेजी भी साथ-साथ पढ़ाई जाने के पक्षधर हैं। चूँकि जब चार-पाँच साल में कोई डॉक्टर या इंजीनियर बने तो उसे आत्मविश्वास हो कि मुझे अंग्रेजी व्यवहार में लाने में कोई परेशानी नहीं आएगी।

यह भी बता दूँ तकनीकी शिक्षा में अपनी भाषा का विचार मेरे मस्तिष्क में

कैसे आया। श्री एस.आर. शर्माजी, जो 1966 बैच के यू.टी. कैडर के आई.ए.एस. अधिकारी हैं, मेरे नजदीकी हैं। एक दिन एक पुस्तक मेरे पास लेकर आए। वे इसी तरह आंदोलित थे, जैसे मैं आपको दिखाई दे रहा हूँ। पुस्तक का नाम था—'अंग्रेजी माध्यम का भ्रमजाल।' प्रभात प्रकाशन से यह पुस्तक प्रकाशित हुई है यह पुस्तक संक्रांत सानु की लिखी है। इस पुस्तक में पृष्ठ 19 पर 20 सर्वाधिक धनी देशों की सूची दी हुई है। ये 20 देश पहले से ही अपनी भाषा में तकनीकी शिक्षा दे रहे हैं। वैश्विक दृष्टि में केवल 4 देश ऐसे हैं, जहाँ की भाषा ही अंग्रेजी है। पूरा यूरोप, जिसमें अधिकतर देश हमारे हरियाणा प्रदेश से छोटे हैं, कोई अंग्रेजी में नहीं पढ़ा रहा। इजराइल छोटा सा देश है। नया देश खड़ा हुआ है, वह भी अपनी भाषा में पढ़ा रहा है। मगर मैं यह नहीं कह रहा कि ये देश अंग्रेजी का उपयोग नहीं कर रहे। अपने समाज को पढ़ाने के लिए, समझाने के लिए और अनुसंधान करवाने के लिए अपनी भाषा का उपयोग कर रहे हैं।

एक छोटा सा उदाहरण देता हूँ। 1982 बैच के हिमाचल कैडर के सेवानिवृत्त आई.ए.एस. हैं। उनका भाई चीन में बीमार हो गया, घर के तीन लोग चीन गए। वह आई.सी.यू. में रहा, वेंटिलेटर पर रहा, 24 दिन अस्पताल में भर्ती रहा। हमारे परिचित ने बताया कि मैं बीमार भाई के पास रहा, पर चीन के डॉक्टर या अस्पताल के किसी कर्मचारी की बात न समझ सकते थे और न अपनी बात समझा सकते थे। पर हम यह देख रहे थे कि सभी अपना दायित्व ईमानदारी से निभा रहे थे। भाई का इलाज ठीक चल रहा था। ठीक होने पर उसको छुट्टी मिल गई। अस्पताल से हमें इलाज से संबंधित कागजात, यानी डिस्चार्ज रिपोर्ट दी गई, वह चीनी भाषा में थी। भारत आने पर उसका अनुवाद करवाया। यहाँ के चिकित्सकों को दिखाया तो बताया गया कि बेहतर इलाज किया गया है।

कहने का तात्पर्य यह है कि हमारे दिमाग से यह वहम कब निकलेगा कि दिमाग केवल अंग्रेजी में ही चलेगा! क्या चीन या अन्य देशों की तरह हम अपना दिमाग अपनी भाषा में नहीं चला सकते! बेहतर चला सकते हैं। खैर, अब बदलाव के प्रयास हो रहे हैं, हम रात को दिन में बदलना चाहते हैं। देश को अँधेरे से प्रकाश में लाना चाहते हैं। अब हमारा कर्तव्य बनता है कि अगर कोई मेधावी विद्यार्थी है तो उसके अंदर आत्मविश्वास जगाएँ कि वह अब अपनी भाषा में अपने सपने पूरे कर सकता है, डॉक्टर बन सकता है, इंजीनियर बन सकता है। तमिलनाडु में तो ऐसे विद्यार्थी, जो सरकारी विद्यालय से तमिल भाषा में पढ़कर आएँगे, को

साढ़े सात प्रतिशत आरक्षण और नौकरियों में बीस प्रतिशत प्राथमिकता देना भी शुरू कर दिया है।

अब अध्यापकों की बात आती है, इसमें भी कोई रुकावट नहीं है। हिंदी भाषी राज्य हो, तमिल भाषी राज्य हो या फिर कोई और भारतीय भाषाभाषी राज्य हो, वहाँ के अध्यापकों को वहाँ की भाषा तो आती ही है। वे आसानी से अपनी भाषा में पढ़ा सकते हैं। उनके लिए समझाना भी आसान होगा और विद्यार्थियों के लिए समझना भी। इसमें कोई परेशानी नहीं होनी चाहिए। वे घर-बाहर अपनी ही भाषा में बोलते हैं। फिर अगर अपनी भाषा में पढ़ाना, तो यह गर्व की बात होगी, एक सुखद अनुभूति होगी। अध्यापक भी अपने कॉलेज में अपनी भाषा में शिक्षण का माहौल बनाएँ। विद्यार्थियों को भी उत्साहित करें।

अब कॉलेज चलानेवालों की बात आती है। शिक्षण संस्थाएँ और कॉलेज चलानेवालों से हम संपर्क में हैं। उन्हें इसके लिए प्रोत्साहित किया जा रहा है कि अगर वे भारतीय भाषा में शिक्षण का कार्य करेंगे तो विद्यार्थियों की संख्या बढ़ेगी और उनका देश व समाज के प्रति दायित्व का निर्वहन होगा।

इसमें नौकरशाहों की भूमिका भी महत्त्वपूर्ण है। सरकार तो कानून बनाती है, जमीनी स्तर पर उन्हें नौकरशाह ही उतारते हैं। मैं कहना चाहूँगा कि यह कोई राजनीतिक विषय नहीं है, सामाजिक विषय है। इस पर तो उच्च स्तर पर कार्य करना चाहिए। इस परिवर्तन से भारतीय भाषाओं में शिक्षा का एक व्यापक आंदोलन खड़ा हो जाना चाहिए। समाज को न्याय दिलवाना और समाज की मेधा को उभारना व उसका देश की प्रगति में सदुपयोग करवाना हमारा दायित्व बनता है। हमें अपने इस दायित्व का निर्वहन सत्यनिष्ठा के साथ करना होगा।

एक और छोर है, जिस पर कार्य करने की आवश्यकता है। वह है—रोजगार व उद्योग। मैं रेलवे मंत्रीजी से मिला। उनके नाम एक पत्र लेकर गया। यह पत्र रेलवे में भारतीय भाषाओं में पढ़े लोगों के लिए नौकरी के विषय में था। उनसे कहा कि रेलवे एक बड़ा विभाग है। इसमें देखिए कि आप भारतीय भाषाओं में पढ़कर आनेवाले इंजीनियर्स के लिए क्या सहयोग कर सकते हैं! तो उन्होंने पूछा कि ये जो इंजीनियरिंग सर्विसेस की परीक्षा होती है, क्या इसमें भारतीय भाषाओं की अनुमति है। मैंने कहा कि इसमें तो फिलहाल नहीं है। हाँ, सिविल सर्विस में तो है।

यह अलग बात है कि अंग्रेजी के दबाव में इस वर्ष सिविल सर्विस में भारतीय भाषा के माध्यम वाले 761 में से केवल 11 विद्यार्थी पास हुए हैं, जबकि

पहले 11 प्रतिशत पास हो जाते थे। इसका कारण है कि अब इसमें 85 प्रतिशत प्रोफेशनल आ रहे हैं, जैसे—डॉक्टर, इंजीनियर, एम.बी.ए. आदि। इनकी भाषा तो अंग्रेजी ही है। अब रह गए 15 प्रतिशत। इसमें भी दिल्ली विश्वविद्यालय के 5 प्रतिशत होते हैं, वे भी अंग्रेजी भाषा वाले ही हैं। अब भारतीय भाषाओं वालों के लिए जगह ही कहाँ रह गई!

यही बात मैंने रेलवे मंत्रीजी से कही कि इंजीनियरिंग सर्विसेस में भारतीय भाषाओं को अनुमति नहीं है। उन्होंने तुरंत अपने सचिव को फोन करके कहा कि कल ही आप एक पत्र बनाकर यू.पी.एस.सी. के चेयरमैन से मिलो और उनसे कहो कि इंजीनियरिंग सर्विसिस में सभी भारतीय भाषाओं को अनुमति देनी चाहिए। फिर उनसे मेरी बैठक निश्चित करो। मैं उनसे इस विषय पर बात करूँगा। इस विषय में उन्होंने व्यक्तिगत रुचि दिखाई, इसके बाद जब मैं हरियाणा के मुख्यमंत्रीजी को मिला तो मैंने उनसे भी इस पर चर्चा की। उन्होंने उसी समय हरियाणा के अतिरिक्त प्रमुख सचिव डॉ. अमित अग्रवाल से पूछा कि हम सरकारी सेवा में इंजीनियर्स की भर्ती के लिए जो रिक्तियाँ निकालते हैं तो क्या हम आवेदन-पत्र में ये रेखांकित करते हैं कि उनकी भाषा का माध्यम क्या है! डॉ. अमित अग्रवाल ने कहा कि अभी तक ऐसा कोई प्रावधान नहीं है। श्री खट्टरजी ने कहा कि जो सचिव, श्रम और रोजगार विभाग देखते हैं, उनको फोन मिलाओ। फोन पर उनको आदेश दिया, अब से जो इंजीनियर्स की भर्ती के लिए आवेदन-पत्र जारी किए जाते हैं, उनमें भाषा का माध्यम अंग्रेजी/हिंदी लिखा जाना चाहिए, ताकि अंग्रेजी की बाध्यता समाप्त हो जाए। हिंदी भाषी भी बेहिचक आवेदन कर सकें।

हमारा अगला कदम है कि जो बड़े-मध्यम उद्योग हैं, हम उनके प्रबंधकों से मिलकर उन्हें प्रेरित करें, समझाएँ कि वे अपने यहाँ स्थानीय भाषा के इंजीनियर को प्राथमिकता दें। चूँकि श्रमिक से लेकर सुपरवाइजर तक स्थानीय भाषी होते हैं तो उनकी भाषा में उनसे संवाद करना, उन्हें समझाना और उनकी समस्या या बात को समझना सहज होता है। फिर इससे अपनत्व की भावना भी आती है, जो ऊर्जा का काम करती है।

कार्य छोटा नहीं है, यह बड़ा परिवर्तन है। समय लगेगा, पर लोगों को समझ आने लगेगा कि हमारी मेधा अन्य भाषा के अपेक्षाकृत अपनी भाषा में ही अच्छा कार्य करती है, चूँकि हम कार्य चाहे अंग्रेजी में करें, पर हम सोचते तो अपनी ही भाषा में हैं।

उपरोक्त परिप्रेक्ष्य में एक तथ्य गंभीरता से रेखांकित होना अत्यंत महत्त्वपूर्ण

है कि यदि देशवासियों को कोई भी रोजगार प्रदान करनेवाला सम्मानजनक भविष्य बनाना है तो वह अंग्रेजी भाषा के माध्यम से ही बन सकता है। सारा समाज अपने बच्चों को अंग्रेजी माध्यम में पढ़ाने के लिए प्राथमिकता देता है, जबकि इस देश में 80 प्रतिशत से अधिक बच्चों के लिए भारतीय भाषाओं में पढ़ना उनकी मजबूरी है। जब तक देश में अच्छे-से-अच्छे व्यावसायिक विषय सर्वोच्च स्तर के संस्थानों में भारतीय भाषाओं में नहीं पढ़ाए जाएँगे, तब तक भावी पीढ़ी भारतीय भाषाओं की ओर आकर्षित होकर अपनी अद्वितीय मेधा का योगदानपूर्ण स्वाभिमान से इस महायज्ञ में देश को आत्मनिर्भर बनाने के लिए आहुति नहीं दे पाएगी।

□

QR कोड मोबाइल कैमरे से स्कैन करके यू-ट्यूब पर पूरा व्याख्यान सुना जा सकता है।

डॉ. अनिल सहस्रबुद्धे

अध्यक्ष, अखिल भारतीय तकनीकी शिक्षा परिषद्

डॉ. अनिल सहस्रबुद्धे ने कर्नाटक विश्वविद्यालय से बी.वी.बी. कॉलेज ऑफ इंजीनियरिंग एंड टेक्नोलॉजी, हुबली से मैकेनिकल इंजीनियरिंग में स्नातक की डिग्री स्वर्ण पदक के साथ प्राप्त की। इसके बाद उन्होंने भारतीय विज्ञान संस्थान, बेंगलुरु से मास्टर डिग्री और डॉक्टरेट की उपाधि प्राप्त की।

आप ईटा नगर, अरुणाचल प्रदेश स्थित एन.ई.आर.आई.एस.टी. में सहायक प्रोफेसर के पद पर रहे। उसके बाद आपने भारतीय प्रौद्योगिकी संस्थान, गोहाटी में संकाय के रूप में विभिन्न महत्त्वपूर्ण पदों पर कार्य किया। तत्पश्चात् इन्होंने कॉलेज ऑफ इंजीनियरिंग, पुणे में निदेशक के रूप में वर्ष 2006-2015 तक कार्य किया। वे यू.जी.सी. की अधिकार प्राप्त बेसिक साइंस रिसर्च (बी.एस.आर.) समिति के अध्यक्ष भी हैं। वहीं बी.ओ.जी., एन.आई.टी., अरुणाचल प्रदेश के अध्यक्ष भी रहे। वर्तमान में वे अखिल भारतीय तकनीकी शिक्षा परिषद् (ए.आई.सी.टी.ई.) के अध्यक्ष हैं। उनके कार्यकाल की महत्त्वपूर्ण विशेषता इंजीनियरिंग कॉलेजों में भारतीय भाषाओं में पाठ्यक्रम शुरू होना है।

हमने भारतीय भाषाओं को व्यावसायिक पाठ्यक्रम में लाने की पहल कर दी है

20 जुलाई, 2020 को जो नई शिक्षा नीति आई है, उसमें मातृभाषाओं को महत्त्व दिया गया है। प्राथमिक शिक्षा तो मातृभाषा में होनी ही चाहिए, जो उच्च शिक्षा है, जैसे—डॉक्टरी, इंजीनियरिंग आदि कोई भी विज्ञान हो, वह सभी मातृभाषा में होनी चाहिए। पहली बार नई शिक्षा नीति में इसका प्रावधान किया गया और कहा गया कि हमें इस ओर गंभीरता से प्रयास करने चाहिए। प्रधानमंत्री श्री मोदीजी ने कई जगह''' विभिन्न मंचों पर इस पर जोर भी दिया। अखिल भारतीय तकनीकी शिक्षा परिषद् (ऑल इंडिया काउंसिल फॉर टेक्निकल एजुकेशन) का प्रमुख होने के नाते मैंने अपने सहयोगियों से इस पर व्यापक स्तर पर चर्चा की कि इसमें हमारा कार्य महत्त्वपूर्ण है, यह हमारा दायित्व है और हमने निर्णय लिया कि हम संभव प्रयास से इस दिशा में सार्थक दायित्व निर्वहन करेंगे।

वैसे सरकार ने 3-4 साल पहले स्वयं नाम से एन.पी.टी.ई.एल. अर्थात् नेशनल प्रोग्राम ऑन टेक्नोलॉजी एन्हांस्ड लर्निंग (प्रौद्योगिकी वर्धित शिक्षा पर राष्ट्रीय कार्यक्रम) शुरुआत की थी। यह भारत सरकार का एक एम.ओ.ओ.सी., यानी बड़े पैमाने पर मुक्त ऑनलाइन पाठ्यक्रम प्लेटफार्म है, जिसे भारतीय विज्ञान संस्थान, बेंगलुरु द्वारा सात भारतीय प्रौद्योगिकी संस्थानों—आई.आई.टी. बॉम्बे, दिल्ली, कानपुर, खड़गपुर, मद्रास, गुवाहाटी और रुड़की—के सहयोग से कार्यान्वित किया जा रहा है। इसमें लगभग तीन हजार कोर्स हैं, पर अधिकतर अंग्रेजी भाषा में हैं। 15-20 पाठ्यक्रम हिंदी में होंगे। अन्य भारतीय भाषाओं में कोई पाठ्यक्रम नहीं है। ये सारे कोर्स अच्छे हैं और ये विद्यार्थियों को अपनी मातृभाषा में मिलने चाहिए, इसके लिए नई शिक्षा नीति आने से पहले ही इनके अनुवाद का कार्य हमने शुरू कर

---

* 27-28 नवंबर, 2021, संसद मार्ग, दिल्ली

दिया था। शुरू में 8 भाषाओं में अनुवाद का कार्य हमने आई.आई.टी. मद्रास को दिया था। इसमें आई.आई.टी. हैदराबाद भी कार्यरत था, पर कार्य की गति धीमी थी। फिर जब इंजीनियरिंग के पाठ्यक्रमों को भारतीय भाषाओं में जल्द करने का निर्णय लिया गया, तब अखिल भारतीय तकनीकी शिक्षा परिषद् ने आई.आई.टी. मद्रास और हैदराबाद को कहा कि जो कार्य बाकी रह गया है, उसमें हम भी आपकी मदद करेंगे और कार्य को विभाजित कर जल्दी करने का प्रयास करेंगे। मुझे खुशी है कि तकनीकी शिक्षा के प्रथम वर्ष पाठ्यक्रम में जो विषय होते हैं, जैसे—भौतिक शास्त्र, कंप्यूटर, इंजीनियरिंग, ड्राइंग, बेसिक इलेक्ट्रिकल आदि का अनुवाद आठ भारतीय भाषाओं में हो गया है। भारत सरकार के द्वारा फिर कहा गया कि कम-से-कम बारह भारतीय भाषाओं में अनुवाद होना चाहिए तो इस दिशा में तेजी से कार्य करते हुए हमने लक्ष्य को प्राप्त कर लिया है। सभी कॉलेजों को स्वयं एन.पी., टी.ई.एल. के कुछ तकनीकी कोर्स बारह भारतीय भाषाओं में करके दे दिए हैं। अब जो सत्र शुरू हो रहा है, उसमें इन बारह भाषाओं में पढ़ाया जा सकता है।

अनुवाद के क्रम में देखा गया कि भारतीय भाषाओं का जो मूल भाव है, वह नहीं आ पाता। तब हमने भाषाओं के अच्छे जानकार अध्यापकों की मदद से भाषा के भाव को ध्यान में रखते हुए 8 भाषाओं में मौलिक पुस्तकें तैयार करवाईं। अब 4 और भाषाओं में भी कार्य हो रहा है। यह भी तय किया गया कि जो अच्छे कॉलेज हैं, उनको मातृभाषा में पढ़ाने के साथ छात्रों के लिए सीट बढ़ाने की अनुमति देंगे। परिणामस्वरूप 10 राज्यों के 20 कॉलेजों ने सीट बढ़ोतरी के साथ 6 भारतीय भाषाओं में पढ़ाने की पहल की। इसमें 15 हिंदी और 5 अन्य भाषी हैं। ये 20 कॉलेज अब सिविल इंजीनियरिंग, मेकैनिकल इंजीनियरिंग, कंप्यूटर साइंस, इंफॉर्मेशन टेक्नोलॉजी और इलेक्ट्रॉनिक्स भारतीय भाषाओं में पढ़ाएँगे।

आई.आई.टी. और एन.आई.टी. तकनीकी शिक्षा के मुख्य केंद्र हैं। यहाँ भी शिक्षा भारतीय भाषाओं में होनी चाहिए, इसके भी प्रयास किए जा रहे हैं। आई.आई.टी. में थोड़ी दिक्कत है। चूँकि वहाँ समस्त भारत के अनेक भाषाओं के विद्यार्थी प्रवेश लेते हैं। ऐसे में संभव है कि एक ही भाषा के ज्यादा छात्र वहाँ नहीं आते तो इसका भी हम समाधान कर रहे हैं। जैसे दिल्ली आई.आई.टी. में अलग से हिंदी भाषी विद्यार्थियों के लिए व्यवस्था की जाएगी। इससे जो हिंदी भाषी विद्यार्थी हैं, वे कानपुर, चेन्नई, हैदराबाद आदि में जाने के बजाय दिल्ली में आने का प्रयास करेंगे। सभी आई.आई.टी. तैयार हैं कि हम शुरुआत में कुछ विषय भारतीय भाषाओं में पढ़ाने का प्रयास करेंगे। फिर जैसे-जैसे माँग बढ़ेगी तो सभी विषयों को इसमें

शामिल करेंगे। एन.आई.टी. में यह कार्य आसान है, क्योंकि इसमें 50 प्रतिशत विद्यार्थी जहाँ यह स्थित होती है, उसी राज्य के होते हैं। 50 प्रतिशत अन्य राज्यों के होते हैं। सभी एन.आई.टी. से संपर्क कर अखिल भारतीय तकनीकी शिक्षा परिषद् अपने द्वारा तैयार की गई स्थानीय भाषा की पुस्तकों को अवलोकन हेतु भेजेगी, जिससे उन्हें अपने यहाँ की भाषा में तकनीकी पाठ्यक्रमों को लागू करने की प्रेरणा व प्रोत्साहन मिलेगा। एक तथ्य यह भी है कि अपनी भाषा में पढ़ाई करने पर बेहतर नवाचार और अनुसंधान हो सकता है। चूँकि हम कार्य चाहे अंग्रेजी में करें, पर बोलते और सोचते तो अपनी भाषा में ही हैं। प्रधानमंत्रीजी आत्मनिर्भर भारत की बात कहते हैं तो आत्मनिर्भरता तभी आती है, जब आत्मविश्वास मन में होता है।

सरकार का मानना है कि स्थानीय भाषाओं में पढ़ाई से बच्चे सभी विषयों को बेहद आसानी से बेहतर तरीके से सीख सकते हैं, जबकि अंग्रेजी या फिर किसी दूसरी भाषा में पढ़ाई से उन्हें दिक्कत होती है। इस पहल से ग्रामीण और आदिवासी क्षेत्रों से निकलनेवाले बच्चों को सबसे ज्यादा फायदा होगा, क्योंकि मौजूदा समय में वे इन कोर्सों के अंग्रेजी भाषा में होने के चलते पढ़ाई से पीछे हट जाते हैं।

प्राथमिक से लेकर ऊँची शिक्षा तक भारतीय भाषओं में शिक्षण का जो प्रयास हम करने जा रहे हैं, उसमें आप सभी यानी नौकरशाहों की सहभागिता बेहद जरूरी है। इन प्रयासों को जमीनी स्तर पर उतारने और लोगों की शंकाओं का समाधान करने में आपकी महत्त्वपूर्ण भूमिका होगी। दुनिया के अनेक देश हैं, जहाँ शिक्षा उनकी भाषा में होते हुए कोई कठिनाई नहीं आती और वे आगे बढ़ रहे हैं तो हमारे यहाँ शंका क्यों है? क्या अपनी भाषा में पढ़ाई करने पर दूसरे राज्यों या विदेश में रोजगार मिलेगा? ऐसे सवाल उठने ही नहीं चाहिए।

जो सिविल इंजीनियरिंग की शिक्षा अंग्रेजी में लेता है, उसको भी जब कार्यक्षेत्र में कार्यरत श्रमिकों से संवाद करना होता है तो स्थानीय भाषा में करना होता है, क्योंकि श्रमिक वहीं के होते हैं और उन्हें अंग्रेजी नहीं, अपनी भाषा ही आती है। ऐसे में स्थानीय भाषा में इंजीनियरिंग करनेवालों के लिए कार्य सुलभ होगा। कठिनाई नहीं आएगी। हाँ, केवल अंग्रेजी जानने के कारण कठिनाई आ सकती है। जो ऑटो उद्योग हैं, स्टील उद्योग हैं, वहाँ आई.आई.टी. से पढ़े लोग स्थानीय भाषा में ही बात करते हैं।

स्थानीय भाषा में पढ़ाने पर अध्यापकों को परेशानी आ सकती है, यह सवाल ही नहीं उठना चाहिए। चूँकि अक्सर अखिल भारतीय तकनीकी शिक्षा परिषद् के पास विद्यार्थियों की शिकायत आती है कि फलाँ तकनीकी शिक्षा संस्थान में शिक्षक

अपनी, यानी स्थानीय भाषा में पढ़ाते हैं, जबकि हम दूसरे राज्य के होने कारण स्थानीय भाषा समझ नहीं पाते। इससे स्पष्ट है कि पुस्तकें अंग्रेजी में हैं, परीक्षा अंग्रेजी में होती है, फिर भी भारतीय भाषाओं में शिक्षण कार्य पहले से हो रहा है। चूँकि जब शिक्षकों को लगता है कि विद्यार्थियों को अंग्रेजी में ठीक से समझ नहीं आ रही तो वे अपनी स्थानीय भाषा में ही पढ़ाते हैं।

एक सत्य यह भी है कि विद्यार्थियों को अंग्रेजी में पढ़ने में ही नहीं, अधिकतर शिक्षकों को अंग्रेजी में पढ़ाने में परेशानी आती है। उनकी अंग्रेजी संतोषजनक नहीं है। करीब पाँच लाख तकनीकी शिक्षक हैं। अगर उनका अंग्रेजी का टेस्ट लिया जाए तो परिणाम 5–8 प्रतिशत ही आएगा। 92 से 95 प्रतिशत शिक्षक परीक्षा उत्तीर्ण ही नहीं कर पाएँगे। तो टूटी–फूटी अंग्रेजी में पढ़ाने के बजाय भारतीय भाषा, चाहे वह तेलुगु, कन्नड़, मराठी, मलयायम, बंगाली, असमी, पंजाबी हो, उसमें पढ़ाना सरल व सार्थक होगा। अध्यापन के लिए ज्यादा प्रयास नहीं करना पड़ेगा, क्योंकि वे कार्य तो पहले से अध्यापक कर रहे हैं। बस पुस्तकें और प्रश्न–पत्र स्थानीय भाषा में तैयार करने की आवश्यकता है।

इसके लिए अखिल भारतीय तकनीकी शिक्षा परिषद् ने एक महत्त्वपूर्ण कार्य किया है। एक कृत्रिम ट्रांसलेशन टूल भी बनाया है। यह महत्त्वपूर्ण इसलिए है कि हमारी सारी पुस्तकें अंग्रेजी में हैं तो सभी का मानवीकृत अनुवाद करने में बहुत समय लगेगा, जबकि इस टूल के द्वारा आसानी से यह कार्य किया जा सकता है। जैसे गूगल, माइक्रोसॉफ्ट टूल ट्रांसलेट करते हैं, इनसे भी बेहतर टूल हमने विकसित किया है। यह टूल हमारे ही संस्थान के व्यक्ति ने विकसित किया है। यह टूल 75 से 80 प्रतिशत अनुवाद सही करता है। इतना ही नहीं, पुस्तकों में जो चित्र, फिगर, ग्राफ, टेबल और चार्ट होते हैं, उनमें भी अंग्रेजी में लिखा होता है तो हमारा यह टूल इनका भी 12 भारतीय भाषाओं में अनुवाद करने में सक्षम है, जबकि गूगल, माइक्रोसॉफ्ट टूल या कोई और दुनिया का टूल ऐसा करने में सक्षम नहीं है। वे केवल लिखित वाक्यों को ट्रांसलेट करते हैं। हमारे टूल में जो 20 प्रतिशत कमी है, उसको भी दूर करने के लिए एक टूल बनाया है। भाषा के अध्यापक या जानकार इसकी मदद से टाइप या कॉपी–पेस्ट करके गलत मैटर को संपादित कर सकते हैं। अंग्रेजी के 26 अक्षर ही हैं तो इसकी टाइपिंग आसान है, जबकि भारतीय भाषाओं में अनेक शब्द और मात्राएँ हैं तो यह थोड़ा मुश्किल है। इसके लिए इस टूल में यह व्यवस्था भी है कि आप शब्द या वाक्य बोलें। आपका बोला हुआ ऑडियो द्वारा रूपांतरित होकर टेक्स्ट में लिखा आता है। यह सही वाला शब्द या वाक्य कॉपी करके गलत वाले की

जगह पेस्ट कर दें। चाहें तो टाइप करके गलत को सही कर सकते हैं। ये पूरा मैटर पढ़कर ऑडियो में भी अपनी भाषा में परिवर्तित कर सकते हैं। अगर कल को स्वयं के कोर्स में डबिंग करनी है, जैसे सिनेमा में डबिंग होती है, वैसी ही अपनी भाषा में डबिंग हो सकती है। यह सुविधा भी टूल में है।

प्रधानमंत्रीजी ने जब नई शिक्षा नीति का अवलोकन किया तो कहा कि पुस्तकें तो भारतीय भाषाओं में हो जाएँगी, पर जो रिसर्च जर्नल हैं, उनका अनुवाद करना कठिन है तो क्यों न ये टूल लोगों के हाथ में दे दें। इससे लोग अपनी भाषा में खुद टूल द्वारा अनुवाद कर सकेंगे। सही अनुवाद 70–75 प्रतिशत ही होगा, पर उसे समझने में आसानी हो जाएगी। इससे आगे रिसर्च करने में सहयोग भी मिलेगा। इस टूल के द्वारा कोई भी मनचाही उपयोगी, किसी भी भाषा में लिखी पुस्तक अपनी भाषा में अनुवाद की जा सकेगी, ऐसा भी हम करने जा रहे हैं। 25–30 प्रतिशत अनुवाद नहीं हो पाता, क्योंकि अंग्रेजी के शब्दों के उस भारतीय भाषाओं में अर्थ नहीं मिल पाते। उसके लिए भी प्रयास किए जा रहे हैं। जैसे-जैसे अंग्रेजी के शब्दों के अर्थ भारतीय भाषाओं में मिलते जाएँगे, हम टूल में अपडेट करते जाएँगे। 2–3 साल लग सकते हैं, पर वह समय भी आएगा, जब 100 प्रतिशत शुद्ध अनुवाद हम प्राप्त कर सकेंगे।

अगर हमारा प्रयास इसी तरह चलता रहा, तो 2–3 साल बाद जब अपनी भाषा में पढ़कर रोजगार या स्वरोजगार शुरू करेंगे, तब इससे प्रेरित होकर और भी लोग भारतीय भाषाओं में पढ़ने में रुचि दिखाएँगे। उन्हें विश्वास होगा कि हम अपनी भाषा में पढ़कर आगे बढ़ सकते हैं। दुनिया देखेगी कि यह शिक्षा के क्षेत्र में एक बड़ी क्रांति सिद्ध होगी, ऐसा मेरा विश्वास है। भाषा की दृष्टि से भारत बेहद समृद्ध है। उत्तर-पूर्व में 60 मुख्य भाषाएँ हैं और 180 अन्य स्थानीय भाषाएँ हैं। हम कोशिश करेंगे कि छोटी-बड़ी सभी भारतीय भाषाओं में शिक्षा का प्रावधान हो।

□

QR कोड मोबाइल कैमरे से स्कैन करके यू-ट्यूब पर पूरा व्याख्यान सुना जा सकता है।

अनिल जोशी

लेखक एवं उपाध्यक्ष, केंद्रीय हिंदी शिक्षण मंडल, शिक्षा मंत्रालय, भारत सरकार

श्री अनिल जोशी भारत सरकार के शिक्षा मंत्रालय द्वारा केंद्रीय हिंदी शिक्षण मंडल, शिक्षा मंत्रालय, भारत सरकार के नामित उपाध्यक्ष पद पर हैं। वे भारत सरकार के गृह मंत्रालय में अधिकारी रहे हैं। वे विदेश मंत्रालय में रहते हुए करीब 9 वर्षों तक ब्रिटेन तथा फिजी देश में राजनयिक पद पर रहे। इस दौरान उन्होंने विदेशी जमीन पर हिंदी भाषा के प्रचार, प्रसार तथा विकास में महत्त्वपूर्ण भूमिका निभाई। वे प्रतिष्ठित कवि, लेखक हैं। उनके पास 'संकल्प फाउंडेशन' में महामंत्री का दायित्व है। भाषा के विकास से वर्षों जुड़े रहे हैं। संघ लोक सेवा आयोग व भाषा के विभिन्न आंदोलनों में उनकी सक्रिय भागीदारी रही है। इन मुद्दों पर वे देश-विदेश में अत्यंत प्रतिबद्धता के साथ कार्य कर रहे हैं। आपकी प्रकाशित पुस्तकें हैं—'मोर्चे पर', 'नींद कहाँ है' *(काव्य संग्रह)*, 'प्रवासी लेखन : नई जमीं, नया आसमाँ' पुस्तक विश्वविद्यालयों में संदर्भ पुस्तक के रूप में प्रयोग की जाती है।

भारतीय भाषाओं के संबंध में चुनौतियाँ

श्री संतोष तनेजा के लिए व्यावसायिक पाठ्यक्रम में भारतीय भाषाएँ मात्र एक विषय नहीं हैं, एक अभियान है, एक संकल्प है, एक जोश है, एक उत्साह है। यह स्पष्टतः दृष्टिगोचर हो रहा है कि उनके अथक प्रयास से देश में, समाज में और सरकार की शिक्षा नीतियों में तेजी से बदलाव हो रहा है। वे और संकल्प भारतीय भाषाओं के लिए पिछले 10 वर्षों से एक अभियान चला रहे हैं। वैसे इस अभियान से जुड़े तो ये 30-40 वर्षों से हैं। अभियान का मूल उद्देश्य है कि भारतीय भाषाएँ न केवल सैद्धांतिक चर्चा का विषय बनें, व्यावहारिक जीवन में भी उनका उपयोग हो। इंजीनियरिंग, मेडिकल, चार्टर्ड अकाउंटेंट आदि क्षेत्रों में, जो व्यावसायिक पाठ्यक्रम हैं, वे भारतीय भाषाओं में हों। इसके लिए न केवल उन्होंने अभियान चलाया, देश के सर्वोच्च लोगों से, जिसमें माननीय उपराष्ट्रपति, गृहमंत्री, संसद अध्यक्ष और शिक्षा मंत्रीजी शामिल हैं, से बात की और अंत में माननीय प्रधानमंत्रीजी से बात की। इसका परिणाम आज हम देख रहे हैं कि देश में व्यावसायिक पाठ्यक्रमों को भारतीय भाषाओं में लागू कर दिया गया है।

आज की चर्चा कोई व्याख्यान, सैद्धांतिक चर्चा या अकादमिक चर्चा नहीं है, बल्कि 'संकल्प' काफी समय से प्रयास कर रहा है कि भारतीय भाषाओं को उनका उचित स्थान मिले। चूँकि किसी व्यक्ति, समाज या राष्ट्र का सर्वांगीण विकास स्थानीय भाषाओं के बिना संभव नहीं है। संकल्प के इस अभियान में मुख्य विषय यही है कि भारतीय भाषाओं को प्रशासनिक सेवा व व्यावसायिक पाठ्यक्रमों में उचित स्थान मिले।

इसमें संकल्प से जुड़े अखिल भारतीय तकनीकी शिक्षा परिषद् (ऑल

---

* 27-28 नवंबर, 2021, संसद मार्ग, दिल्ली

इंडिया काउंसिल फॉर टेक्निकल एजुकेशन) के चेयरमैन डॉ. अनिल सहस्रबुद्धेजी का योगदान अति महत्त्वपूर्ण है। संकल्प के प्रयासों में एक सार्थक गति तब आई, जब श्री संतोष तनेजाजी की माननीय प्रधानमंत्री श्री नरेंद्र मोदीजी से इस विषय पर चर्चा हुई। वह दिन 15 अगस्त, 2020 का दिन था। उनकी आपस में विस्तार से चर्चा हुई। तनेजाजी ने विचार रखा कि मैं सभी मुख्य लोगों से मिल चुका हूँ। सभी एकमत हैं कि अगर देश को आत्मनिर्भर बनना है, अगर देश को शक्तिशाली बनना है तो यह आवश्यक है कि देश की जो 90-95 प्रतिशत आबादी है, जो मौलिक प्रतिभाएँ हैं, उनको न्याय मिले। उनको ऊँची और तकनीकी शिक्षा उन्हीं की भाषा में मिले। संभव है, माननीय प्रधानमंत्रीजी के दिमाग में भी यह विषय चल रहा था, तभी तो उन्होंने कोलकता, असम, बिहार आदि में तत्काल घोषणा की कि तकनीकी पाठ्यक्रम भारतीय भाषा में पढ़ाई जाएँगी।

कुछ मुद्दे हैं, जो मैं आज इस मंच से रखना चाहूँगा। मेरा विचार है कि उन मुद्दों को संबोधित किए बिना, निदान के बिना हम गतिशीलता से आगे नहीं बढ़ पाएँगे। चूँकि यह एक सफर है, एक शुरुआत है।

पहली और मुख्य बात है—राजनीतिक इच्छाशक्ति। राजनीतिक इच्छाशक्ति के बिना कुछ नहीं हो सकता था। हमने देखा कि इससे प्रयास कुछ हद तक सार्थक हुआ। इसके साथ आधारभूत संरचना भी चाहिए। हमने देखा के मध्य प्रदेश में विश्वविद्यालय ने कहा था कि हम चिकित्सा शास्त्र व तकनीकी शिक्षा हिंदी में देंगे, पर उनके पास इस तरह की आधारभूत संरचना नहीं थी। इसके लिए एक विश्वस्त तकनीकी योजना चाहिए।

हम भाग्यशाली हैं कि इस समय अखिल भारतीय तकनीकी शिक्षा परिषद् के प्रमुख के पद पर भारतीय भाषाओं को शिक्षा में प्राथमिकता देने की सोच रखनेवाले डॉ. अनिल सहस्रबुद्धेजी हैं। भारत सरकार ने इस कार्य के लिए एक 'कृत्यक बल' यानी टास्क फोर्स बनाई। यह संयोग है कि इसमें डॉ. अनिल सहस्रबुद्धेजी, श्री संतोष तनेजाजी, श्री निर्मलजीत सिंह कलसीजी और मैं यानी अनिल जोशी हैं। अखिल भारतीय तकनीकी शिक्षा परिषद् की पहल पर शिक्षा मंत्रालय द्वारा आदेश दिया गया कि अब सभी राज्य के विश्वविद्यालय तकनीकी शिक्षा में इंजीनियरिंग अपनी भाषा में पढ़ा सकते हैं। इसके लिए कई विश्वविद्यालय और संस्थान तैयार भी हैं। लेकिन इतने पर संतोष नहीं किया जा सकता, क्योंकि आगे की समस्याएँ भी हैं, जिनका समाधान खोजा जाना है, तभी

भारतीय भाषा में शिक्षा का यह प्रयास सफल व सार्थक होगा।

समस्या सामग्री की भी है, समस्या अध्यापन की भी है, समस्या उचित परिवेश की भी है, समस्या रोजगार की भी है। यह सफर की शुरुआत है, अभी लक्ष्य तक पहुँचना है। सामग्री की समस्या का हल निकाला जा रहा है। अभी हाल ही में तमिलनाडु के शिक्षा सचिव से मेरा मिलना हुआ। इस विषय पर बात हुई तो उन्होंने बताया कि तमिलनाडु में इंजीनयरिंग के सभी कोर्सों में सरकारी विद्यालय में पढ़नेवालों के लिए 7 प्रतिशत का आरक्षण किया हुआ है। अब सवाल है कि सरकारी विद्यालय से पढ़कर आनेवाले विद्यार्थी तमिल भाषा में ही पढ़ेंगे, अन्य भाषा में तो पढ़ना मुश्किल होगा। तो उनके लिए तमिल में पुस्तकों और अध्यापकों की आवश्यकता होगी। पुस्तक के संदर्भ में अखिल भारतीय तकनीकी शिक्षा परिषद् बधाई की अभिनंदन की पात्र है कि उसने इंजीनयरिंग की पहले वर्ष की व पॉलीटेक्निक की मानक पुस्तकों का अनुवाद भारत की प्रमुख 8 भाषाओं में करवा दिया है। यह पहल सार्थक और प्रेरणादायक है।

अध्यापन के लिए राष्ट्रीय प्रौद्योगिकी संस्थान (एन.आई.टी) और अन्य तकनीकी शिक्षण संस्थानों के अध्यापकों ने विश्वास दिलाया है कि हम पढ़ाने कि लिए तैयार हैं, चाहे वह हिंदी हो, तमिल हो या अन्य भारतीय भाषा हो।

अब मुख्य बात आती है—रोजगार। आज भारतीय भाषाओं में विद्यार्थी पढ़ने को तैयार नहीं हैं, क्योंकि उनका मानना है कि इससे न तो उन्हें देश में सरकारी नौकरी मिलेगी, न विदेश में ही। वह सही है। हम इसके लिए प्रयासशील हैं कि ऐसी व्यवस्था बने, जिससे भारतीय भाषाओं में पढ़नेवालों को सरकारी व अन्य संस्थानों में रोजगार मिले। तमिलनाडु सरकार के सचिव से जब मैं मिलने गया था तो उन्होंने बताया कि उनके यहाँ एक ऐक्ट है, उसमें एक प्रावधान है कि प्रदेश में सरकारी नौकरियों में इंजीनियरिंग में तमिल भाषा में पढ़े 20 प्रतिशत लोगों को प्राथमिकता दी जाएगी। यह एक बड़ी बात है।

भारतीय भाषा में तकनीकी शिक्षा दिए जाने के अपने अभियान के तहत श्री तनेजाजी श्री कलसीजी के साथ हरियाणा के मुख्यमंत्री श्री मनोहर लाल खट्टरजी से मिले। इस विषय पर व्यापक चर्चा हुई, जिसका परिणाम है कि आज हरियाणा के तकनीकी शिक्षा संस्थानों में हिंदी माध्यम से पाठ्यक्रम प्रारंभ हो चुका है। तमिलनाडु या हरियाणा ही नहीं, यह शुरुआत पूरे देश में हो रही है। लेकिन सरकारी प्रयास ही काफी नहीं है, आप यानी नौकरशाही में उच्च

पदों पर बैठे लोगों की भागीदारी भी महत्त्वपूर्ण है। आज हम कहाँ पर खड़े हैं, हमें किस दिशा में जाना है और हम और आप मिलकर क्या कर सकते हैं! इसके लिए हमें समवेत दृष्टि से प्रयास करना होगा। इसमें व्याख्यानमाला का यह आयोजन सार्थक भूमिका निभाएगा।

□

QR कोड मोबाइल कैमरे से स्कैन करके यू-ट्यूब पर पूरा व्याख्यान सुना जा सकता है।

विष्णु प्रकाश

पूर्व राजदूत

श्री विष्णु प्रकाश कानून स्नातक (स्वर्ण पदक विजेता) हैं। वे सन् 1981 बैच के भारतीय विदेश सेवा के अधिकारी हैं। वे वर्ष 2016 में कनाडा में भारत के उच्चायुक्त के रूप में सेवानिवृत्त हुए। वे संयुक्त राज्य अमेरिका, रूस, चीन, जापान, पाकिस्तान और मिस्र में भी कार्यरत रहे। वे एशिया मामलों के विशेषज्ञ हैं। वे दक्षिण कोरिया में राजदूत और विदेश मंत्रालय और वाणिज्य दूतावास के आधिकारिक प्रवक्ता भी रहे। वे शंघाई में महावाणिज्य दूत रहे। उन्होंने टोक्यो, न्यूयॉर्क, मास्को, इस्लामाबाद, व्लादिवोस्तोक और काहिरा में भी विभिन्न पदों पर कार्य किया। वर्तमान में वे विदेशी मामलों के विश्लेषक, सलाहकार और स्तंभकार हैं, जो इंडो-पैसिफिक क्षेत्र में विशेषज्ञता रखते हैं।

थिंक-टैंक कहे जानेवाले श्री विष्णु प्रकाश विभिन्न शैक्षणिक संस्थानों से जुड़े हुए हैं और राष्ट्रीय तथा अंतरराष्ट्रीय प्रकाशनों के लिए नियमित रूप से लिखते हैं। वे भारतीय और विदेशी टीवी चैनलों पर एक लोकप्रिय वक्ता और विशेषज्ञ पैनलिस्ट हैं।

विदेश नीति : भारत एवं पड़ोसी देश

भारत एकमात्र ऐसा देश है, जो शांतिप्रिय, विश्व बंधुत्वभाव रखनेवाला और एक ताकतवर देश है। भारत सदा मैत्री भाव का निर्वहन करता आया है। यह किसी देश की जमीन नहीं चाहता और इसका सबसे बड़ा उदाहरण है—शिमला समझौता। सन् 1971 के युद्ध में हमने तिरानबे हजार पाकिस्तानी कैदी सैनिक और पंद्रह हजार वर्ग किलोमीटर की धरती पाकिस्तान को सौंप दी थी। पाकिस्तान जैसा देश, जोकि शत्रुता के अलावा कुछ नहीं जानता, उस देश को दे दी थी।

हम अपने पड़ोसी देशों के साथ हमारे संबंधों की बात करें, उससे पहले यह जानना जरूरी है कि विदेश नीति का क्या मतलब है? जब हम कहते हैं कि भारत की विदेश नीति है—पड़ोस प्रथम, तो इसका मतलब क्या है! हमारी विदेश नीति में कोई रहस्य नहीं है। यह पारदर्शी है। यह राष्ट्र हितों की सुरक्षा के लिए महत्त्वपूर्ण है। राष्ट्र हित के दो पहलू हैं। जिस प्रकार एक सिक्के के दो पहलू होते हैं, उसी प्रकार एक तो हमारी विदेश नीति है और दूसरा हमारी आंतरिक नीति है। जो भी आपके देश में होता है, उसका एक विदेशी पहलू भी होता है। जैसेकि राष्ट्रीय सुरक्षा, ऊर्जा सुरक्षा, खाद्य सुरक्षा, पूँजी निवेश को आकर्षित करना। यह एक प्रकार से विदेश नीति है। आपकी विदेश नीति आपकी आंतरिक नीति को प्रभावित करती है और दोनों मिलाकर एक देश को मजबूत बनाती हैं। जब दोनों पहलू एक साथ चलते हैं तो राष्ट्रीय नीति सफल होती है।

हम सभी जानते हैं कि विश्व में भारत की प्रतिष्ठा और प्रभाव लगातार बढ़ रही है। इसका बुनियाद क्या है, इसकी बुनियाद जहाँ तक मैं जानता हूँ, तीन बुनियाद हैं—आर्थिक विकास, आर्थिक विकास और आर्थिक विकास। क्योंकि बिना आर्थिक विकास के कुछ भी नहीं हो सकता। आपकी रक्षा नहीं हो सकती है, आधारभूत संरचना नहीं हो सकती है, आपकी सॉफ्ट पावर का आकर्षण नहीं होगा तो जो बुनियाद है, एक

* संकल्प व्याख्यानमाला 2021

देश के विकास की, वह आर्थिक विकास है और उसके लिए विदेश नीति उतनी ही महत्त्वपूर्ण है, जितनी कि हमारी आंतरिक नीति। इसमें यह समझना चाहिए कि आज जब बात होती है, हार्ड पावर की और सॉफ्ट पावर की तो हार्ड पावर सबसे पहले आती है, सॉफ्ट पावर हार्ड पावर को आकर्षित बनाती है। यह मेरा मानना है।

बात आती है कि विद्रेश नीति के क्या पहलू हैं ? पड़ोसी प्रथम तो है ही, उसके बाद लुक ईस्ट पॉलिसी है, जोकि अब सरकार में ऐक्ट ईस्ट पॉलिसी हो गई है। भारत को जापान, कोरिया और उत्तर-पूर्व के साथ दोस्ती बढ़ाने में दिलचस्पी है। संयुक्त राष्ट्र संघ के स्थायी पाँच देशों के साथ संबंध बढ़ाना हमारी प्राथमिकता है। चीन का मामला अलग है। रूस के साथ हमारे संबंध थोड़े से नरम पड़ गए हैं। उनको मजबूत करना है। अमेरिका के साथ वैश्विक और राजनैतिक साझेदारी को भी मजबूत करना है। प्रधानमंत्री श्री नरेंद्र मोदी की खासतौर पर एक बड़ी सफलता है—कूटनीतिक सफलता। खाड़ी के देशों के साथ-साथ अरब देशों के साथ हमारे संबंधों का जैसे रूपांतरण हुआ है, वह बेमिसाल है और आप सुनते होंगे कि 'क्वाड ग्रुपिंग' की बात हो रही है। इंडो-पैसिफिक रीजन की बात हो रही है। क्षेत्रीय और वैश्विक सप्लाई चैन की बात हो रही है। ये सभी प्राथमिकता हैं, लेकिन सबसे पहले पड़ोस प्रथम है।

यह हमारी विदेश नीति की एक बुनियाद है। भारत एक बहुत विशाल देश है। कई बार होता है, हम अपनी ताकत खुद नहीं समझते हैं और हमारे पड़ोसी देश, जो कि क्षेत्रफल में छोटे देश हैं, वे प्रशंसा तो करते हैं, पर भय भी खाते हैं, ईर्ष्या भी रखते हैं। गलत करें या ठीक करें, उनकी यह एक बहुत बड़ी दुविधा है। हमारे ही नहीं, इस दुनिया में कोई भी ऐसे दो पड़ोसी देश नहीं हैं, जिनके संबंध बिल्कुल ठीक हैं।

मैं कनाडा में राजदूत था। उनका आयात-निर्यात अमेरिका के साथ प्रतिदिन ढाई बिलियन डॉलर का है, क्योंकि ओपन बॉडर है...आना-जाना है...उनका भी आपस में तनाव है, पर एक व्यावसायिक रिश्ता है। एक बहुत ही प्रचलित शब्द है पड़ोस के मामले में—बिग ब्रदर यानी बड़ा भाई। यहाँ जब मैं पड़ोस की बात कर रहा हूँ तो चीन और पाकिस्तान की बात नहीं कर रहा हूँ, उनकी हम अलग से बात करेंगे। हमारे पड़ोसियों को यह शिकायत है कि हमारा बिग ब्रदर वाला स्वभाव है, हम घमंडी हैं तो इसमें कुछ सत्य भी है, कुछेक आशंकाएँ भी हैं, लेकिन यह हमारी जिम्मेदारी बन जाती है कि उनकी इस आशंका को दूर करें। चूँकि भारत का एक विजन है कि हम केवल साउथ एशिया पावर नहीं हैं, हम सिर्फ एशियन पावर नहीं हैं, भारत इस वक्त ताकतवर बनकर दुबारा उभर रहा है।

आपको याद होगा कि 19वीं शताब्दी की शुरुआत में दुनिया का 20 प्रतिशत

सकल घरेलू उत्पाद (जी.डी.पी.) भारत से होता था, पर अंग्रेजों के राज में देश का शोषण हुआ तो यह गिर गई। जब भारत आजाद हुआ, हमारी जी.डी.पी. एक प्रतिशत रह गई। अब दुबारा भारत उभर रहा है और एक-दो देशों को छोड़कर दुनिया इसका स्वागत कर रही है। चूँकि हम अंतरराष्ट्रीय मंच पर अपना प्रभाव चाहते हैं, हम अपना प्रतिभाग चाहते हैं। हमारी जो सॉफ्ट पावर है, हमारा जो विजन है, उस पर अमल करना चाहते हैं। तो हमारे लिए हमारे पड़ोस के साथ रिश्ते अच्छे हों, यही हमारे हित में है। हम शांतिप्रिय हैं, हमको शांतिपूर्ण पड़ोस की जरूरत है और इसका तरीका यह है कि भारत के विकास में हमारे पड़ोस की साझेदारी हो, हिस्सेदारी हो, अगर वह यह समझने लग जाएँ कि भारत के साथ हमारे रिश्ते अच्छे हों तो वह न केवल हमारे हित में होगा, हमारी विदेश नीति सफल होगी। कहा जाता है कि भारत को एक समुद्र में ज्वार की तरह होना चाहिए, जिसके साथ सभी नाव उठ जाएँ। यह हमारा लक्ष्य है और यदि हम यह करते हैं तो किसी पर उपकार नहीं करते। अपने आप पर उपकार करते हैं।

यह समझना बहुत जरूरी है और इसलिए काफी सालों से हमारा नजरिया अब बदल रहा है, भारत एक विशाल देश है और हमारी क्षमता ज्यादा है, हमारे विजन हैं, लेकिन यह बहुत जरूरी है कि हमारे पड़ोसी देशों द्वारा हमारी जो सुरक्षा रेडलाइन है, उसका सम्मान किया जाए। सिविल सेवा अधिकारी होने के नाते हमें हमारे पड़ोसी के स्वाभिमान के बारे में पता होना चाहिए, क्योंकि जो देश क्षेत्रफल में जितना छोटा है, उसका स्वाभिमान उतना ही बड़ा है। और स्वाभिमान को ठेस पहुँचना वह कभी भूलता नहीं है। बदसलूकी कभी भुलाई नहीं जाती है। यह बात सबसे अहम हमारे पड़ोस के साथ है। यदि हम पिछला इतिहास देखें तो मिश्रित है। हमारे भूटान और अफगानिस्तान के साथ काफी अच्छे संबंध हैं। नेपाल, मालद्वीप और श्रीलंका से साथ कभी-कभी अलग कारणों से तनाव हो जाता है।

यदि हमारा रिश्ता बांग्लादेश के साथ ठीक हो जाए तो हम दक्षिण एशिया के साथ रिश्ता ठीक कर सकते हैं, क्योंकि बांग्लादेश बँटा हुआ है। बांग्लादेश में एक तरफ इस्लामवादी ताकतें हैं, समाज है, जोकि पाकिस्तान के समर्थक हैं तो दूसरी ओर नरमपंथी व धर्मनिरपेक्ष लोग भी हैं, जो भारत के साथ अपने सांस्कृतिक संबंध को जोड़ना चाहते हैं। तो बांग्लादेश में यह एक कशमकश चल रही है, क्योंकि इस वक्त शेख हसीनाजी समझती हैं कि भारत के साथ मित्रता में भारत का भी फायदा है और बांग्लादेश का भी फायदा है, लेकिन बांग्लादेश हमारे लिए एक परीक्षा का मामला है।

जहाँ तक पाकिस्तान का सवाल है, उसकी पहचान का खतरा है। उसका सबसे पहला सवाल अपने आप से है कि हम कौन हैं? उसके पास इसका जवाब

नहीं है। एक बात स्पष्ट है कि भारत नहीं है तो अलग पहचान बनाना मुश्किल है। शुरू में इस्लाम के नाम पर जिन्ना साहब ने कहा था। टू-स्टेट-थ्योरी उन्होंने दी थी, हिंदू और मुस्लिम दो लोग हैं, दो समुदाय हैं, तो पाकिस्तान इस्लाम के नाम पर बना, लेकिन हम सभी जानते हैं कि इस्लाम के नाम पर उन्होंने बांग्लादेश का कैसे शोषण किया। सन् 1971 में जब बांग्लादेश पाकिस्तान से अलग हुआ, भारत ने जो किरदार अदा किया, उसके बाद उनकी जो टू-स्टेट-थ्योरी थी, वह फेल हो गई, लेकिन उनकी बाध्यकारी शत्रुता कभी खत्म नहीं होती और उसका कारण है कि सेना के पास प्रभावी शक्ति है। आई.एस.आई. और अलकायदा जैसे आतंकवादी संगठनों का बड़ा प्रभाव है। जो लोकतांत्रिक सरकार है वह सबसे कमजोर है।

पाकिस्तान बनने के बाद वहाँ आधे से ज्यादा समय सेना ने ही राज किया है। लोकतांत्रिक सरकार भी बिना पाकिस्तानी सेना के सहयोग के सत्ता में आ नहीं सकती है। पाकिस्तान में जो चार सूबे हैं, वहाँ पंजाबियों का दबदबा है। हर एक चीज में उनका प्रभाव है—सेना में, सरकार में, राजनीति में, तो इस कारण पाकिस्तान के बीच में जो बलूचिस्तान है, वहाँ के बलूच लोग द्वितीय श्रेणी के नागरिक होकर रह गए हैं। यह पाकिस्तान का हाल है। पाकिस्तान भारत के साथ हर तरीके से प्रतिस्पर्धा करता है। प्रतिस्पर्धा सकारात्मक हो, तभी सही है। लेकिन पिछले 40 सालों से उसने भारत के खिलाफ छद्म युद्ध छेड़ा हुआ है। इस चक्कर में उसका जो हाल हुआ है, वह तो सभी जानते हैं।

हमने बहुत पहल की है, हमने हर तरीके से पाकिस्तान के साथ वार्त्ता करने की कोशिश की है। सन् 1961 के सिंधु जल समझौते को पढ़ें तो दुनिया के इतिहास में शायद ही कोई ऐसी उदार संधि होगी, जो एक पड़ोसी देश ने दूसरे के साथ की हो। यदि सन् 1971 का शिमला समझौता देखें, पूर्व प्रधानमंत्री अटलजी की बस यात्रा देखें… जब-जब हमने पहल की है, उसका जवाब यह मिला है कि कोई-न-कोई दुष्ट कार्य पाकिस्तान द्वारा किया गया है। यह पाकिस्तान की प्रवृत्ति है! हमारी सरकार की जो नीति है कि आतंकवाद और वार्त्ता एक साथ नहीं हो सकती है, वह बहुत जरूरी है।

यदि हम मूल रूप से देखें तो पाकिस्तानी सेना के लिए कहा जाता है कि देशों के पास सेना होती है, पर पाकिस्तानी सेना के पास देश है, जिसका वे लाभ उठाते हैं। अब ऐसी अवास्तविक शक्ति रखने के लिए पाकिस्तान को एक दुश्मन की जरूरत है। अगर दुश्मन ही नहीं रहेगा तो उसके पास शक्ति कहाँ से रहेगी! कैसे वह अपनी श्रेष्ठता बनाए रखेगा। पाकिस्तान के लिए मुश्किल यह है कि पाकिस्तानी सेना और की खुफिया एजेंसी के लिए आतंकवादियों के कारण भारत के साथ सामान्य संबंध

बनाना अपने पैर पर कुल्हाड़ी मारना है। कब यह चक्र टूटेगा, मैं नहीं जानता। पर यह जरूर मैंने देखा है, पाकिस्तान में पोस्टिंग के समय¨ 25 सालों से चीन का अध्ययन करते हुए कि चीन और पाकिस्तान का जो डी.एन.ए. है, वह यह है कि दूसरे देश द्वारा की जानेवाली वार्त्ता की पहल उनको उस देश की कमजोरी लगती है, इनकी सोच है, जो देश शांतिपूर्ण वार्त्ता करेगा, वह कमजोर है, जो देश शक्तिशाली होगा, वह बंदूक के साथ वार्त्ता करेगा।

माओ ने कहा था—'बंदूक की नली से शक्ति प्रवाहित होती है।' विजय गोखलेजी, जोकि चीन के मामलों के विशेषज्ञ हैं, उन्होंने एक किताब लिखी है—'हाउ डज द चाइना निगोशिएट विद इंडिया' (How does the China Negotiate with India)। इस किताब में महत्त्वपूर्ण बात जो उन्होंने कही है, वह यह है कि चीन के लिए बातचीत का मतलब होता है—समय निकालना आप सामनेवाले को बातचीत में उलझाए रखो और मौका ढूँढ़ते रहो। और जब मौका मिले तो वार कर दो। सन् 1975 से 45 सालों में एक गोली भी नहीं चली थी, इतने समझौते हुए थे।

प्रधानमंत्री श्री नरेंद्र मोदीजी चीनी राष्ट्रपति शी जिनपिंग से 18 बार मिले, दो औपचारिक बैठक हुईं। संचार में, संवाद में तो कोई कमी नहीं थी। पर उनकी प्रवृत्ति नहीं बदली। 1 अप्रैल, 2020 को की गई धोखाधड़ी की अगर मिसाल लें तो बेमिसाल है। चीन शिजियांग में अपनी फौजों को इकट्ठा कर रहा था लद्दाख में एल.ओ.सी. पर, तो शी जिगपिंग ने हमारे राष्ट्रपति महोदय को एक पत्र लिखा। जिसमें लिखा कि भारत के साथ चीन की दोस्ती एक मौलिक नीति है और वह भारत के साथ दोस्ती, भाईचारा बढ़ाना चाहते हैं। यह पत्र 1 अप्रैल, 2020 को उस वक्त लिखा था, जब वे लद्दाख में खुराफात की तैयारी कर रहे थे। तो यह चीन की एक प्रवृत्ति है, हमको समझना चाहिए कि जिसके साथ हमको डील करनी है, वह किस तरह का हमारा पड़ोसी है। पाकिस्तान को छोड़कर यदि हम चीन की तरफ जाएँ तो उससे पहले मैं आपको बड़ा स्पष्ट कहना चाहता हूँ कि दक्षिणी एशिया में चीन का प्रभाव बढ़ रहा है और बढ़ेगा, हमको पसंद हो या नापसंद हो, कोई फर्क नहीं पड़ता।

एक वक्त था, जब चीन समझता था कि दक्षिण एशिया पर भारत का जो प्रभाव है, वह खत्म हो गया। चीन के पास धनबल है। उसका उपयोग करता है। सभी देशों को विकास के लिए पूँजी की जरूरत है। तो वह यह समझता है कि यह एक बटन है, जिससे सामनेवाले को दबाया जा सकता है। प्रजातांत्रिक देश और चीन में फर्क यह है कि प्रजातांत्रिक देश संस्थान में निवेश करते हैं, चीन व्यक्ति में निवेश करता है। उनको प्रभावित करता है। आप देखेंगे कि संयुक्त राष्ट्र संघ में, विश्व

स्वास्थ्य संगठन में चीन ने लोगों को प्रभावित किया है। यहाँ हमें सचेत होना चाहिए, क्योंकि भारत में भी उसका जाल फैला है। हमारे समाज में भी लोग हैं, जिनको चीन प्रभावित कर रहा है। खासतौर पर यदि आप कोई लेख पढ़ें या टीवी पर डिबेट देखें तो जो आदमी बढ़-चढ़कर चीन के पक्ष में बोल रहा हो, उसका यदि आधार आप देखें तो समझ जाएँगे कि ऐसा क्यों हो रहा है।

नेपाल में चीन के अध्ययन केंद्र बन रहे हैं, खासतौर पर तराई में, जहाँ उनकी हरकतें कुछ और हैं, पर कोशिश यह है कि शिक्षण संस्थानों को, राजनैतिक पार्टी को, मीडिया को प्रभावित किया जाए।

बहरहाल चीन के पास एक बड़ी चेकबुक है, जिसका वह इस्तेमाल कर रहा है, परंतु हमको उस प्रतियोगिता में शामिल नहीं होना है। हमारी ताकत अलग है। हमारी जो शक्ति है, वह हमारी संस्कृति से है, हमारी ऐतिहासिक दृष्टि से है, पड़ोस के साथ हमारे संबंधों से है और जैसे हमारी आर्थिक शक्ति है, यदि हम उसमें अपने पड़ोस को हिस्सेदार बना सकें तो बहुत बड़ी बात होगी। यदि हम चीन और भारत की बात करें, तो भारत के इतिहास में कभी भी इतनी बड़ी चुनौती नहीं आई है और यह चुनौती बहुत साल रहेगी। यह कहीं जानेवाली नहीं है। चीन एक ऐसा देश है, जिस पर, जिसके कहे पर आप विश्वास नहीं कर सकते है। 'मुझे चीन पर थोड़ा भी भरोसा नहीं है। वह एक अभिमानी, अविश्वसनीय और कुटिल देश है। आपको चौकन्ना रहना पड़ेगा, सतर्कता बरतनी पड़ेगी।' यह बात पं. नेहरू ने सन् 1958 में जे. पार्थसारथी से कही थी, जो भारत के राजदूत बनकर चीन जा रहे थे।

भारत के पूर्व राष्ट्रीय सुरक्षा सलाहकार श्री शिव शंकर मेनन ने अपनी किताब में लिखा है कि अगले कुछ साल भारत-चीन के संबंधों में पिछले तीन दशकों की तुलना में अधिक कठिन हो सकते हैं। जितना अधिक भारत उन्नति व विकास करेगा, उतनी ही चीन के साथ हमारी प्रतिस्पर्धा बढ़ेगी, चीन उतना ही हमारे लिए चुनौती बनेगा। हम सभी जानते हैं कि चीन एक विस्तारवादी देश है और इस वक्त 18 देशों के साथ उसके मनमुटाव हैं, जैसे—जमीनी विवाद, जो भूटान और भारत के साथ है। उसको अपनी श्रेष्ठता पर विश्वास है और भारत को नीचा दिखाने की उसकी कोशिश है और वह रहेगी। चीन को लेकर हमारी जो सोच है, वह पहले से प्रमाणित है।

जब सन् 1988 में श्री राजीव गांधी चीन गए थे तो कहा था कि जो जटिल मामले हैं, उनको हम धीरे-धीरे सुलझाएँगे। जहाँ हम आगे बढ़ सकते हैं, वहाँ हम बढ़ेंगे, ताकि जो जटिल मामले हैं, वे हमको आगे बढ़ने से रोकें नहीं। यह हमारी बुनियाद थी और इसलिए सीमा सुरक्षा पर अभी तक 22 दौर की वार्त्ता हो चुकी

है, पर चीन ने क्या किया! मैंने जैसे कहा कि बातचीत उसके लिए एक समय बितानेवाली चीज है। वह सीमा संबंधी मामलों को उलझाता गया। इतने साल हो गए हैं, अभी तक वह मानचित्र विनिमय पर भी तैयार नहीं है और धीरे-धीरे इस बात पर विवाद बढ़ता जा रहा है।

सीमा के बारे में आपको जानना चाहिए कि दो चीजें होती हैं—परिसीमन और सीमांकन। सीमांकन का मतलब है कि सीमा पर आपको स्पष्ट पता है कि नदी के पास या पहाड़ी की चोटी पर हमारी सीमा है, उसमें बॉर्डर पिलर हो या न हो, उससे कोई फर्क नहीं पड़ता। परिसीमन का शाब्दिक अर्थ है—किसी देश या प्रांत में विधायी निकाय वाले क्षेत्रीय निर्वाचन क्षेत्रों की सीमा तय करने की क्रिया या प्रक्रिया। भारत और चीन के बीच सीमा का परिसीमन भी नहीं हुआ है, केवल मौखिक तौर पर आपस की सीमा तय हुई, जिसका चीन हमेशा फायदा उठाता रहा है। उसकी तरफ से इस मौखिक तौर पर तय सीमा को बदलने की कोशिश की जाती रही है।

हम यह स्वीकार नहीं कर सकते हैं कि आप व्यापार की बात भी करें और हमारी सीमा में घुसने की कोशिश भी करें। अगर आप हमारे राष्ट्रीय हित का ध्यान रखेंगे तो आपका हमारे साथ 60 मिलियन डॉलर का अतिरिक्त व्यापार होगा। हमारे किसी भी राष्ट्रीय हित का सम्मान नहीं करेंगे और आप सीमा के मामले को उलझाएँगे, यह हमें स्वीकार नहीं है। तो हमारे पास क्या तरीका है! हमारे पास यह तरीका है कि हम आधारभूत संरचना को मजबूत करें, जैसाकि इस सरकार ने बड़ी तेजी से किया है। नियंत्रण रेखा के साथ-साथ जिस प्रकार से आधारभूत संरचना को मजबूत किया है, वह बहुत सराहनीय है। वह भी चीन को चुभता है। उसने जो आधारभूत संरचना बनाई, वह उसे ठीक कहता है, पर हमने बनाई तो वह कहता है कि आप क्यों कर रहे हैं! एक तरफ वह कहता है कि हमको साझेदारी करनी है तो दूसरी तरफ प्रतिकारी भाव भी रखता है।

चीन की कुटिलता के कारण ही चार देशों—भारत, अमेरिका, जापान और ऑस्ट्रेलिया ने क्वाड, यानी 'चतुर्भुज सुरक्षा संवाद मंच' की स्थापना की। क्वाड अंतरराष्ट्रीय कानूनों पर आधारित 'स्वतंत्र, मुक्त एवं समृद्ध' भारत-प्रशांत क्षेत्र सुनिश्चित करने तथा भारत-प्रशांत क्षेत्र और क्षेत्रों में मौजूद चुनौतियों से निपटने के प्रति प्रतिबद्ध है। क्योंकि इस वक्त चीन का जो विस्तारवादी रवैया है, उससे सभी देश परेशान हैं, पर मुश्किल यह है कि कोई भी देश पहल नहीं करना चाहता है। लेकिन कहते हैं कि आप चीन को नियंत्रित नहीं कर सकते, पर आप चीन पर लगाम लगा सकते हैं। लगाम लगाने के लिए भी जरूरी है कि सभी शक्तिशाली देश एक ही स्वर में बात करें। यह बहुत

जरूरी है। जिन देशों के पास राजनैतिक शक्ति है, वे ऐसा कर सकते हैं।

यदि हम ऑस्ट्रेलिया को देखें तो ऑस्ट्रेलिया के प्रधानमंत्री स्कॉट मॉरिसन ने जो अपना किरदार निभाया, वह हमने कभी नहीं देखा। चीन ने सोचा था कि हम ऑस्ट्रेलिया को धमकी देंगे तो बाकी देश भी समझ जाएँगे, पर ऑस्ट्रेलिया डरा नहीं। उसने कहा कि कोविड वायरस कहाँ से उपजा है! उसकी छानबीन करनी चाहिए, तो चीन के कुछ वरिष्ठ अधिकारियों ने कहा कि ऑस्ट्रेलिया एक च्युंगम की तरह है, जोकि चीन के जूते के नीचे चिपका हुआ है। उसके ऊपर आर्थिक प्रतिबंध लगाने की कोशिश की। ऑस्ट्रेलिया ने इसकी परवाह किए बिना कि कितना आर्थिक नुकसान होगा, उसका जवाब दिया। यह बहुत जरूरी था। अगर हम सोचें कि चीन पर जुबानी दबाव बनाया जाए या जवाब दिया जाए तो इससे वह माननेवाला नहीं है। चीन पर भरोसा करेंगे तो हम सभी को भारी कीमत अदा करनी होगी। राष्ट्रीय हित में यदि चीन पर लगाम लगानी है तो सिर्फ भारत को, बल्कि अन्य देशों को भी एक साथ आना होगा। चूँकि इस वक्त जो व्यापक राष्ट्रीय शक्ति है, उसमें बड़ी तेजी से फर्क हो रहा है। जैसेकि सबसे बड़ी चीज है, आर्थिक उन्नति। बिना आर्थिक उन्नति के कुछ भी संभव नहीं है।

भारत के पास क्षमता है, भारत ने करके भी दिखाया है। चीन ने क्या सोचा था कि जैसे दक्षिण चीन सागर में किया गया, जमीन पर कब्जा किया, वैसे ही आगे करते रहेंगे, पर चीन ने यह कभी नहीं सोचा था कि भारत ऐसे जवाब देगा। भारत का सकारात्मक पक्ष यह है कि भारत धैर्यवान है, रक्षात्मक स्थिति में है, जबकि आक्रामक को ज्यादा ताकत चाहिए। हमारे पास स्वयं की रक्षा करने की क्षमता है, किंतु अब इसके लिए गुट बनाने की जरूरत है कि हम बड़ी क्षमता के साथ चीन को कड़ा संदेश दे सकें। हमारे कई पड़ोसी देश हैं और हर देश के साथ हमारे संबंध में कुछ खास है, पर एक देश जिसके बारे में मैं कहना चाहता हूँ, जो सबसे हटकर है, वह है—नेपाल।

नेपाल अपने आप को दो चट्टानों के बीच लटका हुआ समझता है। वह कहता है कि भारत ने हमको लॉक किया है...तीन तरफ से भारत है। उसकी सबसे बड़ी शिकायत यह है कि भारतीय अधिकारी ही नेपाल के साथ वार्त्ता करते हैं, लेकिन राजनेता नहीं। भारतीय राजनेताओं ने भारतीय अधिकारियों पर रिश्ता छोड़ा हुआ है। उसमें कुछ गलत भी है, कुछ सही भी है। प्रधानमंत्री श्री नरेंद्र मोदी अपने राजनैतिक काल में चार बार नेपाल का दौरा कर चुके हैं। हम कहते हैं कि नेपाल और भारत का रोटी-बेटी का रिश्ता है, लेकिन उसको जब यह ठीक लगता है तो मानते हैं, जब उनको ठीक नहीं लगता तो नहीं मानते हैं। पर यह हकीकत है।

भारत और नेपाल के बीच में विश्वास की कमी है। जब राजशाही थी, तब

यह शिकायत थी कि भारत लोकतांत्रिक ताकतों को प्रोत्साहन देता है। नेपाली नेता हमारी मदद माँगते हैं, वहीं हमारे खिलाफ बोलते भी हैं। चूँकि एक बात तो यह है कि जब देश क्षेत्रफल में छोटा होता है तो उसकी आशंकाएँ ज्यादा होती हैं और दूसरा, हमारी काफी समानताएँ हैं। गलती यह हो जाती है कि हम एक-दूसरे को गंभीरता से नहीं लेते। सन् 1950 की भारत-नेपाल शांति तथा मैत्री संधि है। उसके अधीन हमने नेपाल को राष्ट्रीय सम्मान व अधिकार दिए हैं। हमारा सीमा के बिना रिश्ता है। मैंने कई मकान ऐसे देखे हैं, जिनके कमरे तो नेपाल में हैं और रसोई भारत में। इसका नुकसान यह है कि भारत के खिलाफ जो ताकतें हैं, जैसे—आई.एस.आई, वे वहाँ अपना ठिकाना बनाती हैं।

नेपाल ने एक कला सीख ली है—चीन का कार्ड भारत के खिलाफ खेलने की और भारत का कार्ड चीन के खिलाफ खेलने की। इस स्थिति में हमारे पास दो तरीके हैं। एक तो हम नाराज हों कि आपने ऐसा क्यों किया? दूसरा, हम अपने आप को नेपाल के दृष्टिकोण से देखें तो नेपाल जो करता है, वह अपने हित के लिए करता है और करेगा। जैसे-जैसे चीन के पदचिह्न नेपाल की तरफ बढ़ेंगे, हमारे लिए राजनैतिक चुनौती होगी। हमारे पड़ोसी देश हमारे खिलाफ चीन का कार्ड खेलेंगे तो इसके लिए हमको नाराज नहीं होना है, क्योंकि कूटनीति में कोई दुश्मन नहीं होता है, कोई दोस्त नहीं होता है। एक कहावत है—'कूटनीति में जो स्थिर है, वह है राष्ट्रीय हित।' इसलिए जो राष्ट्रीय हित है, उसके लिए हर देश वही करेगा, जो उसके लिए जरूरी है। जो बड़ा देश होता है, उसके ऊपर दायित्व सबसे ज्यादा होते हैं। हमारे लिए जरूरी है कि दुनिया में हम अपना प्रभाव बढ़ाना चाहते हैं तो हमको पहल करनी पड़ेगी। अपने पड़ोसी देशों को साथ लेकर चलना पड़ेगा। हमें अपने आप पर विश्वास की जरूरत है। उसके लिए जरूरी है कि जो आंतरिक राजनीतिक मतभेद हैं, उनको खत्म किया जाए और जब बाहर से संकट आए तो हम एकजुट होकर काम करें, यह हमारे लिए सबसे जरूरी है।

□

QR कोड मोबाइल कैमरे से स्कैन करके यू-ट्यूब पर पूरा व्याख्यान सुना जा सकता है।

डॉ. मुरली मनोहर जोशी

शिक्षाविद्, राजनेता व विचारक

शिक्षाविद्, राजनेता, विचारक व भारतीय संस्कृति के मर्मज्ञ डॉ. मुरली मनोहर जोशी का जन्म 5 जनवरी, 1934 को दिल्ली में हुआ। डॉ. मुरली मनोहर जोशी ने अपनी प्रारंभिक शिक्षा अल्मोड़ा (उत्तराखंड) से प्राप्त की। इसके बाद उन्होंने स्नातक डिग्री मेरठ कॉलेज तथा स्नातकोत्तर डिग्री इलाहाबाद यूनिवर्सिटी से प्राप्त की। इलाहाबाद यूनिवर्सिटी से ही उन्होंने डॉक्टरेट की उपाधि भी प्राप्त की। उन्होंने भौतिकी में शोध कार्य किया और इस शोध कार्य को हिंदी में प्रकाशित किया।

वे 1954 से 1977 तक अखिल भारतीय विद्यार्थी परिषद् और भारतीय जनसंघ में विभिन्न पदों पर रहे। उन्हें पहली बार 1977 में छठी लोकसभा के लिए चुना गया। 1977-2014 तक लगातार सात बार उन्होंने उत्तर प्रदेश से लोकसभा चुनावों में जीत दर्ज की।

डॉ. मुरली मनोहर जोशी 1980 में भाजपा के संस्थापक महासचिव बने। 1991 से 1993 तक पार्टी के राष्ट्रीय अध्यक्ष रहे। वे 1998-99 और 1999-2004 तक मानव संसाधन विकास मंत्री रहे। जोशीजी इलाहाबाद विश्वविद्यालय में भौतिकी विज्ञान के प्रोफेसर भी रहे।

विकास के इस तथाकथित मॉडल पर प्रश्नचिह्न हैं

आजकल लोग विकास के नाम पर एक शब्द का प्रयोग करते हैं—सतत विकास। जिस दिन से शब्द प्रयोग में लाया गया, उसी दिन से मैंने सतत विकास की जगह सतत उपभोग शब्द का प्रयोग किया।

सतत विकास शब्द कहाँ से आया? जब यह तय मान लिया गया कि साम्यवादी व्यवस्था खंडित हो गई है और उसके स्थान पर उदार लोकतांत्रिक बाजार, निजी संपत्ति व व्यक्तिगत अधिकार आधारित एक व्यवस्था आ गई है। इसे सतत विकास का नाम दिया गया। सतत विकास तीन क्षेत्रों, आयामों व स्तंभों के संदर्भ में सोचा जा सकता है—पर्यावरण, अर्थव्यवस्था व समाज।

फ्रांसिस फुकुयामा ने लिखा है कि इतिहास का एक कालखंड समाप्त हो गया है। अब इतिहास की उस विचारधारा की कोई जरूरत नहीं है। वह अर्थहीन हो गई है। सतत विकास को परिभाषित करते हुए फ्रांसिस फुकुयामा ने कहा है—"सतत विकास वह विकास है, जो भविष्य की पीढ़ियों की अपनी जरूरतों को पूरा करने की क्षमता से समझौता किए बिना वर्तमान की जरूरतों को पूरा करता है।"

यह नई आर्थिक प्रणाली, जो विश्व में लाई गई है, वह नवयुग की शुरुआत है। सारे विश्व ने माना कि जो नई आर्थिक प्रणाली लाई गई है, वह विकास के लिए आवश्यक है। इस नई आर्थिक प्रणाली का पहला ड्राफ्ट था—डंकल ड्राफ्ट। डंकल शब्द जर्मनी में अँधेरे के लिए प्रयोग किया जाता है। डंकल था तो लेखक का नाम, लेकिन उसके इस ड्राफ्ट ने वास्तव में दुनिया को बहुत बड़े अंधकार में डाल दिया। इस ड्राफ्ट के आधार पर विश्व व्यापार संगठन ने निष्कर्ष यह निकाला कि अब अर्थव्यवस्था के तीन महत्त्वपूर्ण अंग होने चाहिए—उदारीकरण, निजीकरण और वैश्वीकरण। यदि इन तीनों को अपना लिया तो संपूर्ण विश्व की एक व्यवस्था

* संकल्प व्याख्यानमाला 2016

हो जाएगी और संपूर्ण विश्व एक ही प्रकार के आर्थिक नियमों के अंतर्गत चलेगा।

आज भारत सहित विश्व के सभी देशों ने विकास के नए आयाम स्थापित कर सतत विकास के लक्ष्य निर्धारित कर दिए हैं। विश्व व्यापार संगठन व अंतरराष्ट्रीय मुद्रा कोष द्वारा निर्धारित नियमों के तहत आज हम सभी सतत विकास के लक्ष्यों को प्राप्त करने की दिशा में कार्य कर रहे हैं। विश्व का प्रत्येक देश आज विकास करना चाहता है, परंतु हमें कितना विकास करना है! इसकी कोई सीमा हमने तय नहीं की है। नए-नए उद्योगों से मानव विकास के नए कीर्तिमान स्थापित कर रहा है, परंतु हमारा पर्यावरण व हमारी प्रकृति कहाँ जा रही है! इस पर भी चर्चा तो की जा रही है, परंतु विकास को आगे रख जलवायु परिवर्तन पर चर्चाओं का कोई औचित्य नहीं है!

इसी दौर में भारत में यह बहस चल रही थी कि भारत किस प्रकार इस नई अर्थव्यवस्था को अपनाएगा! चूँकि हम एक दूसरी अर्थव्यवस्था के अंतर्गत कार्य कर रहे थे। लेकिन पूर्व प्रधानमंत्री स्व. श्री नरसिंह राव और श्री मनमोहन सिंहजी ने एक परिवर्तन कर दिया। पुरानी व्यवस्था के स्थान पर हमें इस नई व्यवस्था से जोड़ दिया। उस समय ही यह शब्द आया कि अब विकास करना होगा और विकास का अर्थ होगा—सतत विकास। अब यह न तो किसी ने सोचा कि विकास व उत्थान कहाँ जा रहा है और न ही किसी ने यह सोचा कि सतत का मतलब क्या है?

उन दिनों मैं भारतीय जनता पार्टी का अध्यक्ष हुआ करता था। मैंने कहा कि इस पर पहले बहस होनी चाहिए। हम तो स्वदेशी अर्थव्यवस्था के समर्थक हैं। यही हमारी सांस्कृतिक प्रणाली है। प्राचीन काल से यही चली आ रही है और इसी के आधार पर हम विश्वगुरु भी रहे हैं। विकास की बात आती है तो हम मानव विकास को प्राथमिकता देते हैं। तो अब जिस विकास की बात की जा रही है, हमें बताया जाए कि विकास का अर्थ क्या है? किस चीज का विकास हो रहा है? अगर यह सतत है तो कैसे और कहाँ तक यह सतत रहेगा? उस समय लोगों ने कहा कि आप क्या बात कर रहे हैं! किस जमाने की बात कर रहे हैं? देखो, यूरोप कहाँ जा रहा है। अमेरिका को देखो, कितना विकास किया है और रूस कितना पीछे चला गया है! आप बेकार की बातें कर रहे हो। मैंने माना और कहा कि बात ठीक है। विकास होना चाहिए। इसमें किसी को कोई आपत्ति नहीं है। पर सतत विकास का मतलब तो समझाओ। इसका पैमाना क्या है, यह तो बताओ।

सतत विकास का अर्थ है कि पश्चिम में जो विकास हो रहा है, उसी को जीवित करके रखना, उसे बनाए रखना। वह विकास क्या है? विश्व व्यापार संगठन व विश्व बैंक के अनुसार, बाजार प्रमुख है। एक समय था, जब समाजवाद था। तब राज्य प्रमुख था। फिर वक्त बदला तो बाजार प्रमुख हो गया। लेकिन बाजार

प्रमुख या एकाधिकार की कुछ खूबियाँ हैं और खामियाँ भी हैं, उन्हें हमें नजरअंदाज नहीं करना चाहिए। बाजार अर्थव्यवस्था का मतलब है, जो बाजार की शक्तियाँ हैं, वे सारी चीजों को नियंत्रित करती हैं, दिशा देती हैं, प्रगति लाती हैं आदि। तो बाजार का दर्शन सिद्धांत क्या है ? बाजार के आधार हैं—पूँजी, उत्पादन व उपभोग। क्योंकि अगर उत्पादन हो और उपभोग नहीं हो तो अर्थव्यवस्था डगमगा जाएगी। उत्पादन सभी कर सकते हैं, कितना भी कर सकते हैं। इस पर कोई प्रतिबंध नहीं है, न ही सीमा का निर्धारण है। किसी भी नई व्यवस्था को अपनाने से पहले हमें यह अवश्य ध्यान में रखना चाहिए कि क्या हमारे देश का प्रत्येक व्यक्ति इस व्यवस्था को अपना पाएगा! इस व्यवस्था से गाँव के व्यापारी का क्या होगा, हम नहीं जानते। छोटे व्यापारियों का क्या होगा, हम नहीं जानते। हाँ, इससे बड़े उद्योगों का अंतरराष्ट्रीय संबंध कराधन के माध्यम से बहुत सरल हो जाएगा।

बाजार का एक नियम है—मुझे अपना सामान बेचना है। दूसरे से कम दाम पर और बेहतर गुणवत्ता का सामान मार्केट में बेचना है, अन्यथा किसी और का सामान आ जाएगा। इसमें प्रतिस्पर्धा है और यह प्रतिस्पर्धा व्यक्तिगत है। इसका समाज से कोई संबंध नहीं है कि समाज पर इसका क्या असर पड़ेगा! मैंने एक उत्पाद बनाया, उसका एकीकृत लाइसेंस लिया। दूसरा व्यक्ति वह उत्पाद नहीं बना सकता तो मेरा उस पर एकाधिकार हो गया।

जब यह व्यवस्था यहाँ आई तो मेरे एक उद्योगपति मित्र मेरे पास आए और कहने लगे कि आप बेकार ही इस नई बाजार अर्थव्यवस्था से चिंतित हैं। आप शायद इसको ठीक से समझ नहीं पा रहे हैं! मैंने एक विदेशी कंपनी के साथ अनुबंध किया है। मैं उसके साथ संयुक्त उत्पादन करूँगा। इससे मुझे अधिक लाभ होगा। मैंने कहा कि मैं आपको सावधान कर रहा हूँ, क्योंकि आप जिस देश की कंपनी के साथ काम करने जा रहे हैं, वहाँ के बाजार-नियमों की जानकारी आपको नहीं है। इसलिए सँभलकर चलिएगा। वे बोले कि क्यों ? मैंने कहा कि जो आपका व्यापार चल रहा है, कहीं वह भी बंद न हो जाए! साल भर बाद वे दुःखी हालत में मेरे पास आए और बोले कि आपने सही कहा था। मेरी तो सारी उत्पादन इकाइयाँ हाथ से चली गईं। संयुक्त व्यापार के चलते 6-8 महीने बाद उसने कहा कि मैं इतने मिलियन डॉलर और लगा रहा हूँ। तुम भी इतने और लगाओ। मैंने असमर्थता जताई तो उसने कहा कि अपना हिस्सा भी मेरे नाम कर दो। मुझे ऐसा करना पड़ा। मैंने कहा कि यही इस व्यवस्था का नियम। दुष्परिणाम है कि अगर आपको अपना विकास करना है तो दूसरे को नष्ट करना होगा, वरना आप उसके प्रतिस्पर्धी बने रहेंगे। ऐसा कोई क्यों चाहेगा!

बाजार अर्थव्यवस्था में किसको रहने का अधिकार है, किसको नहीं! इसके नियम जंगल के नियम के अनुसार हैं। इसमें कोई दयाभाव नहीं है। इसका साफ नियम है कि आप मेरे वर्चस्व, एकाधिकार को स्वीकार करो, अन्यथा बाहर हो जाओ।

जब यह नई बाजार अर्थव्यवस्था प्रणाली हमारे यहाँ लोगों को समझ में आने लगी तो आवाज उठी कि अब क्या करें! मैंने कहा कि जो आपने पूर्ण मुक्त बाजार नियम बना दिए थे, क्या उनमें पीछे हट सकते हैं? तब के वित्तमंत्री डॉ. मनमोहन सिंहजी ने कहा कि अब पीछे तो नहीं हट सकते! उसमें तो आगे ही जाना है, विकास तो करना ही है।

इस व्यवस्था का दूसरा पक्ष है कि आप बाजार पर एकाधिकार के लिए प्रतिदिन नए-नए प्रौद्योगिकी नवाचार करेंगे। इसमें सोच रहती है कि किसी भी प्रकार मेरे उत्पाद की गुणवत्ता बेहतर हो, कम पैसों में माल तैयार हो। दुनिया में जहाँ से भी मुझे सस्ते-से-सस्ता माल मिले, वहाँ से मैं कच्चा माल प्राप्त करूँ। जो कच्चे माल के दुनिया में अड्डे हैं, उन पर मेरा एकाधिकार होना चाहिए। वहाँ से बस मैं ही सस्ता ला सकूँ और दूसरा न ला सके। इसके बाद बात प्राकृतिक संसाधनों पर एकाधिकार की आती है। पहले बाजार पर एकाधिकार और फिर कच्चे माल... प्राकृतिक संसाधनों पर अधिकार। यह जो व्यवस्था है, इसके कुछ अच्छे परिणाम भी सामने आते हैं, नई तकनीकी सामने आती है, नए उद्योग दिखाई देते हैं।

एक वक्त था, जब नोकिया का मोबाइल फोन और ज्यादा महँगा था। सन् 1990-1991 में वह लगभग 60,000 रुपए का आता था। आज देख लीजिए, बीस-बाइस हजार का भी मिल जाता है। यही नहीं, 250 रुपए में भी फोन मिल जाता है। भारत इस तकनीकी उपकरण का सबसे बड़ा बाजार है। उन्हें अपनी तकनीकी का प्रयोग करनेवाले उपभोक्ता चाहिए और भारत इसके लिए उपयुक्त बाजार है। भारत इस खेती के लिए सबसे उपजाऊ जमीन है। उन्हें मालूम है कि आँख के अंधे और गाँठ के कच्चे बहुत मिल जाएँगे तो चलो वहाँ! यह बात हम किसी विदेशी वस्तु का उपयोग, उपभोग करते समय भूल जाते हैं कि इसका पूरा-का-पूरा लाभांश विदेशी कंपनी को चला जाता है।

एक वक्त था, जब हम किसी अन्य वस्तु का उपभोग करते थे और आज इस तकनीकी का कर रहे हैं। क्या इसकी जरूरत थी! और यदि जरूरत थी तो किस हद तक जरूरत थी! इसका फैसला कहाँ हुआ, किसने यह तय किया कि पाँच साल के बच्चे को इंटरनेट का कितना प्रयोग करना चाहिए और उसे मोबाइल चलाना चाहिए या नहीं चलाना चाहिए? क्या कभी इस पर संसद में, शिक्षा संस्थानों में कोई

बहस हुई ? नहीं, क्योंकि एक दूसरी तकनीकी है मनोरंजन की, जिसे टेलीविजन कहते हैं। ये दोनों भाई-बहन हैं, जो वहाँ करना चाहता है, उसका प्रचार टेलीविजन पर होता है। टेलीविजन उपभोग की एक आदत है। आप केवल उपभोक्ता हैं। आप टेलीविजन में जो दिखाया जाता है, उसके भी उपभोक्ता हैं। मैंने टेलीविजन चैनल चलानेवालों से पूछा कि यह कहाँ फैसला हुआ कि टेलीविजन में क्या दिखाएँगे, क्या नहीं दिखाएँगे ? तो उनका जवाब था कि जनता चाहती है। जनता वही देखती है, जो वे दिखा रहे हैं। अगर लोग नहीं देखें तो उन्हें लोगों की राय लेने पर मजबूर होना पड़ेगा, क्योंकि उन्हें अपना सामान बेचना है।

सन् 1990 की बात है। तब यह बात उठी कि सूचना-मनोरंजन तकनीकी को मुक्त बाजार के तहत लाया जाए, विदेशी चैनल्स को भारत में अनुमति दी जाए, भारत से जुड़ने की इजाजत दी जाए। मैंने बतौर विपक्षी पूछा कि आप ऐसा क्यों कर रहे हैं ? क्यों अपनी सामाजिक और आर्थिक व्यवस्था नष्ट कर रहे हैं ? क्यों किसी को अपनी सूचना को बढ़ा-चढ़ाकर दूसरों को दिखाने का अधिकार दे रहे हैं ? देश विरोधी लोग, विरोध भाव रखनेवाले देश, चैनल हमारी नकारात्मक छवि बनाने की कोशिश करेंगे। तो क्यों हम उन्हें हमें उपहास का पात्र बनाने की इजाजत दे रहे हैं ?

सोशल मीडिया के सभी मंचों—फेसबुक, व्हाट्सएप, ट्वीटर आदि की क्या हमें आवश्यकता है ? पूछा किसी ने ! नहीं, उन्होंने यह एक तरह से थोपा, क्योंकि जरूरत उन्हें थी। व्यवसाय को बढ़ाने के लिए उन्हें उपभोक्ता की जरूरत थी, सो उन्होंने थोप दिया। बाजार उत्पादक वर्चस्व वाला नहीं, उपभोक्तापूँजी वर्चस्व वाला होना चाहिए। इस बात को समझने की जरूरत है। हम नहीं जानते कि यह हो क्या रहा है, हम अनायास इसमें फँसते जा रहे हैं। हम सॉफ्टवेयर बनाते हैं, हार्डवेयर नहीं। सॉफ्टवेयर बदल गया तो आपके हार्डवेयर की तकनीकी भी बदल गई। यह तो वह बात हो गई कि कपड़ा उसका है, हम बस दर्जी बने हुए हैं। जो स्थिति आ रही है, हमें अवांछित उपभोग की ओर ले जा रही है।

सन् 1994 की बात है। मेरे दोस्त श्री मनोहर लाल सोढ़ी अमेरिकी विचारक जबिग्न्यू काजिमिर्ज ब्रजेजिंस्की को लेकर आए। उसने कहा कि आप सतत उपभोग प्रयोग कर रहे हैं। मैंने कहा कि हाँ। बोले कि यह ठीक तो है, पर अमेरिका में नहीं बिक रहा। मैंने कहा कि सच यह है कि यह हमारे यहाँ भी नहीं बिक रहा। पर आप इसको मानते क्यों हैं ? वह बोला कि एक दिन घर मैं बैठा हुआ था, मेरी बेटी कहीं जाने के लिए घर से निकलने लगी तो मैंने पूछ लिया कि कहाँ जा रही हो ? उसने कहा कि बाजार जा रही हूँ। ब्रजेजिंस्की ने पूछा क्यों ? क्या खरीदना है ? बेटी बोली कि यह तो वहाँ जाकर तय करेंगे, क्या खरीदना है। ब्रजेजिंस्की ने कहा कि क्या

कोई जरूरत है तो वह बोली कि सब है मेरे पास, पर कुछ नयापन भी चाहिए। अब यह कोई उपयोगी, वांछित या आवश्यक उपभोग नहीं है। यह अवांछित उपभोग है। आपको जरूरत तो है नहीं, फिर भी आपने खरीद लिया। आपने खरीदा, तो आपका पड़ोसी भी खरीदेगा।

विकास उपभोक्तावाद के साथ पर्यावरण संरक्षक भी होना चाहिए, जबकि ऐसा नहीं है। विकास के नाम पर हम सिर्फ अपना ही नुकसान नहीं कर रहे हैं, पर्यावरण का भी कर रहे हैं। यह प्रदूषण कहाँ से आया? जो सबसे पुराना कार्बन कचरा मिला है, वह उन बिजली के कारखानों से मिला है, जो तीन सौ साल पहले इंग्लैंड में बने थे। यह साबित भी हो गया। पर वे नहीं मानते। जबकि विश्व प्रदूषण प्रतिवेदन भी इसे मान रही है। प्रदूषण कहाँ से आया! औद्योगिक कचरे से। क्योंकि कुछ कचरा हम नदी में बहा देते हैं, कुछ वायुमंडल में और कुछ अपने शरीर में शामिल कर लेते हैं। जब आप रासायनिक खाद खेत में डालते हैं और वहाँ उपजा अनाज या सब्जी-फल खाते हैं तो बहुत सा रासायनिक कचरा अपने शरीर में ले जाते हैं। हम प्रकृति के प्रवृत्ति चक्र को बिना समझे कुछ भी कर रहे हैं।

भटिंडा से राजस्थान जानेवाली एक एक्सप्रेस का नाम 'कैंसर एक्सप्रेस' है। क्योंकि जरूरत से ज्यादा कैंसर के मरीज वहाँ हैं। क्यों हैं? जबकि पंजाब और हरियाणा को तो सेहतमंद माना जाता है। यह उद्योगों से आया। वहीं उन्नाव से लेकर ढाका तक 7-8 करोड़ लोग आर्सेनिक के खतरे में हैं, क्योंकि आर्सेनिक गंगा में है। यह गंगा में कहाँ से आया! इसका जवाब नहीं मिलता है, पर कहीं से तो आया है। पहले तो नहीं था। 50 प्रतिशत से ज्यादा है। कहीं तो सौ प्रतिशत है। हम ही इसको लाए हैं। बंगाल का कोई गाँव, कोई जिला, कोई कस्बा ऐसा नहीं है, जो आर्सेनिक के प्रभाव से मुक्त हो। 1-2 करोड़ आर्सेनिक के मरीज तो जान से हाथ धो बैठे। करीब 3 करोड़ लोगों में इसके लक्षण दिखते हैं। यह पानी में जाता है तो मछली में भी जाता है, घास में जाता है, गाय-बैल आदि में भी जाता है। अनाज, सब्जी व फल में भी जाता है। यानी सब पीड़ित हो गए।

आर्सेनिक कहाँ से आया? यह औद्योगिक गतिविधियों से आया। ब्रह्मपुत्र में आया। चंडीगढ़ में है। यह बुनियादी सवाल उठता है तो सोचना पड़ता है कि कुछ तो ऐसा हो रहा है, जो एक तरफ अच्छी चीजें दिखा रहा है। नई-नई दवाएँ बन रही हैं, तकनीकी आ रही है, स्पेस में भी ले जा रहा है तो दूसरी ओर हानि पहुँचा रहा है। दोनों में स्वस्थ संबंध होना चाहिए। तभी विकास सार्थक है। यह कैसा विकास है, जो उपभोग की वस्तुओं को क्षति पहुँचा रहा है! विकास बुनियादी होना चाहिए। आपकी जमीन तो खींचकर बढ़ाई नहीं जा सकती! तो आपका खाना-पानी सीमित

हो। अब आप चंद्रमा पर पानी ढूँढ़ रहे हैं, वहाँ से लाया जा सकेगा या नहीं! यह अलग बात है। तो उपभोग सीमित हो, क्योंकि प्राकृतिक संसाधनों की भी एक सीमा है। किसी की सौ तो किसी की पाँच सौ साल। कभी तो ये समाप्त होंगे ही। तब समस्या आएगी तो कहा गया कि हम इसे तकनीकी से हल कर लेंगे।

यह बहस सन् 1967 में शुरू हुई, क्लब ऑफ रोम्स से। सन् 1971 में इसकी रिपोर्ट आई, जो 'मिडोज रिपोर्ट' कहलाती है। विकास के कारण पर्यावरण पर क्या असर हो रहा है, स्वास्थ्य पर क्या असर हो रहा है, कृषि पर क्या असर हो रहा है? गहराई से इस पर लिखा गया था। दुनिया भर के वैज्ञानिक और अर्थशास्त्री एकत्र हुए। उन्होंने वैज्ञानिक स्तर पर विश्लेषण किया। जनसंख्या पर क्या असर हो रहा है, जीव स्वास्थ्य पर क्या असर हो रहा है, औद्योगिक विकास पर क्या असर हो रहा है, उपभोग पर क्या असर हो रहा है, कृषि पर क्या असर हो रहा है और इन सबके बीच क्या कोई संबंध है? तो निकलकर आया कि सब एक-दूसरे से संबंधित हैं। एक प्रभावित हुआ तो सभी प्रभावित होंगे। जनसंख्या बढ़ी तो कृषि, प्राकृतिक संसाधन और उद्योग-धंधे प्रभावित होंगे। केवल कृषि बढ़ा दें तो जनसंख्या और उद्योग प्रभावित होंगे। तो हमें इकतरफा नहीं, समग्र सोचना चाहिए।

कहा गया कि संतुलित विकास हो और संतुलित समाज हो। सामाजिक और आर्थिक शक्तियाँ संतुलित होनी चाहिए। ऐसा नहीं है कि आप ऐसी आर्थिक व्यवस्था का निर्माण कर दें, जिससे सामाजिक व्यवस्था नष्ट हो जाए, ऐसा धक्का लगे कि वह बिखर जाए। जैसा कि अब हो रहा है। एक ही घर में रहते हुए भी प्रथम तल पर बैठा बेटा, भूतल पर बैठे पिता से मिलने नहीं जाता है। मोबाइल से बात करता है। इस तकनीकी के गलत प्रयोग से हमारी संस्कृति, परंपरा, सामाजिकता, परिवार सब नष्ट हो रहे हैं।

संसाधनों का उपयोग भी सीमित होना चाहिए, वरना ये एक दिन समाप्त हो जाएँगे। अब सवाल यह है कि सीमित उपयोग कैसे हो? क्या यह हमारी पीढ़ी के लिए ही है? इसे हम ही समाप्त कर देंगे तो अगली पीढ़ी का क्या होगा? क्या सारे खनिज पदार्थ हम ही उपयोग कर लेंगे? सारे पेड़ हम ही काट डालेंगे? क्या बंजर धरती, वीरान संसाधन हम अपने बच्चों के लिए छोड़ जाएँगे? ये बुनियादी सवाल हैं, जिन पर हमें सोचना है। वैश्विक सोच है, परिवार विहीनता। अमेरिका में यह प्रचलन वर्षों तक चला कि परिवार की जरूरत क्या है? नॉर्वे, स्विट्जरलैंड, डेनमार्क, जर्मनी, इंग्लैंड आदि पारिवारिकता में विश्वास ही नहीं रखते। फ्रांस और इटली कैथोलिक में थोड़ी पारिवारिकता है।

काफी साल पहले मैं साइंस कॉन्फ्रेंस में इंग्लैंड गया तो मेरा एक साथी परिवार

के साथ गया था। उसे वहाँ फेलोशिप मिल गई थी। जैसा हमारे यहाँ होता है कि पुरुष पुरुषों के साथ बैठ जाता है और महिला महिलाओं के साथ बैठ जाती है। हम एक मित्र के यहाँ गए तो इस साथी की पत्नी महिलाओं के साथ अंदर बात करने बैठ गई। कुछ ही देर में वह बाहर आई और मुझसे बोली कि भाईसाहब, इनको बोल दो, वापस भारत चलें। मैंने कहा कि क्यों? इसे अच्छी फेलोशिप मिली है। उसने कहा कि अंदर महिला ने मुझसे पूछा कि आप विवाहित हैं? मैंने हाँ कहा, तो पूछा कि आपके कौन से पति हैं? 'कौन से' का मतलब था, कितने छोड़ चुकी हो? क्योंकि वहाँ पति-पत्नी का संबंध सात जन्मों का नहीं, कुछ दिन या कुछ सालों का होता है। वहाँ पारिवारिक नहीं, अनुबंध आधारित वैवाहिक संबंध वाला समाज है। वहाँ का कानून भी इसकी इजाजत देता है। अगर यही विकास है...यह मानव समाज के लिए उपयोगी है तो इसे सुचारु रखिए। अगर उपयोगी नहीं है तो इसे कहाँ रोका जाए, किस हद तक इसे जारी रखा जाए! सीमाएँ बनाई जाएँ या नहीं बनाई जाएँ? ये सवाल अब दिखावटी, खोखले व तथाकथित विकास से उठ रहे हैं। तो वहाँ सतत विकास उपभोग नहीं, बाजार अर्थव्यवस्था है। उपभोक्ता नहीं, उत्पादनकर्ता है।

दूसरी तरफ पूँजी और तकनीकी एक जगह एकत्र हो गए। उनका विकास, उनकी व्यक्तिगत पूँजी, उनका अपना विकास...चूँकि जो सूचना तकनीकी को नियंत्रित करते हैं, वे प्रचार को भी नियंत्रित करते हैं। इतने टेलीविजन आ गए, इतने चैनल आ गए। क्या खरीदें, क्या देखें! आपकी पसंद है। पर मैंने कहा कि आपकी पसंद क्या है? पसंद तो उसकी है, जो बाजार और तकनीकी को नियंत्रित करता है। आधी दुनिया में आज यह तकनीकीकरण रोबोट की तरह हो गया है। वे अच्छा-बुरा नहीं, आपकी पसंद देखते हैं। आप भी जरूरत नहीं, पसंद को महत्त्व देते हैं। यह अवांछनीय उपभोग है। आप बाजार जा रहे हैं, लेना क्या है, पता नहीं। जो पसंद आएगा, देखेंगे, खरीद लेंगे। मतलब वह जरूरत नहीं है, वांछित नहीं है। क्या यह सतत विकास है! यही तथाकथित सतत विकास को बढ़ावा देता है, सतत उपभोग को नहीं।

सभी चुनावी प्रक्रिया में उच्च पूँजी प्रचार का बोलबाला है। इसलिए राजनीतिक प्रक्रिया या तो नियंत्रित है या बाजार और सूचना प्रौद्योगिकी द्वारा नियंत्रित होने की स्थिति में है तो विकल्प कहाँ है! जरा देखिए, रूस में क्या हुआ, मैं यह नहीं कह रहा कि पुतिन खराब हैं, लेकिन कोई विकल्प नहीं है। चीन में क्या होता है, कोई विकल्प नहीं है। हमारे पास अभी भी कुछ विकल्प हैं, क्योंकि हमारे पास कृषि अर्थव्यवस्था का एक बड़ा घटक है, जो आपको स्वतंत्रता देता है और पसंद भी, क्योंकि वह इस तरह के बाजार पर हावी नहीं है। जिस क्षण वह इस तरह के बाजार पर हावी हो जाएगा, आपकी चुनावी प्रक्रिया और लोकतांत्रिक प्रक्रिया पूँजी और

सूचना प्रौद्योगिकी द्वारा अत्यधिक नियंत्रित होगी, विचारधारा या पसंद द्वारा नहीं।

यह खतरा आ रहा है। जब मैंने इस पर एक लेख लिखा और भाषण भी दिया तो लोग कहने लगे कि आप क्या कर रहे हैं? मैंने कहा कि मैं विज्ञान का विद्यार्थी होने के नाते बता रहा हूँ कि ये खतरे सामने आएँगे।

अब अमेरिकी-पश्चिमी विद्वान कहते हैं कि संपन्नता असमानता पैदा करती है। कुछ कहते हैं कि पूँजीवादी अर्थव्यवस्था आतंकवाद पैदा करती है। अब सवाल यह है कि क्या इस प्रकार की आर्थिक सोच सही है या नहीं! मैं कई सालों से यह कह रहा हूँ कि यह गलत है और समय आ रहा है, जब इस सोच को आदर्श सोच के साथ एक बेहतर तरीके से बदलना होगा। यह जो सतत उपभोग है, हिंदुस्तान का मॉडल है। हिंदुओं का मॉडल है। भारत का मॉडल है। हमने यह कहा है कि हम और पर्यावरण एक ही हैं। यह जो अब पश्चिमी सोच आ रही है, ये हम हजारों साल पहले समझ गए थे कि सृष्टि की रचना में अलगाव कहीं नहीं है। सबकुछ एक-दूसरे से जुड़ा हुआ है।

एक महिला का बयान मैंने पढ़ा कि यह शरीर मेरा है। मैं इसके साथ चाहे जो करूँ! मैं दस के साथ सो रही हूँ, मैं सौ के साथ सो रही हूँ, नग्न, अर्धनग्न! मैं ये करूँ, मैं वह करूँ, इससे किसी को क्या मतलब! किसी को आपत्ति क्यों? यह मेरी स्वतंत्रता है। मैंने कहा कि यह आपकी व्यक्तिगत स्वतंत्रता है। मुझे इस पर आपत्ति नहीं है। आपत्ति इस कथन पर है कि यह शरीर मेरा है। यह तुम्हारा कहाँ से आया! यह तो आपके माता-पिता की देन है। यह समाज के बिना या दो व्यक्तियों के मिलन के बिना नहीं आ सकता, यह माता-पिता का उपहार है। इसलिए इस तरह की बात करने की आजादी नहीं है। जन्म के बाद किसी ने दूध पिलाया, किसी ने खाना खिलाया, किसी ने नहलाया, किसी ने विद्यालय पहुँचाया और किसी ने ये तो किसी ने वो सिखाया। तो इसे मेरा कहना कहाँ तर्कसंगत है? आपको यह कहने की आजादी नहीं है कि यह मेरा शरीर है। इस सोच को रोकने की जरूरत है। व्यक्ति का निर्धारण समाज के मापदंडों से होता है, खुद के कहने से नहीं।

यह मानव समाज अकेले मानव का समाज नहीं है। मानव को वनस्पति भी चाहिए, पशु भी चाहिए, हवा और पानी भी चाहिए और इनमें से कुछ भी मानव द्वारा निर्मित नहीं है। ये अलग रचना हैं, हम इन पर निर्भर हैं। मानव और प्रकृति का गहरा रिश्ता है। यदि किसी को भी हानि पहुँचती है तो खतरा दोनों को है। इसलिए मानव को यह तय करना होगा कि वह कितना सतत विकास करना चाहता है! क्या उस विकास की कोई सीमा है! हमें एक सीमा तय करनी होगी और भारत के मॉडल को अपनाना होगा।

पृथ्वी के ऊपरी संसाधनों के अलावा प्रकृति ने पृथ्वी के अंदर भी मानवीय आवश्यकता के लिए अनेक खनिज पदार्थों का खजाना भरा हुआ है। हमारा अंदर के भाग से भी गहरा नाता है। बहुत लोग, खासकर पश्चिम के लोग कहते हैं कि पृथ्वी तो मृत है, निर्जीव है। इससे आपका संबंध कैसे हो सकता है? भारत ने यह नहीं माना। हमने पृथ्वी को प्राणवान माना है। हम लोग इसे चैतन्य मानते हैं। बहुत से लोग कहते हैं कि तुम तो वैज्ञानिक हो, ऐसा क्यों मानते हो? यह तो मृत है। सन् 2001 में स्टॉकहोम सम्मेलन में चार बड़े वैज्ञानिक संगठनों ने माना कि यह पृथ्वी एक जीवित ग्रह है और इसके सभी घटक चाहे जैविक सूक्ष्म, जैविक मानव या तथाकथित प्राकृतिक संसाधन, वे पूरी तरह से परस्पर जुड़े हुए हैं और वे एक जीवित प्राणी की तरह व्यवहार करते हैं, इसलिए पृथ्वी मृत नहीं है। यह भी जीवित है और इसके साथ हमारा बहुत गहरा संबंध है।

पृथ्वी जड़वत् नहीं है, यह भी साँस लेती है। हम जब पत्थर, मार्बल के फर्श और तारकोल की सड़क बनाकर इसकी साँस घोंट देते हैं तो इसका दुष्परिणाम यह होता है कि पानी नीचे नहीं जा पाता। अब आपको देखना पड़ेगा कि आपका मकान बनना है, शहर का विकास करना है तो इसमें किस तरह की सामग्री का प्रयोग हो, ताकि पानी पर असर न पड़े। वह पृथ्वी के अंदर तक जाए। पहले नहीं सोचा, तो अब पानी की समस्या से जूझ रहे हैं। आज हम जल संकटग्रस्त देश हैं। सन् 2030 तक पानी की कमी वाला देश बन जाएँगे। आपने सब पी लिया, सब निकाल लिया। बाँध बनाकर नदियों का दम घोंट दिया। गंगा-यमुना का हाल देखो, कावेरी सूख रही है। आप ये कर क्या रहे हैं! हमने तो पी लिया, दुरुपयोग कर लिया, पर आज की पीढ़ी है, आनेवाली पीढ़ी है, उनका क्या होगा? इसे निर्जन के रूप में छोड़ दिया जाना चाहिए, बिना किसी वनस्पतियों और जीवों के। हमारा यह कतई अधिकार नहीं है कि सब प्राकृतिक संसाधनों का उपभोग करके इन्हें समाप्त कर दिया जाए!

यह बात ऐसे सभी उद्योगों पर भी लागू होती है, जो भारी मात्रा में जल उपभोक्ता हैं या प्राकृतिक संसाधन उपभोक्ता। इनको सोचना पड़ेगा। सतत उपभोग की हमारी सीमाएँ ग्रह की सीमाओं तक सीमित हैं। तो उपभोग और विकास में संतुलन बनाना पड़ेगा। यह तभी हो सकता है, जब आप दोनों की सीमाएँ तय करें कि कितना उपभोग और विकास करना चाहिए, कितना नहीं। थोड़ा-बहुत आगे-पीछे हो सकता है। वह जो मिडोज रिपोर्ट थी, वह अयोग्य थी। और इससे पहले सन् 1965 में पं. दीनदयालजी ये बातें कह चुके थे कि हम और वातावरण एक हैं। एक-दूसरे पर निर्भर हैं। यही बातें स्टॉकहोम सम्मेलन में कही गईं।

और पहली बार हमें इसमें सफलता मिली, जब मैं यूनेस्को में था। तब

यूनेस्को ने नारा दिया—'युवाओं के लिए सतत उपभोग'। क्योंकि उन्हें भविष्य के लिए उपभोग प्रणाली के बारे में सोचना होगा। हमने तो कर लिया न! हम कहाँ से चले थे और कहाँ पहुँच गए! 2-4 कुरतों से चले थे, आज 25-50 कुरतों पर आ गए। तो विकास के नाम पर व्यक्तिगत उपभोग बढ़ाया जा रहा है। यह डिजाइन आ गया तो यह पहन लो। चाहे जरूरत न हो। मैं यह नहीं कहता कि ऐसा नहीं करना चाहिए, पर एक हद तक। इसकी एक सीमा होनी चाहिए। यह अनिश्चित काल तक नहीं हो सकता।

ऐसा नहीं हो सकता, एक व्यक्ति के पास 27 मंजिला घर है, जिसमें केवल दो व्यक्ति रहते हैं और उसी जगह पर एक कमरा है, जिसमें 27 लोग रह रहे हैं। किसी समाज का नियम तो यही होना चाहिए कि उसके सभी सदस्यों को जीवन की मूलभूत आवश्यकताएँ बराबर मिलें। आप ऐसा विकास कर रहे हैं, जिसमें एक पक्ष उपभोग कर रहा है और दूसरा पक्ष अपने उपभोग के लिए संसाधन उपलब्ध करा रहा है। मकान बनाना है, सुख-सुविधा का सामान बनाना है या सड़क बनानी है तो पेड़ों को बेदर्दी से निर्जीव मानकर काट देते हैं। जमीन को खोखला कर देते हैं तो पर्यावरण का गला घोंट देते हैं। यह कहाँ तक उचित है! ये सब मान लें कि जरूरी भी हैं तो पेड़ काटने के बजाय कोई और विकल्प निकालिए।

आज हमारी जनसंख्या 125 करोड़ है। सन् 1947 में 30 करोड़ थी और आनेवाले 30 साल में 250 करोड़ हो जाएगी। जिस अनुपात में जनसंख्या बढ़ी, उसी अनुपात में हमने प्राकृतिक संसाधनों का दोहन किया, उन्हें नष्ट किया। अब सवाल यह भी उठता है कि 30 साल बाद इस बढ़ी हुई जनसंख्या के अनुपात में संसाधन उपलब्ध करवा पाएँगे? क्या उस स्तर का विकास कर पाएँगे, जो अमेरिका में है? आज गाड़ी इतनी संख्या में हैं कि न खड़ी करने की जगह है, न सड़क पर चलने की जगह है। फिर प्रदूषण का स्तर तो चिंताजनक है ही। आगे जनसंख्या बढ़ने पर क्या हालात होंगे? सोच से परे हैं, डरावने हैं। गाड़ी नहीं बढ़ेंगी, ऐसा होगा नहीं। क्योंकि ये जो गाड़ी निर्माता हैं, ये हमें सार्वजनिक यातायात सेवा का उपयोग नहीं करने देंगे। किसी भी तरह हमें व्यक्तिगत वाहन पर निर्भर करेंगे। आखिर उन्हें भी अपना उत्पाद खपाना है। वे इसके लिए हर हथकंडा अपनाएँगे। आज भी अपना रहे हैं।

जब श्री अटल बिहारी वाजपेयीजी के समय देश को सड़क मार्ग से जोड़ने के लिए सड़कों का जाल बिछाया जाने लगा तो मैंने कहा कि आप सड़कों का निर्माण तो कर रहे हैं, पर इन पर चलेगा कौन? 4-6 लेन की चौड़ी सड़कें हैं तो इस पर चलने के लिए गाड़ी की माँग बढ़ेगी। कोई पैदल तो इन पर चलेगा नहीं। तो जितने

भी विदेशी गाड़ी निर्माता हैं, दौड़े चले आएँगे। जब तक आपकी सड़कें बनकर तैयार होंगी, उससे पहले इनकी उत्पादन इकाइयाँ काम भी शुरू कर देंगी। अब जब सड़कें बनेंगी तो जिसको कोलकाता से अमृतसर सामान ले जाना है, वह अपने कंटेनर से ले जाएगा। आपकी मालगाड़ी में क्यों ले जाएगा?

मैंने कहा कि हजार वोलवो आ जाएँगी। तब वहाँ बैठे योजना आयोग के सदस्य बोले कि आ क्या जाएँगी! 100-150 तो आ गई हैं। मैंने कहा कि आप लोगों ने स्वदेशी गाड़ी निर्माताओं से क्यों नहीं कहा कि हम ऐसा करने जा रहे हैं, आप उसी के अनुसार तकनीकी लाइए। खैर, यह अलग बात है। पर ऐसी चीजें हम क्यों बना रहे हैं? हम नई तकनीकी, जो सतत भी हो और सबके लिए उपयोगी हो, वे क्यों नहीं बना सकते?

बहुत पहले मैं हिमाचल के बिलासपुर में गया था। तब वहाँ बाँध बन रहा था। मैंने देखा कि वहाँ जो पानी ले जाया जा रहा था, बाँस की नली से ले जाया जा रहा था, क्योंकि बाँस पानी से सड़ता-गलता नहीं। उसकी उम्र बढ़ती है, जबकि लोहे के पाइप पानी से जंग खा जाते हैं। बाँस अगर टूट जाए तो देश में प्रचुर मात्रा में उपलब्ध है। यह सतत है, यह अक्षय इस्पात है, गैर-नवीकरणीय है। सतत उपभोग होगा तो प्रौद्योगिकी बदल जाएगी। यह वही तकनीक नहीं होगी। क्यों, फिर आप उपभोक्ता के संदर्भ में नहीं सोच रहे हैं और न केवल वर्तमान उपभोक्ता के बारे में, बल्कि भविष्य के उपभोक्ता के बारे में नहीं सोच रहे हैं, जोकि आपका अपना स्थायी है। एक नहीं, सौ उदाहरण मिल जाएँगे, जहाँ आप अपने वातावरण और संसाधनों को देखते हुए, कितना और कहाँ, किस चीज का उपयोग कर सकते हैं।

खुसरो जब यहाँ आया और बड़ी-बड़ी चीजें देखीं तो बोला कि भारतीय मूर्ख हैं। वे अपनी इमारतों के निर्माण में इतना लोहा क्यों बरबाद कर रहे हैं! और वह सही था, हमारे पूर्वज सही थे, उन्होंने कभी स्टील का इस्तेमाल नहीं किया, जबकि वे इसके बारे में जानते थे। ऐसा नहीं है कि अंग्रेजों ने हमें लोहे के बारे बताया। हजारों वर्षों पहले लोहे की बहुत सी चीजें हमारे पास थीं। आप इस तरह की तकनीक को डिजाइन कर सकते हैं, जो विकास के साथ-साथ उपभोग के स्तर पर निर्भर करेंगी। आज का नियम विकास से इनकार नहीं करता है, लेकिन यह सतत उपभोग से इनकार करता है। एक ऐसा उपभोग, जिसे आप दुनिया के हर नागरिक को प्रदान नहीं कर सकते हैं। इस ग्रह के प्रत्येक व्यक्ति को आज भी एक सतत विकास नहीं दिया जा सकता है, आनेवाले समय के बारे में क्या कहना है। और विकास की कोई भी बात अंततः उच्च स्तर की असमानताओं तथा उच्च स्तर के कुप्रबंधन की ओर ले जाती है। केवल करोड़पति, उच्च आय वर्ग और गरीब

लोगों की असमान वृद्धि विकास नहीं है। गरीबी की परिभाषा बदल देने से, हर बार आयकर के अपने कानून बदलने से बात नहीं बनेगी।

पूर्व में उपभोग की हमारे देश की आश्रम व्यवस्था, जो ऋषिकृत थी, बेहद उदाहरणीय थी, उदार थी और मानवीयता के गुणों से भरपूर थी। यह व्यक्ति के कर्म और धर्म पर आधारित थी। प्राचीन भारत का हर सिद्धांत, प्राचीन संतों द्वारा नक्काशीदार, वैज्ञानिक और तर्कसंगत तर्क पर आधारित हैं। एक मानव का औसत जीवन 100 वर्ष माना जाता था। इसके आधार पर वैदिक जीवन के चार आश्रम बनाए गए थे—ब्रह्मचर्य, गृहस्थ, वानप्रस्थ और संन्यास। प्रत्येक चरण या आश्रम का लक्ष्य उन आदर्शों को पूरा करना था, जिन पर ये चरण विभाजित थे। ये अवस्थाएँ उन कर्तव्यों का स्तरीकरण करती हैं, जिन्हें मनुष्य को अपने जीवनकाल में अभ्यास करना होता है। ऐसी कार्यप्रणाली के साथ तत्कालीन समाज ने सामाजिक संस्थाओं को एक साथ रखने का भी लक्ष्य रखा। कम उम्र से ही आदमी को नैतिकता, आत्म-संयम, बुद्धिमत्ता, व्यावहारिकता, प्रेम, करुणा और अनुशासन के मार्ग दिखाए गए थे। उन्हें लालच, क्रूरता, सुस्ती, घमंड और कई अन्य दोषों से दूर रहने के लिए निर्देशित किया गया था। यह व्यवस्था बड़े पैमाने पर समाज के लिए भी फायदेमंद थी।

ब्रह्मचर्य : यह चरण पहला है, जो 25 वर्ष तक रहता है। इस अवस्था में मनुष्य विद्यार्थी जीवन जीता है और ब्रह्मचर्य का पालन करता है। इस चरण का आदर्श वाक्य मनुष्य को स्वयं को शिक्षित करने के लिए प्रशिक्षित करना है।

गृहस्थ : इस समय मनुष्य को अपने सामाजिक और पारिवारिक जीवन पर ध्यान देने की आवश्यकता है। यह चरण 25 से शुरू होता है और 50 साल तक रहता है। गृहस्थ व्यक्ति के जीवन का एक महत्त्वपूर्ण पड़ाव है, जहाँ मनुष्य को अपने पारिवारिक और सामाजिक कर्तव्यों, दोनों को संतुलित करना होता है।

वानप्रस्थ : यह आंशिक त्याग का कदम है। यह अवस्था 50 वर्ष की आयु में मनुष्य के जीवन में प्रवेश करती है और 75 वर्ष की आयु तक रहती है। उसके बच्चे बड़े हो जाते हैं और वह धीरे-धीरे भौतिक संबंधों से दूर हो जाता है। यह सेवानिवृत्ति के लिए उसकी उम्र है और एक ऐसे रास्ते पर चलना शुरू करता है, जो उसे दिव्यता की ओर ले जाएगा।

संन्यास : जीवन का अंतिम चरण तब आता है, जब व्यक्ति अपने सांसारिक संबंधों को पूरी तरह से विराम दे देता है। यह चरण 75 से शुरू होता है और अंतिम समय तक रहता है। वह भावनात्मक जुड़ावों से पूरी तरह मुक्त है। वह एक तपस्वी बन जाता है।

तो यह माना जाता था कि 25 वर्ष की आयु तक किसी भी प्रकार की व्यावसायिक गतिविधि नहीं करेंगे। केवल विद्या-ज्ञान, संस्कार, सांसारिकता आदि से खुद को संपन्न करेंगे, ताकि एक आदर्श मानव बन सकें। इस अवस्था में व्यक्ति सिर्फ उपभोक्ता है। अर्थ की व्यवस्था का दायित्व माता-पिता का होता है। वे उसके भविष्य के लिए उसकी शिक्षा, स्वस्थ रहने के लिए उसके भोजन, उसके आदर्श आचरण आदि का ध्यान रखते हैं, ताकि वह अपने पाँव पर मजबूती से खड़ा हो सके। उसके भविष्य के लिए बचत कर पूँजी जमा करते हैं, क्योंकि हमारी जीवन-शैली पारिवारिक व सामाजिक संबंधों को महत्त्व देती है। अगर देखा जाए तो इस व्यवस्था के अंतर्गत की जानेवाली बचत ने ही आज हमारे देश को सँभाल रखा है। माता-पिता यही सोचते हैं, हमें क्या करना। हम तो पुराने कपड़ों से काम चला लेंगे, बच्चों को नए कपड़े दिलवाएँगे। अगर परिवार की आर्थिक हालत संतोषजनक नहीं है तो माता-पिता ही नहीं, दादा-दादी भी खुद कम खाकर गुजारा कर लेंगे, पर बच्चे को पेट भर खाना उपलब्ध करवाएँगे। मैंने देखा है, अगर घर में दूध कम है तो दादा-दादी कह देते हैं कि हम कम पी लेंगे या नहीं भी पीएँगे, बच्चे को दे दो। हम व्यक्तिगत उपभोग नहीं, पारिवारिक···सामाजिक उपभोग को महत्त्व देते थे। यही हमारा सिद्धांत था। यह नहीं था कि जो कमाएगा, वही खाएगा। यह था कि जो घर आएगा, वह जरूर खाएगा।

यही नहीं, कमानेवाला अपने परिवार के छोटे से लेकर बड़ों तक, अपने संबंधियों को ही नहीं खिलाता, पशु-पक्षी व जानवरों का भी खयाल रखता है। जो हमारा आर्थिक व्यवस्था का ढाँचा है, वह स्वहित नहीं, सर्वहितधर्मी है। यह व्यापक है। इसमें हर किसी की चिंता है। यह व्यक्तिगत उपभोगवादी नहीं है, विस्तार उपभोगवादी है। यही सतत उपभोग है। हमारे पास जो है, वह ज्यादा-से-ज्यादा लोगों तक पहुँचे। उपनिषद् में भी कहा गया है—बहुत पैदा करो। अपने लिए ही नहीं, परिजनों के लिए, सभी जीवों के लिए। कितना उपभोग करना है और किस-किस को उपभोग की वस्तु उपलब्ध करवानी है, यह चिंता, परवाह, उपभोग प्रणाली की बुनियाद है।

25 वर्ष के बाद गृहस्थ शुरू होता है तो आप कमाने लगते हैं, पर आपका उपभोग कम हो जाता है, क्योंकि यहाँ आपको सभी का खयाल रखना है। सभी के लिए उपभोग उपलब्ध करवाना है। जो दायित्व आपके माता-पिता ने निभाया, वह अब आपका दायित्व बन जाता है। फिर व्यक्ति वानप्रस्थ की ओर जाता है तो उपभोग कम हो जाता है। फिर संन्यास की ओर जाने पर तो माँगकर खाना है।

यह जो हमारी आश्रम व्यवस्था चक्र था, पहले ज्यादा उपभोग, फिर उससे

कम, फिर और कम, फिर शून्य उपभोग, यह बुनियादी और सार्थक था।

अब आधुनिक व्यवस्था में हम आर्थिक, सामाजिक व औद्योगिक स्तर पर कैसे पुरानी व्यवस्था को बनाए रख सकते हैं, इस पर सोचना होगा। यह अब ज्यादा दिन नहीं चलेगा कि 7 बिलियन लोगों में 2 बिलियन तो हर सुख-सुविधा का आनंद उठाएँ और बाकी 5 बिलियन छोटी-छोटी जरूरतों के लिए दर-दर भटकें। फिर ऐसी दुनिया से फायदा भी क्या ? अगर हम यह मानते हैं कि सारे मनुष्य बराबर हैं तो शरीर में बराबर होने से काम नहीं चलेगा। सबको कम-से-कम मूलभूत जरूरतों में तो बराबरी देनी होगी, ताकि हर कोई महसूस करे कि मैं भी इनसान हूँ। हमें अब विकास, अर्थ और उपभोग के मानकों को पुनः समीक्षा कर स्थापित करना होगा, ताकि यह पृथ्वी उतनी ही स्वस्थ बनी रहे, सुंदर बनी रहे, जितनी हमें मिली थी। और हम इसे अपनी आनेवाली पीढ़ियों के लिए वीरान अवस्था में नहीं छोड़ें।

अब पश्चिम में भी यह बहस शुरू हो गई है। दो-तीन लेखक इस विषय में लिख और बोल रहे हैं। खुशी का विषय यह है कि वे हमारी प्राचीन आश्रम व्यवस्था को आदर्श मानकर इस ओर बढ़ रहे हैं, पर उन्हें मुश्किल होगी, क्योंकि जो बुनियादी दर्शन हमारे पास है, वह उनके पास नहीं है। उन्हें समझने में थोड़ी दिक्कत होगी, क्योंकि यह जो अंतर आया है, यह ब्रह्मांड विज्ञान से आया है। हमारे विज्ञान में तो है कि ब्रह्मांड को किसी ने बाहर से नहीं बनाया। जबकि और लोगों में मत है कि यह खुदा ने बनाया है, यह ईसा ने बनाया है। उन्होंने मानव को पृथ्वी पर यह कहकर फेंक दिया कि यह तुम्हारे लिए बनाई है, जाओ और इसका उपभोग करो। उनका दृष्टिकोण—हम प्रकृति को प्रताड़ित करेंगे···हम उसकी बाँहों को मोड़ेंगे··· उसके रहस्यों को जानने के लिए। जबकि हम कहते हैं, यह प्रकृति ईश्वर प्रदत्त है। हमें इससे प्यार है। हम इसे संपूर्ण मानते हैं और इसे जानने के लिए तोड़-फोड़ का नहीं, अध्यात्म का रास्ता अपनाते हैं। इसलिए मैं आपसे निवेदन करूँगा कि इन प्रश्नों पर गहराई से सोचने की जरूरत है। सतत विकास की नहीं, हमें सतत दूरगामी उपभोग की जरूरत है।

□

QR कोड मोबाइल कैमरे से स्कैन करके यू-ट्यूब पर पूरा व्याख्यान सुना जा सकता है।

डॉ. ओमप्रकाश कोहली

गुजरात के पूर्व राज्यपाल

डॉ. ओमप्रकाश कोहली सन् 1994 से 2000 तक राज्यसभा के सदस्य रहे। वे 16 जुलाई, 2014 से 15 जुलाई, 2019 तक गुजरात के राज्यपाल रहे हैं। वे भारतीय जनता पार्टी से जुड़े राजनीतिज्ञ हैं। पूर्व में श्री ओमप्रकाश कोहली ने दिल्ली विश्वविद्यालय शिक्षक संघ (डूटा) और अखिल भारतीय विद्यार्थी परिषद् के अध्यक्ष के उत्तरदायित्व का निर्वहन किया और दिल्ली के हंसराज कॉलेज तथा देशबंधु कॉलेज में व्याख्याता के पद पर 37 साल से अधिक वर्षों तक सेवा दी है। वर्ष 1999-2000 के दौरान उन्हें भाजपा की दिल्ली इकाई का अध्यक्ष नियुक्त किया गया था। वे आपातकाल के दौरान मीसा के तहत गिरफ्तार भी हुए थे।

हिंदी में डॉक्टरेट श्री ओमप्रकाश कोहली शिक्षाविद् और राजनेता होने के साथ-साथ एक लेखक भी हैं। उन्होंने 'राष्ट्रीय सुरक्षा के मोर्चे पर', 'शिक्षा नीति' और 'भक्तिकाल के संतों की सामाजिक चेतना' आदि पुस्तकें लिखी हैं।

नई शिक्षा नीति

भारत की समृद्ध सांस्कृतिक विरासत को जो स्थान मिलना चाहिए था, वह नहीं मिला। न तो विश्व के विश्वविद्यालयों की उच्च श्रेणी में भारतीय विश्वविद्यालयों को स्थान मिल पाया, न ही हमारी शिक्षा में हमारी सांस्कृतिक विरासत को उचित स्थान मिला है। यह दु:ख का विषय रहा, पर यह बताते हुए खुशी होती है कि नई शिक्षा नीति में इन दोनों बातों का विशेष तौर पर उल्लेख किया गया है। कहा गया है कि नई शिक्षा नीति का एक उद्‌देश्य यह है कि हमारे विश्वविद्यालय वैश्विक प्रतिस्पर्धा में आगे बढ़ें, साथ ही अपनी जड़ों से शिक्षा का जुड़ाव हो।

विश्व तेज गति से बदल रहा है। तकनीकी ने बदलाव की गति को तेज कर दिया है। इसलिए इस तेजी से बदलते हुए विश्व में हमारी शिक्षा नीति में बदलाव की आवश्यकता अनुभव की जाती रही है। नई शिक्षा नीति में इस बदलाव पर जोर दिया गया है। हमारे प्रधानमंत्री, शिक्षामंत्री व अन्य प्रतिनिधि अपने वक्तव्यों में इसका उल्लेख करते रहे हैं। मैं उन्हीं की बातों को दोहरा रहा हूँ।

आत्मनिर्भर भारत बनाने में नई शिक्षा नीति का सकारात्मक योगदान होगा, इसमें कोई दो राय नहीं है। नई शिक्षा नीति राष्ट्रीय विकास में अति महत्त्वपूर्ण भूमिका का निर्वहन करेगी। वैश्विक स्तर पर जिस तरह का नेतृत्व चाहिए, वह भी इस शिक्षा नीति से ही तैयार होगा। हमारी शिक्षा नीति समग्रतात्मक, लचीली व बहुविषयक होगी। ऐसी घोषणा हमारा राजनैतिक और शैक्षणिक नेतृत्व करता रहा है।

नए भारत का स्वरूप और नए भारत के लिए छात्रों को तैयार करने में यह शिक्षा नीति बेहद मददगार सिद्ध होगी, इसमें कोई दो राय नहीं हो सकती। नई शिक्षा नीति में वैश्विक और स्थानीय सरोकार को ध्यान में रखा गया है। भारतीय भाषाओं को इसमें प्रमुखता से स्थान दिया गया है तो भारतीय शिक्षा पद्धति को भी सम्मान दिया गया है।

---

* संकल्प व्याख्यानमाला 2020

इस तथ्य को भी नकारा नहीं जा सकता कि नई शिक्षा नीति को जमीनी स्तर पर उतारने में शिक्षकों की भूमिका महत्त्वपूर्ण होगी। इस कारण इसमें शिक्षकों के लिए भी नीति निर्धारित की गई है, जिससे कि शिक्षक अभिप्रेरित हों। उन्हें प्रशिक्षण के साथ प्रोत्साहित किया जाए, इसका भी शिक्षा नीति में ध्यान रखा गया है।

शिक्षक की प्रतिष्ठा कैसे पुनर्स्थापित की जाए! शिक्षक की मर्यादा और शिक्षक का सशक्तीकरण कैसे हो? इसका भी शिक्षा नीति में जिक्र किया गया है।

शिक्षा के विस्तार की बात हो, जहाँ तक शिक्षा नहीं पहुँची है, जिन तक शिक्षा नहीं पहुँची है, वहाँ तक इसे पहुँचाने की बात हो या फिर शिक्षा की गुणवत्ता की बात हो, यह काम भी शिक्षक के माध्यम से ही संभव है। इसमें शिक्षक की भूमिका महत्त्वपूर्ण रहेगी। नई शिक्षा नीति में इसका भी उल्लेख है कि स्कूलों में सकल नामांकन अनुपात को सन् 2030 तक सौ प्रतिशत तक लाना है। उच्च शिक्षा में सकल नामांकन अनुपात, जो 26 प्रतिशत है, उसको सन् 2035 तक 50 प्रतिशत तक ले जाना है। यह एक बड़ी चुनौती की बात इस शिक्षा नीति में कही गई है।

इस लक्ष्य को पाने के लिए बड़े पैमाने पर शिक्षकों की भर्ती करनी पड़ेगी। विद्यालय स्तर के शिक्षकों की भर्ती स्थानीय स्तर पर की जाए तो यह कारगर साबित होगी। क्योंकि शिक्षक को सुविधा मिलने के साथ स्थानीय भाषा को प्रोत्साहन मिलेगा। शिक्षक के समय की बचत होगी तो अपनी भाषा में पढ़ाने पर सहजता होगी।

शिक्षकों के प्रशिक्षण और बी.एड. की शिक्षा गुणवत्ता में सुधार और बी.एड. कोर्स की अवधि के विस्तार की बात भी कही गई है। अब तक बी.एड. कोर्स 2 साल का है, उसे 4 साल का करने की बात नई शिक्षा नीति में कही गई है।

देशभर में बहुत सी गैर-सरकारी संस्थाएँ बी.एड. का कोर्स करवाती हैं। इनमें गुणवत्ता का अभाव देखा गया है, क्योंकि इनका उद्‌देश्य शिक्षा से ज्यादा अर्थलाभ होता है। इन पर अंकुश लगाया जाएगा। अब जो 4 साल का कोर्स होगा, वह प्रेरक, गहन और नए प्रकार का होगा।

नई शिक्षा नीति में शिक्षकों की सुविधा को भी महत्त्व दिया गया है। कहा गया है कि इनके अनावश्यक तबादले न किए जाएँ। शिक्षक की स्थानीय भाषा में पकड़ हो। शिक्षकों की सेवा-शर्तें बेहतर हों। शिक्षकों पर शिक्षा के अतिरिक्त किसी अन्य कार्य का भार न हो। साथ ही शिक्षकों के लिए टी.ई.टी., यानी टीचर पात्रता टेस्ट की बात भी कही गई है। जैसे विश्वविद्यालय में शिक्षक भर्ती के लिए राष्ट्रीय पात्रता टेस्ट जरूरी है, उसी प्रकार स्कूली शिक्षक भर्ती के लिए टीचर पात्रता टेस्ट जरूरी हो।

बदलते समय के साथ अब अन्य क्षेत्रों की तरह शिक्षा के क्षेत्र में भी तकनीक की आवश्यकता बढ़ती जा रही है। कोरोना आपदा के समय शिक्षा में तकनीकी उपयोग को देखा गया और यह सार्थक रहा। अतः आनेवाले समय में तकनीकी की शिक्षा में महत्त्वपूर्ण भूमिका होगी। इसके लिए शिक्षकों को तकनीक आधारित प्रशिक्षण दिया जाएगा। साथ ही नई शिक्षा नीति में कहा गया है कि शिक्षक को अपनी दक्षता बढ़ाने के लिए एक साल में पचास घंटे लगाने होंगे, क्योंकि दक्षता सार्थक शिक्षण के लिए महत्त्वपूर्ण है।

इन दिनों अनुबंध आधारित शिक्षक भर्ती का चलन बढ़ा है, पर नई शिक्षा नीति में शिक्षकों के अनुबंध की जगह स्थायित्व की बात कही गई है। इससे उनमें सुरक्षा भाव उत्पन्न होगा, बेहतर शिक्षण में प्रोसाहन मिलेगा।

शिक्षा में अंग्रेजी के वर्चस्व को खत्म करके भारतीय भाषाओं को प्रोत्साहित करने की माँग काफी समय से उठती रही है। लेकिन यह क्रियान्वित नहीं हुई। अगर शिक्षक चाहे अपनी पढ़ाई अंग्रेजी में पूरी करे, पर वह तय कर ले कि वह अपना शिक्षण स्थानीय भाषा में करेगा तो एक बड़ा बदलाव आ सकता है। इससे अंग्रेजी ज्ञान के अभाव में जो प्रतिभाएँ उभर नहीं पातीं, उन्हें मौका मिलेगा। नई शिक्षा नीति के लक्ष्य को पूरा करने में यह प्रयास एक मील का पत्थर साबित होगा।

शिक्षण स्थानीय भाषा में होने पर शिक्षक को समझाने और विद्यार्थियों को समझने में आसानी होगी। यह कोई नया विचार नहीं है। इसका उदाहरण है, महात्मा गांधीजी द्वारा गुजरात के अहमदाबाद में 18 अक्तूबर, 1920 स्थापित गुजरात विद्यापीठ। यहाँ शिक्षण कार्य करनेवाले आचार्य कृपलानी, विनोबा भावे और काका कालेलकर जैसे शिक्षा-मनीषी स्वयं अंग्रेजी पुस्तकों से शिक्षण सामग्री संकलन करते थे और कक्षा में गुजराती में पढ़ाते थे। हमारे शिक्षक यह नीति अपनाकर भारतीय भाषाओं में शिक्षण कर नई शिक्षा नीति की परिकल्पना को साकार करने में महत्त्वपूर्ण योगदान दे सकते हैं।

स्कूल पूर्व शिक्षा को भी नया रूप देने के लिए आँगनवाड़ी शिक्षकों की सहायता ली जाएगी। आँगनवाड़ी की शिक्षक बहनों के प्रशिक्षण के लिए अल्प-अवधि के पाठ्यक्रम की जरूरत होगी। इसकी भी नई शिक्षा नीति में व्यवस्था की गई है।

नई शिक्षा नीति में जगह-जगह एक शब्द का प्रयोग हुआ है, वह है—लचीलापन। पुरानी शिक्षा नीति में जो गैर-लचीलापन है, उसको दूर करके एक नई लचीली शिक्षा नीति अपनाई जाएगी। इसके लिए बहुस्तरीय प्रणाली और बाह्य

प्रणाली की व्यवस्था की गई है। इसके तहत विद्यार्थी अगर किसी कारणवश शिक्षा को बीच में छोड़ देता है तो बाद में इसे पुनः सुचारु कर सकता है। जो जड़वत् शिक्षा का ढाँचा है, उससे बाहर निकलने में यह प्रणाली कारगर साबित होगी। वहीं पढ़ाई के बीच में ही विषय बदलने का मौका विद्यार्थी को मिलेगा। वह जो क्रेडिट अर्जित करेगा, वह उसके खाते में जमा हो जाएगा। इसके लिए नई शिक्षा नीति में 'एकेडमिक बैंक ऑफ क्रेडिट' की व्यवस्था भी की गई है।

पाठ्यक्रम लचीला होगा। विषय का क्रिएटिव कॉम्बिनेशन, यानी रचनात्मक संयोजन होगा। पहले कॉमर्स का विद्यार्थी आर्ट्स या साइंस नहीं ले सकता था। नई शिक्षा नीति में इसमें बदलाव किया गया है। साइंस का विद्यार्थी आर्ट्स के विषय भी ले सकता है। अब तक की शिक्षा नीति में बहुत से विषय अतिरिक्त पाठ्यक्रम के खाते में डाले हुए हैं, उनको पाठ्यक्रम का दर्जा देने की बात भी नई शिक्षा नीति में कही गई है।

नई शिक्षा नीति में एक गौरव की बात यह है कि इसमें भारतीय संस्कृति और परंपरा को महत्त्व देते हुए भारतीय भाषाओं को प्रोत्साहन दिया गया है। जिसमें मातृभाषा भी है, क्षेत्रीय भाषा भी है और पुरानी पाली, फारसी, प्राकृत भाषाओं के लिए एक राष्ट्रीय संस्थान की बात भी कही गई है।

उच्च शिक्षा में शोध का बहुत महत्त्व होता है। शोध में दो बातें ध्यान में रखने की होती हैं—एक, शोध में मौलिकता और गहराई कितनी है? दूसरी, वह शोध प्रासंगिक व तर्कसंगत है या नहीं? केवल डिग्री हासिल करने के लिए जैसे-तैसे शोधकार्य पूरा कर लेने की जो परंपरा चल रही है, उसको हतोत्साहित करके शोध संस्कृति को प्रोत्साहित और स्थापित करने की बात नई शिक्षा में कही गई है। यह शिक्षा नीति इस पर जोर देती है कि जो शोध संस्थानों व उच्च शिक्षा के संस्थानों में शोध हो, वह प्रासंगिक हो, तर्कसंगत हो, देश और समय की आवश्यकता के अनुसार हो।

नई शिक्षा नीति शोध-केंद्रों और उद्योगों के बीच कारगर संवाद स्थापित करने पर भी जोर देती है। इसके लिए एक राष्ट्रीय शोध संस्थान (नेशनल रिसर्च फाउंडेशन) के गठन की बात इस शिक्षा नीति में कही गई है। यह संस्थान एक बेहतरीन व सार्थक शोध सुनिश्चित करेगा, यह दावा किया गया है। यह अपने आप में एक बड़ी उपलब्धि होगी।

हमारे देश के बहुत से प्रतिभाशाली छात्र उच्च शिक्षा के लिए विदेश जाते हैं। हम अपने देश में ऐसा वातावरण तैयार कर सकते हैं, जिससे उनको देश में ही विश्व

स्तरीय शिक्षा मिल जाए, विदेश का रुख नहीं करना पड़े। नई शिक्षा नीति में इसके लिए विदेशी उच्च स्तरीय विश्वविद्यालयों का भारत में अपने कैंपस खोले जाने का रास्ता बनाया गया है। वहीं प्रावधान किया गया है कि भारतीय विश्वविद्यालय भी विदेशों में अपने कैंपस खोल सकेंगे। इससे जहाँ हमारे देश के छात्रों का विदेश गमन रुकेगा, वहीं भारतीय संस्कृति युक्त शिक्षा का विदेशों में प्रचार-प्रसार होगा।

दिल्ली विश्वविद्यालय के शिक्षकों ने स्वायत्तता के प्रश्न को लेकर आशंका प्रकट की है।

नई शिक्षा नीति में प्रावधान है कि बेहतर शिक्षा देने के लिए यह आवश्यक है कि हम शिक्षा संस्थानों को स्वायत्तता प्रदान करें। जो संबद्ध प्रणाली है, उसको समाप्त करके स्वायत्तता प्रणाली को लागू करें। साथ ही यह स्वायत्तता प्रशासनिक व शैक्षणिक भी हो।

नई शिक्षा नीति महसूस करती है कि स्वायत्तता का उच्च शिक्षा संस्थान की गुणवत्ता से गहरा संबंध रहे। लेकिन शिक्षकों को भय है कि यह स्वायत्तता किसकी होगी? क्या प्रबंधक की होगी, क्या प्रशासन की होगी? क्या इससे हमारी नौकरी सुरक्षा को तो खतरा नहीं होगा? क्या वित्तीयकरण तो नहीं होगा? इसमें दो मत हैं—एक, यह स्वायत्तता उच्च शिक्षा प्रणाली को अधिकार देगी। दूसरा, यह आशंका है कि यह शोषण के दरवाजे भी खोलेगी! ऐसा नहीं है।

अब उच्च शिक्षा के क्षेत्र में नए विनियामक का प्रस्ताव नई शिक्षा नीति में है। उच्च शिक्षा के लिए हायर एजुकेशन कमीशन ऑफ इंडिया विद फोर्स सेपरेट फॉर डिफरेंट फंक्शंस, यानी विभिन्न कार्यों के लिए अलग से बल के साथ भारत के उच्च शिक्षा आयोग की व्यवस्था की गई है। फ्रेमवर्क लाइट ऐंड टाइट, यानी ढाँचा हल्का और सख्त की बात कही गई है।

नई शिक्षा नीति में सूचना और प्रौद्योगिकी के प्रयोग और नवाचार को बढ़ावा देने की बात कही गई है। व्यक्तिगत तौर पर ऑनलाइन व तकनीकी युक्त शिक्षक-शिक्षा नए जमाने की माँग होगी। समाज के आखिरी छोर पर बैठे व्यक्ति तक शिक्षा पहुँचानी है तो तकनीक की सहायता लेनी होगी। इसके लिए तेजी से तकनीकी ढाँचा तैयार करना होगा। जिससे शिक्षा दूरस्थ क्षेत्रों तक पहुँचाई जा सके। साथ ही यह भी ध्यान रखा जाएगा कि अंतिम छोर पर बैठे व्यक्ति को तकनीकी की जानकारी और सुविधा उपलब्ध करवाई जाए।

हमारी शिक्षा व्यवस्था में कौशल प्रशिक्षण और व्यावसायिक प्रशिक्षण हमारी नई शिक्षा नीति का एक महत्त्वपूर्ण हिस्सा होगा। इसके लिए कौशलवर्धन पाठ्यक्रम

और तकनीक को बढ़ावा देनेवाले पाठ्यक्रम विकसित किए जाएँगे। कक्षा 6 से ही कौशल विकास पाठ्यक्रम शुरू किए जा सकते हैं।

इस शिक्षा नीति में स्कूल कॉम्प्लेक्सेस बनाने का प्रावधान है। शिक्षा के सभी संसाधन इस कॉम्प्लेक्स में उपलब्ध होंगे। शिक्षा के सफल क्रियान्वयन के लिए शिक्षक बदलाव के लिए तैयार होने चाहिए, वरना नई शिक्षा नीति जमीनी स्तर पर नहीं उतर पाएगी। नई शिक्षा नीति की सफलता के राज्यों का केंद्र के साथ सकारात्मक सहयोग भी जरूरी है।

महत्त्वपूर्ण बात है कि इस शिक्षा नीति में भारत की शिक्षा नीति को नई जरूरतों के अनुसार ढालने का आश्वासन दिया है। इसमें भारतीयता और भारतीय भाषाओं को अपनाने और शोध कार्य को गहराई देने का प्रयास किया गया है। तकनीकी कौशल को प्रोत्साहन व पाठ्यक्रम तथा प्रशिक्षण के बदलाव की बात कही है। शिक्षा पर अधिक व्यय का आश्वासन भी दिया है।

अंग्रेजी के समर्थक तर्क देते हैं कि अंग्रेजी वैश्विक और समृद्ध भाषा है। ऐसे लोगों को याद रखना चाहिए कि भाषा का प्रश्न राष्ट्रीयता से जुड़ा हुआ है। महात्मा गांधीजी ने भाषा के संबंध में अपना मत व्यक्त करते हुए कहा था, "किसी भी बच्चे को सर्वप्रथम स्थान अपनी मातृभाषा को देना होगा, उसके बाद वह जिस प्रदेश का है, उस प्रादेशिक भाषा को स्थान देना होगा, फिर उसे अपने धर्म की भाषा को स्थान देना होगा। अगर हिंदू है तो हिंदी व संस्कृत। अगर मुस्लिम है तो उर्दू, फारसी को स्थान देना होगा। इसके बाद अपने पड़ोस के प्रदेश को भाषा को स्थान देना होगा।" अंत में गांधीजी ने अंग्रेजी भाषा को स्थान देने की बात कही।"

यहाँ गांधीजी से जुड़े एक प्रसंग का जिक्र जरूरी हो जाता है। आज से ठीक 75 साल पहले 10 अक्तूबर, 1946 को नोआखाली (जो इस समय बांग्लादेश का हिस्सा है) में दंगों की शुरुआत हुई, जिसमें एक समुदाय ने भयंकर नरसंहार किया। लाखों की संख्या में हिंदुओं को मारा गया। कोजागरी लक्ष्मी पूजा के दिन शुरू हुआ यह नरसंहार लगभग एक सप्ताह तक चला, जिसमें नोआखाली के आसपास के इलाकों की 95 प्रतिशत हिंदू जनसंख्या को गायब कर दिया गया। उनके घर भी लूटकर ढहा दिए गए।

तब गांधीजी दंगे रुकवाने और शांति स्थापित करवाने के उद्देश्य से नोआखाली की ओर जा रहे थे तो बी.बी.सी. का एक पत्रकार गांधीजी की प्रतिक्रिया जानने के लिए उनके पीछे-पीछे भाग रहा था। तब गांधीजी ने दो पल ठहरकर उससे कहा था कि तुम दुनिया को यह बता दो कि गांधी अंग्रेजी भूल गया है।

तो सवाल यह नहीं है कि कौन सी भाषा वैश्विक स्तर पर ज्यादा बोली जाती है या किसका वर्चस्व ज्यादा है या कौन सी भाषा ज्यादा समृद्ध है। भाषा का संबंध देश की अस्मिता से है, उसकी संस्कृति से है तथा उसके गौरव से है। नई शिक्षा नीति में इसी को महत्त्व दिया है। भारतीय भाषाओं के उत्थान की बात की गई है। शिक्षा भारतीय भाषाओं में हो, इस पर जोर दिया गया है। वहीं अन्य प्राचीन भाषाओं जैसे—पाली, प्राकृत आदि के संरक्षण की भी बात कही गई है। हम कह सकते हैं कि यह नई शिक्षा नीति भाषा के संबंध में एक राष्ट्रीय और भारतीय दृष्टि लेकर चली है।

कहा जा रहा है कि संसाधान कहाँ से आएँगे? जितने संसाधनों की सिफारिश की गई है, 6 प्रतिशत जी.डी.पी. की तो क्या वे पर्याप्त होंगे! और ज्यादा संसाधनों की आवश्यकता पड़ेगी। तो पहले हम 6 प्रतिशत तक तो पहुँचें, बाकी की बात समय अनुसार होती रहेगी। कहाँ से आएँगे, इस पर भी विचार होगा। फिलहाल जरूरी यह है कि जितना कहा गया है, वह जमीनी स्तर पर दिखना चाहिए, कागजों तक सीमित न रह जाए।

सवाल शिक्षा के व्यापारीकरण का भी उठाया जा रहा है। अगर व्यापारीकरण को छूट देने की बात होगी तो समाज दो भागों में बँट जाएगा—एक, जो खर्च उठा सकते हैं तथा दूसरे, जो खर्च नहीं उठा सकते। अगर व्यापारीकरण होगा तो खर्च न उठानेवाले शिक्षा से वंचित रह जाएँगे। वहीं इसका सकारात्मक पहलू भी है। जो लोककल्याणकारी संस्थाएँ हैं, वे शिक्षा पर और अधिक खर्च करने के लिए आगे आएँगी। व्यापारीकरण का अर्थ केवल इतना ही नहीं है कि शिक्षा केवल अमीरों के बच्चों के लिए तो सुलभ हो जाए और जिनके पास साधन नहीं हैं, वे शिक्षा से वंचित हो जाएँ। एक समतामूलक समाज में व्यापारीकरण को हद से ज्यादा बढ़ावा देना तर्कसंगत नहीं है।

जहाँ तक बात है कि अच्छे शिक्षक कैसे आएँगे? तो उसका भी हल निकाला गया है। शिक्षक की भूमिका को महत्त्वपूर्ण मानकर शिक्षक को गौरव व सम्मान देने की बात इस शिक्षा नीति में बार-बार दोहराई गई है। शिक्षा संस्थान में व्यवस्था बनाकर शिक्षा क्षेत्र में जो निर्णय लिये जाएँ, उनमें शिक्षक की भागीदारी बढ़ाकर हल निकाला जा सकता है।

गुरुकुल शिक्षा की बात भी उभर रही है। मेरा मानना है कि जिस रूप में गुरुकुल शिक्षा प्रणाली प्राचीन कालखंड में थी, उसको तो क्रियान्वित किया जाना संभव व व्यावहारिक नहीं होगा, क्योंकि समय के साथ चलने में कुछ पुराना छोड़ना भी पड़ता है। गुरुकुल शिक्षा में दो बातें महत्त्वपूर्ण थीं—एक तो शिक्षक और

शिक्षार्थी का व्यक्तिगत संबंध तथा दूसरा, उसका चरित्र और आचरण आधारित होना। इन्हें नई शिक्षा प्रणाली में लाया जा सकता है। इसमें किसी को कोई आपत्ति नहीं होनी चाहिए।

शिक्षा नीति बन गई, यह इसका पहला पहलू है और इसका दूसरा पहलू है इसका क्रियान्वयन। अब जब क्रियान्वयन के दौर में शामिल होंगे, तब हमें वास्तविक चुनौतियों का सामना करना पड़ेगा। जैसे-जैसे ये चुनौतियाँ आएँगी, वैसे-वैसे इनके समाधान के उपाय परस्पर विचार-विमर्श से, राज्यों की सहमति से निकाले जाएँगे। यह शिक्षा नीति राष्ट्रहित में है, नए भारत के निर्माण के हित में है, इस तरह का भाव जगाकर वातावरण निर्मित करके इस शिक्षा नीति का सार्थक क्रियान्वयन किया जा सकेगा।

QR कोड मोबाइल कैमरे से स्कैन करके यू-ट्यूब पर पूरा व्याख्यान सुना जा सकता है।

संकल्प : एक परिचय

जो युवा प्रशासनिक सेवाओं के माध्यम से राष्ट्र निर्माण में योगदान दे सकते हैं, भारतीय मूल्यों को विकसित करने में मदद कर सकते हैं, उनमें सत्यनिष्ठा, करुणा, सामाजिक, प्रतिबद्धता, उत्कृष्टता, दूरदर्शिता, दृढ़ संकल्प, कर्तव्य के प्रति समर्पण और राष्ट्र कल्याण के प्रति समर्पण के मूल्यों को आत्मसात् करने का भाव जाग्रत करना संकल्प का उद्देश्य है। नवोन्मेषी सोच के अलावा नेतृत्व के गुणों और प्रबंधन-कौशल को विकसित करने में मदद करने के लिए संकल्प प्रगतिशील तरीके से अपने अध्ययन के विभिन्न स्तरों पर सुविचारित और सावधानीपूर्वक नियोजित गतिविधियों के माध्यम से इन गुणों को विकसित करने का प्रयास कर रहा है।

भारतीय समाज के वंचित वर्गों के लोगों सहित सत्यनिष्ठ, सामाजिक रूप से प्रतिबद्ध, राष्ट्रीय रूप से प्रेरित अभिनव और कल्पनाशील व्यक्तियों को प्रशासनिक सेवाओं में शामिल होना चाहिए। यह निश्चित रूप से परिवर्तन की गति को तेज करेगा और राष्ट्र की विकास-प्रक्रिया में लाखों भारतीयों, विशेषकर सामाजिक और आर्थिक रूप से कमजोर वर्गों की भागीदारी सुनिश्चित करेगा। संकल्प इस दृष्टि को प्राप्त करने के लिए सत्यनिष्ठा से प्रयास करना चाहता है। 1986 में शुरू की गई संकल्प जन-कल्याण शिक्षा समिति सोसाइटी पंजीकरण अधिनियम, 1860 के तहत पंजीकृत एक गैर-लाभकारी संस्था है। संकल्प के पास 250 से अधिक पूर्व प्रशासनिक सेवकों, शिक्षाविदों और प्रख्यात सामाजिक कार्यकर्ताओं का एक समूह है, जो इन प्रशासनिक सेवा प्रतिभागियों के मार्गदर्शन के लिए अपना बहुमूल्य समय समर्पित करता है। अब तक लगभग 7500 प्रशासनिक सेवकों ने संकल्प द्वारा संचालित विभिन्न कार्यक्रमों और पाठ्यक्रमों से लाभान्वित होकर संघ लोक सेवा आयोग परीक्षा को सफलतापूर्वक उत्तीर्ण किया है। दिल्ली में संकल्प तीन स्थानों—उत्तरी दिल्ली, दक्षिण दिल्ली और मध्य दिल्ली में प्रशासनिक सेवा प्रतिभागियों को भोजन और रहने की सुविधा के साथ मार्गदर्शन कक्षाएँ प्रदान करता है। विभिन्न राज्यों में संकल्प के 14 केंद्र कार्यरत हैं, जो प्रतिभागियों की संघ लोक सेवा आयोग से संबंधित आवश्यकताओं को पूरा करते हैं।

संकल्प

संकल्प कार्यालय
उदासीन आश्रम, आराम बाग, पहाड़गंज, नई दिल्ली-55
इ-मेल : samkalp86@gmail.com
वेबसाइट : www.samkalp.org
संतोष तनेजा : 9711262285/9312832376
राजू चौहान : 8588963296